城市轨道交通土建工程施工质量控制与验收要点

陈 雷 俞南钧 张转转 主编

中国建筑工业出版社

图书在版编目（CIP）数据

城市轨道交通土建工程施工质量控制与验收要点/陈雷，俞南钧，张转转主编. —北京：中国建筑工业出版社，2018.2

ISBN 978-7-112-23155-3

Ⅰ.①城… Ⅱ.①陈… ②俞… ③张… Ⅲ.①城市铁路-轨道交通-工程施工-质量控制 Ⅳ.①U239.5

中国版本图书馆CIP数据核字(2019)第005415号

责任编辑：李玲洁　王　磊
责任校对：李美娜

城市轨道交通土建工程施工质量控制与验收要点
陈　雷　俞南钧　张转转　主编

*

中国建筑工业出版社出版、发行(北京海淀三里河路9号)
各地新华书店、建筑书店经销
北京红光制版公司制版
北京建筑工业印刷厂印刷

*

开本：787×1092毫米　1/16　印张：19　字数：470千字
2019年5月第一版　2019年5月第一次印刷
定价：68.00元
ISBN 978-7-112-23155-3
(33220)

版权所有　翻印必究
如有印装质量问题，可寄本社退换
(邮政编码100037)

编审委员会

主　　编：陈　雷　俞南均　张转转

副 主 编：戴旭东　郭家驹　李亚鹏　秦　亮
　　　　　　 石　伟　王　术

编写人员：包培栋　陈　锋　陈　卓　成广谋
　　　　　　 淡永航　杜红波　高晨斌　李富强
　　　　　　 李钢柱　李鹏飞　李新航　刘　超
　　　　　　 刘海锋　刘世武　冉文俊　陶　虹
　　　　　　 童朝宝　王春明　薛　磊　杨　森
　　　　　　 杨善亮　喻淳庚　张洪亮　张雪莉
　　　　　　 张　振　赵金金　赵昕龙　赵新华
　　　　　　 邹智波

审　　稿：梁　超　林　强　文　舟　史文杰

前　言

近年来，我国城市轨道交通建设迅速发展，据统计截至2017年末，中国大陆地区共34个城市开通城市轨道交通并投入运营，已开通116条线路，运营线路总长度达到5033km。"十三五"期间，城市轨道交通规模还将持续快速增长，已获得城轨交通建设项目批复的城市有62个，规划线路规模7424km，各城市批复规划线路均超过2条，线网规模超100km的有28个城市。北上广规模达到500～1000km，形成相对完善的网络结构；深圳、南京、重庆、武汉、杭州和成都等城市规模达到200～500km，基本形成轨道交通网络化结构；其他城市规模在200km以内，将形成网络基本骨架。随着轨道交通工程大规模的发展态势，行业发展的各种问题也逐渐显现，专业技术和管理人才紧缺，行业标准不健全，建设资金短缺以及工程质量安全问题突出，尤其是因为工程质量缺陷导致的安全事故愈发增多，给国家和人民造成了一定的损失。

为了提升现场技术人员的专业管理能力，解决质量验收标准的适用性，掌握施工质量的控制点和关键点，提高轨道交通工程的施工质量，防治工程施工质量通病，特编写本书。

本书旨在满足轨道交通工程专业人员更好地掌握轨道交通工程施工质量控制的重点和难点，有助于相关单位从业人员，尤其是在一线工作的施工单位和监理单位的技术人员在较短时间内掌握施工的关键控制点和质量验收的要点，熟悉相关的国家和行业规范，提升管理水平和质量安全意识，更好地履行岗位职责，满足企业和行业发展的需要。本书可适用于各级建设行政主管部门或有关企业组织开展的轨道交通工程专业人员施工技术与质量管理培训。

参与本书编写和审定的既有长期从事轨道工程建设的技术管理人员和行业主管部门监督人员，又有相关高等院校的学者教师，均具有丰富的实践经验和专业知识。本书有较强的实用性、代表性、针对性和可操作性。全体编审人员在确定框架、收集资料、完善充实内容、增添删减、审稿核稿等方面反复斟酌，花费了大量的时间和精力。本书是全体编审人员集体智慧的结晶，希望本书能为我国轨道交通工程专业人员的培养、也为我国轨道交通工程健康可持续发展发挥一定的作用。

本书的主要内容包括：城市轨道交通土建工程施工技术及质量验收简介、城市轨道交通工程测量、车站工程施工质量控制与验收、高架、盾构隧道、暗挖隧道区间施工质量控制与验收、车辆段施工质量控制与验收、轨道施工质量控制与验收八个方面。本书重点介绍了轨道交通工程土建部分各主要的施工方法、施工控制要点、质量验收控制要点以及轨道交通工程验收的划分、组织、程序和方法等。

本书编写工作得到了杭州市建设工程质量安全监督总站、中铁四局集团有限公司、中铁三局集团有限公司、中铁二局集团有限公司、杭州市地铁集团有限责任公司等单位的大力支持和热情帮助，在此表示衷心的感谢。

由于时间仓促，书中难免存在一些疏漏，真诚希望读者给予批评指正，提出宝贵意见。

编审委员会

2018 年 8 月

目　　录

第1章　城市轨道交通土建工程施工技术及质量验收简介 …… 1
1.1　轨道交通工程的组成和特点 …… 1
- 1.1.1　轨道交通系统的组成 …… 1
- 1.1.2　轨道交通工程的特点 …… 2
- 1.1.3　轨道交通工程常用施工方法 …… 3
- 1.1.4　常用辅助工法 …… 6

1.2　车站施工技术简介 …… 7
- 1.2.1　明挖顺作法 …… 7
- 1.2.2　盖挖顺作法 …… 9
- 1.2.3　盖挖逆作法 …… 9
- 1.2.4　盖挖半逆作法 …… 9

1.3　区间隧道施工技术简介 …… 10
- 1.3.1　暗挖施工方法 …… 10
- 1.3.2　盾构施工法 …… 10

1.4　高架区间和高架车站施工技术简介 …… 12
- 1.4.1　高架区间及高架车站的主要形式 …… 12
- 1.4.2　高架区间及高架车站施工方法 …… 13

1.5　轨道工程施工技术简介 …… 15

1.6　城市轨道交通工程质量验收 …… 16
- 1.6.1　验收依据 …… 16
- 1.6.2　工程验收的条件、组织形式及验收内容和程序 …… 17
- 1.6.3　轨道交通工程土建工程质量验收的划分 …… 19
- 1.6.4　工程质量验收与评价 …… 26

第2章　城市轨道交通工程测量 …… 29
2.1　总体要求 …… 29
2.2　工程控制测量 …… 29
- 2.2.1　平面控制测量 …… 29
- 2.2.2　高程控制测量 …… 32

2.3　工程施工测量 …… 34
- 2.3.1　地面线路施工测量 …… 34
- 2.3.2　地下隧道和车站施工测量 …… 37
- 2.3.3　高架施工测量 …… 40
- 2.3.4　轨道施工测量 …… 40
- 2.3.5　车辆基地施工测量 …… 41

2.4　工程竣工测量 ··· 41
第3章　城市轨道交通工程车站施工质量控制与验收 ······················ 42
　3.1　基坑围护 ··· 42
　　3.1.1　地下连续墙 ·· 42
　　3.1.2　钻孔灌注桩 ·· 48
　　3.1.3　SMW工法桩 ·· 51
　　3.1.4　锚索、锚杆及土钉墙 ··· 54
　　3.1.5　钢板桩施工 ·· 57
　　3.1.6　TRD工法 ·· 59
　3.2　地基加固 ··· 61
　　3.2.1　注浆 ·· 61
　　3.2.2　旋喷桩 ·· 63
　　3.2.3　搅拌桩 ·· 65
　3.3　降水工程 ··· 65
　　3.3.1　施工工艺流程 ··· 65
　　3.3.2　施工控制要点 ··· 67
　　3.3.3　施工质量验收 ··· 68
　　3.3.4　降承压水 ··· 68
　3.4　开挖及支撑工程 ··· 68
　　3.4.1　施工工艺流程 ··· 68
　　3.4.2　施工准备 ··· 69
　　3.4.3　基坑开挖及支撑架设 ··· 69
　3.5　结构 ··· 72
　　3.5.1　施工现场实例图片 ·· 72
　　3.5.2　模板和支架 ·· 73
　　3.5.3　主体结构施工 ··· 77
　3.6　工程防水 ··· 86
　　3.6.1　施工工艺流程 ··· 86
　　3.6.2　施工准备 ··· 88
　　3.6.3　材料 ·· 88
　　3.6.4　防水混凝土 ·· 91
　　3.6.5　卷材防水层 ·· 93
　　3.6.6　涂料防水层 ·· 95
　　3.6.7　变形缝防水施工 ··· 96
　　3.6.8　施工缝防水施工 ··· 97
　3.7　盖挖逆作法车站施工 ··· 98
　　3.7.1　施工准备 ··· 98
　　3.7.2　围护结构及支承柱 ·· 98
　　3.7.3　土方开挖 ··· 98

  3.7.4 车站结构 99
  3.7.5 施工质量验收 99
 3.8 暗挖法车站施工 99
  3.8.1 施工工艺流程 99
  3.8.2 竖井及横通道、导洞开挖施工 99
  3.8.3 桩及钢管柱施工 101
  3.8.4 主体结构施工 103
  3.8.5 工程防水施工 103
 3.9 施工监测 103
  3.9.1 基本规定 103
  3.9.2 监测项目和要求 106
  3.9.3 监测频率 107
  3.9.4 监测项目控制值和预警 109

第4章 城市轨道交通工程高架区间施工质量控制与验收 111
 4.1 钻孔桩基础 111
  4.1.1 施工工艺流程 111
  4.1.2 施工准备 111
  4.1.3 钻孔施工 112
  4.1.4 泥浆制备和处理 113
  4.1.5 钢筋笼制作与安装 113
  4.1.6 混凝土灌注 114
 4.2 明挖基础 115
  4.2.1 施工工艺流程 115
  4.2.2 施工准备 116
  4.2.3 基坑 116
  4.2.4 基坑回填 117
  4.2.5 桩基承台 118
 4.3 下部结构 119
  4.3.1 施工工艺流程 119
  4.3.2 施工准备 120
  4.3.3 墩台 120
  4.3.4 支座安装 122
 4.4 上部结构 123
  4.4.1 施工工艺流程 123
  4.4.2 施工准备 123
  4.4.3 模板及支架 125
  4.4.4 钢筋工程 126
  4.4.5 混凝土工程 127
  4.4.6 预应力工程 129

4.5 桥面系及附属工程 ······ 130
 4.5.1 施工工艺流程 ······ 130
 4.5.2 施工准备 ······ 131
 4.5.3 桥面防水及排水 ······ 131
 4.5.4 伸缩装置 ······ 133
 4.5.5 声屏障 ······ 134

第5章 城市轨道交通工程盾构隧道施工质量控制与验收 ······ 135

5.1 土压平衡盾构施工技术 ······ 135
 5.1.1 始发（到达）地层加固 ······ 135
 5.1.2 管片生产 ······ 136
 5.1.3 盾构始发 ······ 139
 5.1.4 盾构掘进 ······ 143
 5.1.5 盾构接收 ······ 153
 5.1.6 盾构管片修补 ······ 157
 5.1.7 二次注浆 ······ 160
 5.1.8 联络通道 ······ 162
 5.1.9 管片接缝嵌缝、手孔封堵 ······ 166

5.2 泥水平衡盾构施工技术 ······ 168
 5.2.1 盾构掘进作业 ······ 168
 5.2.2 碴土管理 ······ 170

5.3 盾构施工监测 ······ 172
 5.3.1 基本规定 ······ 172
 5.3.2 施工周边环境监测 ······ 172
 5.3.3 隧道结构监测 ······ 173
 5.3.4 监测频率 ······ 173
 5.3.5 监测控制值和预警 ······ 174
 5.3.6 监测成果及信息反馈 ······ 174

第6章 城市轨道交通工程暗挖隧道施工质量控制与验收 ······ 175

6.1 洞口工程 ······ 175
 6.1.1 截水天沟 ······ 175
 6.1.2 边、仰坡 ······ 176
 6.1.3 明洞工程 ······ 177
 6.1.4 洞门工程 ······ 179

6.2 超前支护 ······ 181
 6.2.1 管棚 ······ 181
 6.2.2 超前导管 ······ 184

6.3 洞身开挖 ······ 186
 6.3.1 超前地质预报 ······ 186
 6.3.2 开挖 ······ 188

		6.3.3 爆破	195
		6.3.4 开挖爆破质量验收	196
	6.4	初期支护	197
		6.4.1 格栅、钢架	197
		6.4.2 钢筋网片	200
		6.4.3 锚杆	201
		6.4.4 喷射混凝土	204
	6.5	仰拱及仰拱填充	207
		6.5.1 仰拱	207
		6.5.2 仰拱填充	209
	6.6	隧道防排水	209
		6.6.1 施工工艺流程	209
		6.6.2 施工准备	210
		6.6.3 施工控制要点	210
		6.6.4 施工质量验收	211
	6.7	二次衬砌	213
		6.7.1 施工工艺流程	213
		6.7.2 施工准备	213
		6.7.3 施工控制要点	213
		6.7.4 施工质量验收	214
	6.8	水沟电缆槽	216
		6.8.1 施工工艺流程	216
		6.8.2 施工控制要点	216
		6.8.3 施工质量验收	218
	6.9	监控量测	219
		6.9.1 监控量测流程	219
		6.9.2 监控量测项目	219
		6.9.3 监控量测点布置	220
		6.9.4 监控量测变形管理	220
		6.9.5 监控量测资料管理	221

第7章 城市轨道交通工程车辆段施工质量控制与验收 222

	7.1	站场路基	222
		7.1.1 地基处理	222
		7.1.2 路堤	233
		7.1.3 路堑	245
		7.1.4 基床	247
	7.2	站场道路	251
		7.2.1 基层	251
		7.2.2 面层	254

第8章 城市轨道交通工程轨道施工质量控制与验收 …… 260
8.1 有砟道床轨道施工 …… 260
8.1.1 有砟道床轨道施工工艺流程 …… 260
8.1.2 施工质量控制与验收要点 …… 260
8.2 无砟道床轨道 …… 263
8.2.1 无砟道床轨道施工 …… 263
8.2.2 施工质量控制与验收要点 …… 271
8.3 无缝线路施工 …… 279
8.3.1 无缝线路施工工艺流程 …… 279
8.3.2 施工质量控制与验收要点 …… 280
附录 参考规范标准 …… 283

第1章　城市轨道交通土建工程施工技术及质量验收简介

1.1　轨道交通工程的组成和特点

城市轨道交通是指采用专用轨道导向运行的城市公共客运交通系统，包括地铁、轻轨、单轨、磁浮、自动导向轨道等系统。本书主要介绍新建、改建或扩建地铁（包括地下线和地上线）的土建施工与质量验收，其他形式的轨道交通土建施工本书不再单独介绍，施工质量验收的程序和组织可以参照本书执行，具体专业施工和验收还需参照相应的专业施工验收规范。

1.1.1　轨道交通系统的组成

地铁是铁路运输的一种形式，指在地下运行为主的城市轨道交通系统，即"地下铁道"或"地下铁"（Subway/Tube/Underground）的简称，线路通常设在地下隧道内，也可能局部从地下转到地面或高架桥上。地铁主要由土建和设备两大部分组成。土建部分包括车站、区间隧道、桥梁、路基、轨道、车辆段和综合基地等；设备部分包括建筑设备（又称常规设备）和轨道交通系统设备。

1. 土建部分

地铁车站分地下车站、高架车站和地面车站。车站一般由站台、站厅、生产与生活用房、出入口与连接通道和地面风亭组成。

区间隧道是连接两个地下车站的地下建筑物，包括正线隧道、辅助线隧道、出入段线、联络通道、泵房以及其他附属建筑物。长区间隧道，隧道还需设置通风井。

高架轨道是将轨道铺设在架空的桥形建筑物上面的一种轨道交通形式。主要由桩、承台、墩柱、横梁、桥梁、道床以及轨道等结构组成。

路基指的是按照路线位置和一定技术要求修筑的作为路面基础的带状构造物，主要是用土或石料修筑而成的线型结构物。从材料上分，路基可分为土路基、石路基、土石路基三种。按照所处地形条件可分为路堤和路堑。

轨道是指路基或结构面以上的线路部分，是由钢轨、轨枕、连接零件、道床、道岔和其他附属设备等组成的构筑物。

车辆段是指具有配属车辆以及承担车辆的运营管理、整备保养、检查工作和承担较高级别的车辆检修任务的基本生产单位。综合基地是为了保证轨道交通正常运营而设立的综合维修中心、物资总库、培训中心和必要的生活设施场所。车辆段及综合基地的土建工程包括路基工程、道路及广场工程、房屋工程等。

2. 设备部分

（1）建筑设备

1) 环控系统：环控系统是指对车站站厅、站台、隧道、设备及管理用房等处所的环境进行空气处理（调节区域内的空气温度、湿度，并控制二氧化碳、粉尘等有害物质的浓度）的系统，包括通风系统（隧道通风系统、车站公共区的通风排烟和空调通风系统、车站管理及设备用房的通风排烟和空调通风系统）、车站空调系统和集中供冷系统。

2) 给水排水系统：车站或车辆段的给水排水系统分别由给水系统和排水系统两部分组成。

3) 自动扶梯与电梯：自动扶梯与电梯是乘客进出地铁车站的重要工具。车站出入口一般都设置自动扶梯，站厅层与站台层之间根据各站客流不同分设上、下行自动扶梯；为方便残疾人乘坐地铁，在车站站厅与地面之间、站厅层与站台层之间，设置垂直电梯。

4) 地铁防灾报警系统：系统防灾自动报警系统由防灾报警主机（设在行车调度指挥中心）、防灾报警分机（设在各车站综合控制室、控制中心大楼、主变电所、车辆段检修停车库、混合变电所、材料总库）、车站现场设备及将所有设备联系在一起的通信网络这四部分组成。

5) 地铁消防系统：地铁消防系统包括火灾报警系统、气体灭火系统、水消防系统、防排烟系统和疏散系统（疏散标志和事故照明）。

（2）轨道交通系统设备

1) 通信系统：主要分为专用通信和公务通信两大类。为满足地铁安全、高效运营的需要，地铁建立有安全可靠的、独立的能传送语言、文字、数据、图像等信息的综合业务数字网。其中包括：传输交换、专业电话、无线通信、电视监视、遥控遥测、有线广播、列车广播、时钟、自动电话、电话会议、办公管理自动化和集中监测等子系统。

2) 信号系统：城市地铁正线信号系统一般采用列车自动控制系统（ATC），主要由列车自动监控子系统（ATS）、列车自动防护子系统（ATP）和列车自动运行子系统（ATO）组成。车辆段基地一般采用计算机联锁。

3) 供电系统：由两大部分组成，一部分为牵引供电系统，一部分为低压配电及照明系统。

4) 电力监控（SCADA）系统：采用微机远动装置，主机对主变电所、牵引降压混合变电所、车站降压变电所等实行集中监视、控制和测量。

5) 屏蔽门/安全门系统：安装于地铁沿线车站站台边缘，用于提高运营安全系统、改善乘客候车环境、节约运营成本的一体化机电设备系统。

1.1.2 轨道交通工程的特点

1. 运输能力大，准时速达

城市轨道交通由于高密度运转，列车行车时间间隔短，行车速度高，轨道交通列车编组辆数多而具有较大的运输能力。单向高峰每小时的运输能力最大可达到 6 万～8 万人次（市郊铁道）；地铁达到 3 万～6 万人次，甚至达到 8 万人次。

城市轨道交通由于在专用行车道上运行，不受其他交通工具干扰，不产生线路堵塞现象并且不受气候影响，是全天候的交通工具，列车能按运行图运行，具有可信赖的准时性。

2. 运行舒适性和安全性较高

与常规公共交通相比，城市轨道交通由于运行在不受其他交通工具干扰的线路上，城市轨道车辆具有较好的运行特性，车辆、车站等装有空调、引导装置、自动售票等直接为乘客服务的设备，城市轨道交通具有较好的乘车条件，其舒适性优于公共电车、公共汽车。另外，城市轨道交通拥有先进的通信信号设备，极少发生交通事故。

3. 空间利用率高，节约土地，污染较低

大城市地面拥挤、土地费用昂贵。城市轨道交通由于充分利用了地下和地上空间的开发，不占用地面街道，能有效缓解由于汽车大量发展而造成道路拥挤、堵塞，有利于城市空间合理利用，特别有利于缓解大城市中心区过于拥挤的状态，提高了土地利用价值，并能改善城市景观。

城市轨道交通由于采用电气牵引，与公共汽车相比不产生废气污染。由于城市轨道交通的发展，还能减少公共汽车的数量，进一步减少了汽车的废气污染。由于在线路和车辆上采用了各种降噪措施，一般不会对城市环境产生严重的噪声污染。

4. 工程投资规模大，建设周期长

轨道交通工程的每公里造价一般在5亿～7亿元左右，有的高达8亿、9亿元，一条线路投资动辄在上百亿元以上；建设周期较长，合理工期一般在5～6年，但目前一般合同工期在3～4年。

5. 建设难度大，工程技术复杂

由于轨道交通一般都位于地下，基坑深度均较深。一些南方城市以及沿海地区地下水丰富、水位高，穿越或邻近江河湖海，还常遇到断裂破碎带和溶洞等特殊地质构造，工程地质、水文地质条件复杂多变。另外，轨道交通线路长距离穿行于城市交通要道和人口密集区域，老旧建筑、历史保护建筑、既有桥梁、隧道、管线以及江河等，周边工程环境复杂，不可预见因素较多。再加上随着线路的不断建设，土建工程不断向"深、大、险"发展，轨道交通土建施工难度极大，工程技术较复杂。

6. 质量控制标准严格，质量安全风险极高

为确保隧道、深基坑施工（含降水）过程中，既有建筑物、轨道交通设施、桥梁、隧道、道路、管线、地表水体等工程周边环境不发生过量沉降和坍塌，确保其安全，要求严格控制沉降（包括绝对值和速率等）。轨道交通主体结构工程，设计使用年限一般为100年，因此在质量控制标准上要求严格。

另外，前面所述的工程特点决定了轨道交通工程施工安全和质量风险极高，出现安全质量事故和险情，造成人员伤亡和经济损失较大。

1.1.3 轨道交通工程常用施工方法

根据开挖方式的不同，地下工程有不同的施工方法。开挖方法主要根据施工范围内的工程地质和水文地质勘探资料、工程埋置深度、结构形状和规模、使用功能、工程要求、周围环境及交通等情况进行技术、经济综合比较后确定。目前，我国轨道交通工程采用的施工方法主要包括：

1. 明（盖）挖法

明（盖）挖法是指在地面开挖的基坑中修筑车站或隧道的方法。主要施工工序为拆除和恢复道路、土石方开挖和运输、降水、钢筋混凝土结构制作、结构防水等。

（1）明（盖）挖法的种类

明（盖）挖法包括敞口开挖法、盖挖法（盖挖顺作法、盖挖逆作法、盖挖半逆作法）。围护结构采用的形式包括地下连续墙、人工挖孔桩、钻孔灌注桩、钻孔交合桩SMW工法桩、工字钢桩等。

由于敞口开挖法存在占用场地大、较长时间地隔断地面交通以及填挖方量大等不利因素，在受到条件限制的情况下可采用半明挖方式，即盖挖法，包括盖挖顺作法、盖挖逆作法和盖挖半逆作法。

盖挖顺作法是在地表作业完成挡土结构后，以定型的预制标准覆盖结构（包括纵、横梁和路面板）置于挡土结构上维持交通，往下进行开挖和加设横撑，直至设计标高。依序由下而上施工主体结构和防水措施，回填土并恢复管线或埋设新的管线。最后，视需要拆除挡土结构外露部分并恢复道路。

盖挖逆作法是先在地表面向下做基坑的围护结构和中间桩柱，和盖挖顺作法一样，基坑围护结构多采用地下连续墙或帷幕桩，中间支撑多利用主体结构本身的中间立柱以降低工程造价。随后即可开挖表层土体至主体结构顶板地面标高，利用未开挖的土体作为土模浇筑顶板。顶板可以作为一道强有力的横撑，以防止围护结构向基坑内变形，待回填土后将道路复原，恢复交通。以后的工作都是在顶板覆盖下进行，即自上而下逐层开挖并建造主体结构直至底板。

盖挖半逆作法与逆作法的区别仅在于顶板完成及恢复路面后，向下挖土至设计标高后先浇筑底板，再依次向上逐层浇筑侧墙、楼板。在半逆作法施工中，一般都必须设置横撑并施加预应力。

（2）明（盖）挖法的特点

明（盖）挖法具有施工作业面多、速度快、工期短、易于保证工程质量和工程造价低等优点。具备明（盖）挖施工场地条件的车站，宜采用明挖顺作法施工。处于地下水位线以下的隧道采用盖挖法时，需附加施工降水措施。地面交通需要尽快恢复时，宜采用盖挖顺作法、盖挖逆作法或盖挖半逆作法施工。盖挖法的缺点是盖板上不允许留过多的竖井，故后继开挖的土方需采取水平运输，工期较长，作业空间小，与常规支撑开挖相比，费用较高。

2. 暗挖法

暗挖法是指在地下先开挖出相应的空间，然后在其中修筑衬砌，从而形成隧道或车站。暗挖法施工主要工序包括挖土（钻眼、爆破）、通风、装土（岩）、运输（含提升）、初支与二衬或管片安装。

暗挖法施工场地占地较少。当受地面交通、地下管线等条件限制不允许使用明挖法施工，或线路埋深较大采用明挖法施工工程费用较高时，可采用暗挖法施工。但暗挖法施工有下列缺点：（1）施工风险较高，开挖截面大小受围岩稳定性限制；（2）工作面狭窄，工作条件差；（3）线路埋置较浅时可能导致地面沉陷；（4）一般工期较长，造价较高。

3. 盾构法

盾构法是一种全机械化施工方法，主要用于区间隧道的开挖。它是将盾构机械在地中推进，通过盾构外壳和管片支承四周围岩防止发生隧道内坍塌，同时在开挖面前方用切削装置进行土体开挖，通过出土机械运出洞外，靠千斤顶在后部加压顶进，并拼装预制混凝土管片，形成隧道结构的一种机械化施工方法。盾构法施工的内容包括盾构的始发、盾构的掘进、衬砌、注浆和盾构的到达等。

盾构法的优点有：(1) 开挖和衬砌安全度较高，施工速度快；(2) 盾构的推进、出土、拼装衬砌等全过程可实现自动化作业，施工劳动强度低；(3) 对地面交通、河道航运与设施，以及地下管线、建（构）筑物、既有地铁线路等工程周边环境影响较小；(4) 在松软含水地层中修建埋深较大的长隧道往往具有技术和经济方面的优越性；(5) 洞体结构比较稳定。

盾构法的缺点有：(1) 断面尺寸多变的区段适应能力差；(2) 新型盾构购置费昂贵；(3) 转运和始发、到达端头井施工费用较高，对施工区段短的工程不太经济；(4) 对盾构机始发和接收的条件较高；(5) 当岩石强度在130MPa以上或推进中遇到不明的较大孤石时处理难度大。

4. 满堂支架原位现浇施工法

对于桥下地基承载力较好或经过地基处理能满足承载力要求的地方，利用门式、碗扣式、盘扣式以及钢管贝雷片等支架，采取按一定间隔、密布搭设、支撑桥梁等荷载的施工方法。支架法施工最大的优点是不需要大型吊装设备，其缺点是施工用的支架模板消耗量大、工期长，对山区桥梁及高墩有很大的局限性。

5. 移动模架现浇施工法

移动模架造桥机是一种自带模板，利用承台或墩柱作为支承，对桥梁进行现场浇筑的施工机械。一般分为上承式和下承式。箱梁混凝土荷载通过横梁传递到主梁，主梁安放于墩旁支撑托架上，并通过支撑托架将荷载传递到墩台。一跨混凝土浇筑完成张拉纵向索后将前跨支撑托架转移至下一跨安装，移动模架由桥轴线分离横移，避开墩身前行至下一跨施工位置合拢，同时完成上一跨箱梁预应力索压浆，完成一个循环周期。移动模架的高度调整、横移及纵移均依靠液压系统控制。

移动模架现浇施工法适用于滩涂、峡谷高墩身以及高铁、轨道交通等多跨、中等跨径现浇混凝土桥梁施工。主要优点：周转次数多，施工周期短，施工安全可靠，现场文明简洁，不需要中断桥下交通和通航，机械化程度高，模板可多次周转使用。

6. 悬臂现浇施工法

悬臂现浇施工法（简称悬浇）指的是在桥墩两侧设置工作平台，平衡地逐段向跨中悬臂浇筑混凝土梁体，并逐段施加预应力的施工方法。主要设备是一对能行走的挂篮，挂篮在已经张拉锚固并与墩身连成整体的梁段上移动，绑扎钢筋、立模、浇筑混凝土、施加预应力都在其上进行。完成本段施工后，挂篮对称向前各移动一节段，进行下一对梁段施工，循序前行，直至悬臂梁段浇筑完成。

7. 预制梁架桥机架设法

预制梁架桥机架设法是将已经提前预制好的桥梁通过架桥机架设到已施工完成的墩柱上去的施工方法。架桥机一般分为单梁式架桥机、双梁式架桥机、双悬臂式架桥机。架桥机架设一片预制梁一般经过喂梁、捆梁、吊梁、落梁四个过程。

1.1.4 常用辅助工法

1. 降水（和回灌）

降水技术是确保地下工程在无水或少水情况下施工所采取的技术措施。实施降水施工可能对工程周边环境造成影响，需要根据有关技术规程要求严格控制实施。降水方法有管井降水、真空降水、电渗降水等。北方地区多采用基坑外地面深井降水和回灌，也有采用洞内轻型井点降水；南方地区则多采用基坑内管井降水，也有采用真空降水和电渗降水的。

2. 注浆

注浆加固是避免工程塌方或周边建（构）筑物过大沉降、倾斜等现象发生所采取的有效技术措施，一则止水，二则加固地层。在暗挖隧道施工中，土体超前注浆预加固在隧道拱部形成一道连续的拱墙，达到加固围岩、截断残余水、减小作业面坍塌的效果，为施工创造良好的作业环境。较常用的超前注浆预加固措施主要有锚杆、超前小导管、超前大管棚等。在基坑开挖中，采用注浆加固是提高支护结构安全度、减小基坑开挖对工程周边环境影响的一项重要措施。

在暗挖法施工中，当围岩的自稳能力在12h以内，甚至没有自稳能力时，为了稳定工作面，确保安全施工，需要进行注浆加固地层，以防止塌陷沉降。注浆方式主要有软土分层注浆、小导管注浆、TSS管注浆 WSS注浆等；注浆材料分为普通水泥、超细水泥、水泥水玻璃、改性水玻璃、化学浆等。

3. 高压旋喷或搅拌加固

高压旋喷注浆法将带有特殊喷嘴的注浆管插入土层的预定深度后，以20MPa左右的高压喷射流强力冲击，破坏土体，使浆液与土搅拌混合，经过凝结固化后，使土中形成固结体。搅拌加固，利用水泥等胶凝材料作为固化剂，通过搅拌桩机，在地基深处将软土和水泥浆液强制搅拌，使软弱土层硬结成具有整体性、水稳定性和一定程度的优质地基。

高压旋喷与水泥搅拌主要用于地层加固，适用于有水软弱地层以及砂类土、流速黏性土、黄土和淤泥等常规注浆难以堵水加固的地层等。盾构法隧道的始发和到达端头常用高压旋喷或搅拌加固，联络通道也常用此法加固地层。近年来也开发了隧道内施作的水平旋喷或搅拌加固技术。

4. 钢管棚

用于暗挖隧道的超前加固，布置于隧道的拱部周边，常用的规格主要有：直径42mm、长4～6m和直径108/159mm、长20～40m，前者采用风镐顶进，后者则用钻机施作。近几年来，也有采用直径300～600mm的钢管棚，采用定向钻或夯锤施作。管棚一般都要进行注浆，以获得更好的地层加固效果。

5. 锚索（杆）或土钉

由钻孔穿过软弱岩层或滑动面，把一端锚固在坚硬的岩层中（称内锚头），然后在另一个自由端（称外锚头）进行张拉，从而对岩层施加压力对不稳定岩体进行锚固，这种方法称预应力锚索，简称锚索。

锚杆，英文"Bolt"；"Bolting（准确称谓）"；"Anchor（早期称谓）"是当代煤矿当中巷道支护的最基本的组成部分，它将巷道的围岩束缚在一起，使围岩自身支护自身。现在锚杆不仅用于矿山,也用于工程技术中,对边坡、隧道、坝体进行主动加固。

土钉墙是由天然土体通过土钉墙就地加固并与喷射混凝土面板相结合,形成一个类似重力挡墙以此来抵抗墙后的土压力,从而保持开挖面的稳定,这个土挡墙称为土钉墙。土钉墙是通过钻孔、插筋、注浆来设置的,一般称砂浆锚杆,也可以直接打入角钢、粗钢筋形成土钉。土钉墙的做法与矿山加固坑道用的喷锚网加固岩体的做法类似,故也称为喷锚网加固边坡或喷锚网挡墙,《建筑基坑支护技术规程》JGJ 120—2012 正式定名为土钉墙。

6. 冷冻法

冷冻法是利用人工制冷技术,在地下开挖体周围需加固的含水软弱地层中钻孔铺管,安装冻结器,然后利用压缩机提供冷气,通过低温盐水在冻结器中循环,带走地层热量,使地层中的水冻结,将天然岩土变为冻土,形成完整性好、强度高、不透水的临时加固体,从而达到加固地层、隔绝地下水与地下工程联系的目的。冷冻法主要用于止水和加固地层,多用在盾构隧道出发与到达端头、联络通道和区间隧道局部具流塑或流砂地层的止水与加固,既可用于各类不稳定土层,又可用于含水丰富的裂隙岩层,在涌水量较大的流砂层中,更能显示出冻结法的优越性。

冻结法可采用的类型有三种,即水平、垂直和倾斜。浅埋隧道多采用水平冻结为主,工作竖井或盾构出入口的施工,可采用垂直或倾斜法冻结。

1.2 车站施工技术简介

明(盖)挖法是修建轨道交通车站的常用施工方法,按其主体结构的施作顺序,明(盖)挖法又可分为:明挖顺作法、盖挖顺作法、盖挖逆作法、盖挖半逆作法等,后三种方法又可统称为盖挖法或明挖覆盖施工法。

明(盖)挖法基坑常见的支护形式有桩(墙)+内支撑体系和桩(墙)+锚杆(索)体系,对于现场条件比较宽裕的区段,明挖顺作法基坑也常采用放坡开挖或土钉墙支护(图1-1)。

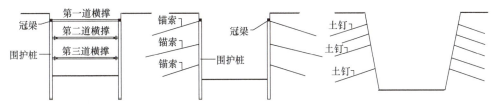

图 1-1 明(盖)挖基坑支护形式

明(盖)挖区间隧道及车站主体结构多采用矩形框架结构,部分采用拱形结构(图1-2)。

1.2.1 明挖顺作法

明挖顺作法是先从地表面向下开挖基坑至基底设计标高,然后在基坑内的预定位置由下而上地建造主体结构及其防水措施,最后回填土并恢复路面。

明挖施工一般可以分为四大步骤:围护结构施工→内部土石方开挖→工程结构施工→

图 1-2 典型的明挖车站和盖挖车站结构
(a) 轨道交通明挖车站；(b) 轨道交通盖挖车站

管线恢复及覆土。明挖区间隧道和明挖车站的施工步骤基本相似，但区间隧道的主体结构较为简单。明挖车站的施工步骤如图 1-3 所示。

具体施工方法应根据地质条件、围护结构的形式确定。对地下水较高的区域，为避免

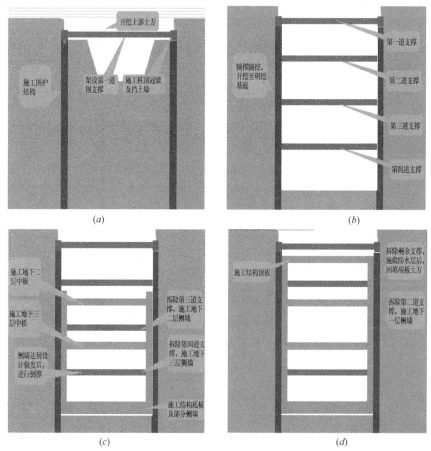

图 1-3 明挖车站的施工步骤
(a) 施工围护结构及第一道支撑；(b) 基坑随挖随撑，开挖至基底；(c) 施作侧墙防水层，由下向上施作结构；(d) 结构完成后施作顶板防水层，土方回填

土方开挖中因水土流失引起的基坑坍塌和对周围环境的不利影响,在施工过程中可以采取坑外降水或坑内降水。内部土石方开挖时根据土质情况采取纵向分段、竖向分层、横向分块的开挖方式;同时考虑一定的空间及时间效应,应减少基底土体暴露时间,尽快施作主体结构。主体结构一般采用现浇整体式钢筋混凝土框架结构,侧式车站一般采用双跨结构,岛式平站多采用三跨结构。

1.2.2 盖挖顺作法

当路面交通不能长期中断时,可采用盖挖顺作法施工。该方法在现有道路上,按车站或区间宽度,在地表面完成围护结构后,以定型的预制标准覆盖结构(包括型钢纵、横梁和路面板)置于围护结构上充当临时路面维持交通,由盖板往下依次进行开挖和支护,直至达到设计标高。开挖完成后由下而上施作主体结构和防水措施,回填土并恢复管线。最后拆除围护结构的外露部分并恢复路面。

1.2.3 盖挖逆作法

如遇开挖面较大、顶板覆土较浅、沿线建筑物过近,为防止施工过程中地表沉陷对邻近建筑物产生影响,可采用盖挖逆作法施工。盖挖逆作法的施工步骤:先在地表面向下做基坑的围护结构和中间桩柱,基坑围护结构多采用地下连续墙、钻孔灌注桩或人工挖孔桩,中间桩柱则多利用主体结构本身的中间立柱以降低工程造价;随后开挖表层土至主体结构顶板底面标高处,利用未开挖的土体作为土模浇筑顶板,待回填土后将道路复原,恢复交通;然后在顶板覆盖下,自上而下逐层开挖并施作主体结构和防水措施直至底板。车站盖挖逆作法施工步骤如图 1-4 所示。

1.2.4 盖挖半逆作法

盖挖半逆作法与逆作法的区别仅在于顶板完成及恢复路面后,向下挖土至设计标高后先浇筑底板,再依次向上逐层浇筑侧墙和楼板。在半逆作法施工中,一般都需设置横撑并施加预应力。

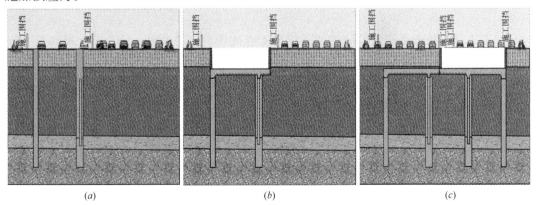

图 1-4 车站盖挖逆法施工示意图(一)
(a)交通疏解、施工围护结构、钢管柱及基础;(b)顶板土方开挖、施工顶板结构及防水层;
(c)另一侧围护结构、顶板结构施工

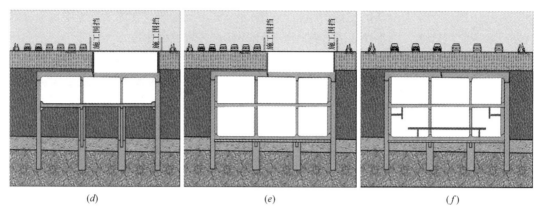

图 1-4 车站盖挖逆法施工示意图（二）

(d) 由预留出土孔，开挖地下一层，并施工中板；(e) 垫层及底板施工，并施做地下二层、地下一层侧墙；
(f) 施作内部结构、封孔并回填

1.3 区间隧道施工技术简介

1.3.1 暗挖施工方法

暗挖法施工是不挖开地面，全部在地下进行开挖和修筑衬砌结构的隧道施工方法。一般分为矿山法（钻爆法）、浅埋暗挖法、盾构法。施工常用的开挖方法有台阶法、CD工法、CRD工法、双侧壁导坑法（又称眼镜工法）等。车站等多跨隧道多采用桩洞法（PBA工法）、中洞法或侧洞法等。应根据工程特点、围岩情况、环境要求以及水文地质条件等，选择合适的开挖方法及支护方式。

由于轨道交通多在城市区域施工，对地表沉降的控制要求比较严格，因此要加强地层的预加固。采用的施工措施主要有超前小导管预注浆、开挖面深孔注浆、大管棚超前支护等。

暗挖法适用于埋深较浅、松散不稳定的土层和软弱破碎岩层内，一般按照"新奥法"原理进行设计和施工，以加固、处理软弱地层为前提，采用足够刚度的复合式衬砌（由初期支护、二次衬砌及中间防水层组成）为基本支护结构的一种隧道施工方法。它通过监控量测的方法对围岩动态和支护结构状态作出正确的评价，并及时反馈信息，保证施工安全，控制地表沉降。暗挖法的施工控制要点可以概括为"管超前、严注浆、短开挖、强支护、快封闭、勤量测"，主要工序包括地层的预加固和预处理、隧道开挖和初期支护、防水施工、二次衬砌、监控量测等。常用施工方法如图 1-5 所示。

1.3.2 盾构施工法

盾构施工法简称盾构法，是地下隧道暗挖施工的一种工法。它使用盾构机在地下掘进，利用盾构外壳防止开挖面崩塌并保持开挖面稳定，在机内进行隧道开挖作业和衬砌作业，从而构筑成隧道。

盾构法施工的三大关键要素为稳定开挖面、盾构挖掘和衬砌，其主要控制目标是尽可能不扰动围岩，从而最大限度地减少对地面建（构）筑物及地层内埋设物的影响。目前轨道交

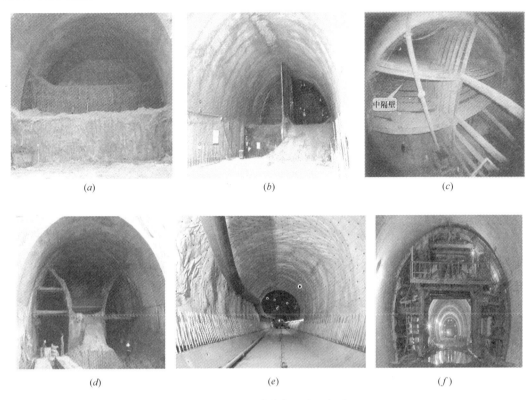

图 1-5 暗挖隧道常用施工方法

（a）上半断面临时封闭台阶法施工；（b）CD 工法施工；（c）CRD 工法施工；
（d）双侧壁导坑法施工；（e）暗院隧道防水施工；（f）暗挖隧道衬砌台车施工

通隧道施工中使用最多的是泥水平衡盾构机和土压平衡盾构机，这两种机型由于将开挖和稳定开挖面结合在一起，因此无需其他辅助施工措施就能适应地质情况变化较大的地层。

其中"盾构掘进及管片安装"为最主要工序，重点包括掘进、碴土排运和管片衬砌安装。在掘进过程中还要对盾构机参数、掘进线型、注浆、地表沉降等进行设定和控制。盾构掘进施工以每环为单位，循环进行。盾构施工过程如图 1-6 所示。

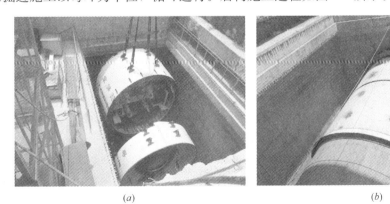

图 1-6 盾构施工过程图（一）

（a）盾构机下井拼装；（b）盾构始发

图 1-6 盾构施工过程图（二）

（c）盾构掘进和管片拼装；（d）管片背后二次注浆；（e）盾构接收；（f）盾构成型隧道

1.4 高架区间和高架车站施工技术简介

轨道交通高架桥具有市政高架桥的特点，如桥梁长度大，穿过居民区，跨越路口、管线多等特点；但与市政高架桥相比，轨道交通高架桥水平力大、要求后期变形小。同时，轨道交通高架桥又具有铁路桥梁的特点，如要求结构刚度大、基础沉降小、维修方便、乘坐舒适，但与铁路桥梁相比，轨道交通高架桥承受荷载较小、曲线半径较小、景观要求高等。

1.4.1 高架区间及高架车站的主要形式

轨道交通高架工程可分为高架桥区间和高架车站。高架桥区间采用的结构形式一般较为简单，但工程量和工程造价占全线高架工程的比例较高。

1. 高架区间

高架区间上部结构多采用简支梁或连续梁结构体系，在特殊地段也可采用悬臂结构体系等其他特殊结构体系，高架区间如图1-7所示。由于简支梁结构简单，受力明确，容易做到标准化、工厂化制造，安装架设方便，施工速度快，适用于中小跨度。当跨度较大时，多采用连续梁结构，它能降低材料用量，减少伸缩缝数量，改善行车条件，提高桥梁的可靠性和耐久性。

(a) (b)

图 1-7 高架车站形式

(a) 轨道交通高架区间；(b) 轨道交通高架车站

高架桥的结构包括上部梁结构和下部墩结构。上部梁的结构类型有箱梁、槽形梁、空心板梁、下承式脊梁和 T 形梁等，其中箱梁在轨道交通高架桥结构中采用较多。下部桥墩的结构类型有单柱式墩、双柱式墩和钢架墩等，在控制地段桥梁跨越道路或建筑物时，可根据实际情况结合城市景观要求采用钢架墩。

2. 高架车站

高架车站一般由站台、站房、站前小广场、垂直交通及跨线设备组成，高架车站如图 1-7 所示。一般来说，站台是最基本的部分，无论车站类型、性质如何，都要设置站台，而站房、站前广场和垂直交通及跨线设备可根据情况不同予以取舍。站台形式可分为岛式站台、侧式站台和岛侧混合站台三种。站房则应根据运营管理决定其组成部分，一般站房应包括站厅、管理设备用房和通道。

1.4.2 高架区间及高架车站施工方法

1. 基础施工

高架桥桥墩及车站框架柱对沉降控制要求严格，因此基础多采用独立承台下桩基础，对于框架结构则另加连系梁。

桩基主要有预应力高强度混凝土 PHC 管桩、预制钢筋混凝土方桩、钻孔灌注桩和挖孔桩等（图 1-8）。

2. 承台施工与桥墩施工

承台与桥墩施工如图 1-9 所示。

3. 梁体施工

轨道交通高架桥梁体按形式一般可分为板梁、箱梁、槽形梁和 T 形梁等。

板梁分为先张法预应力空心板梁和后张法预应力空心板梁。板梁的长度和重量相对较大，当吊装高度大时，一般采用双机抬吊法安装。实施双机抬吊的关键是合理选择吊车的最佳位置和吊装过程中两吊车间动作协调。

混凝土箱梁一般采用满堂式支架原位现浇施工，遇软弱地基时，可选用梁柱式模板支

图 1-8 桩基础形式
(a) 预应力方桩；(b) 预应力 PHC 管桩施工图；(c) 钻孔桩施工

图 1-9 承台与桥墩施工
(a) 承台施工；(b) 柱式桥墩施工；(c) 桥墩脚手架和模板安装

架方案，混凝土箱梁也可根据工程技术和经济条件，设置箱梁预制场内预制，采用吊车、架桥机架设安装，槽形梁和T形梁一般采用预制场内预制，吊车、架桥机或移动支架架设安装。

4. 高架车站施工

高架车站属地上高架结构，高架车站多为2~4层。按照站台与行车道的关系可分为侧式车站和岛式车站。由于大多数高架线路往往沿着既有的城市道路中央分隔带布置，高架车站一般布置成路中高架侧式平站，车站下需保证平行道的净空。根据站厅与桥梁的关系，其结构形式可归纳为"建—桥"分离体系和"建—桥"合建体系两类。"建—桥"合建体系是将车站的站厅与桥梁的墩柱（独柱式）或空间框架的立柱（空间框架式）固结，不再单独设柱，车站结构整体性好，墩柱数目少，与地面平行道之间一般没有冲突和干扰。设计中位常采用，典型的结构形式有空间框架结构体系和独柱式结构体系。"建—桥"分离形式平站比较单一，受力分析也比较清晰，主要是车站主体结构的行车梁部分承担车辆荷载。而平站结构其他部分承担除车辆荷载之外的一切荷载。车站结构形式和施工如图1-10所示。

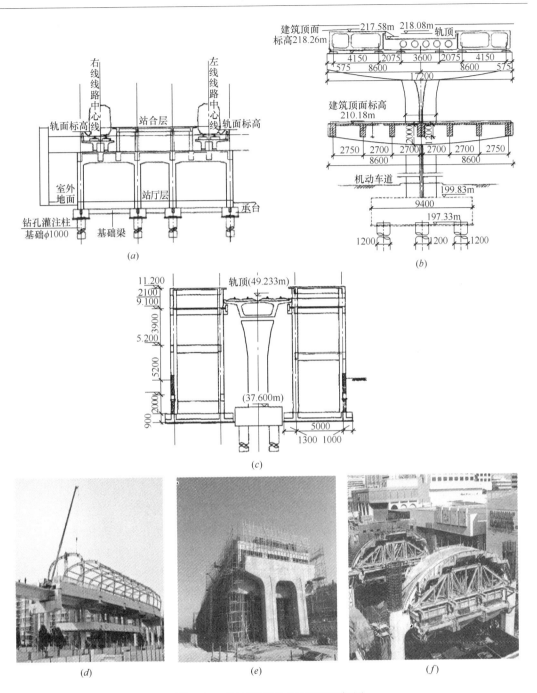

图 1-10 车站结构形式和施工现场图

（a）"建-桥"合建；（b）"建-桥"合建；（c）"建-桥"分离；（d）车站施工现场；
（e）车站施工现场；（f）车站施工现场

1.5 轨道工程施工技术简介

轨道是轨道交通运营设备的基础，直接承受地铁列车荷载，并引导列车运行。轨道结构主要由钢轨、扣件、道床及道岔等组成。目前轨道交通主要涉及的类型包括有砟道床轨道、普通无砟道床轨道、减震垫浮置板道床轨道、钢弹簧浮置板道床轨道、梯形（纵向）轨枕道床轨道、立柱式（侧壁式）检查坑整体道床轨道以及工艺轨道整体道床轨道等。

整体道床轨道是以混凝土结构为主的轨道结构形式，它具有轨道稳定性高、刚度均匀性好、结构耐久性强和维修工作量少等特点，如图 1-11 所示。有砟道床轨道是以道砟为主的轨道结构形式，优点是铺设简便、综合造价低，但缺点是容易变形、维修频繁和列车运行速度有限等，如图 1-12 所示。

图 1-11　整体道床轨道施工图

图 1-12　有砟道床轨道施工图

有砟道床轨道采用"散铺原位组装法"施工工艺。普通无砟整体道床采用"轨排架轨法"或"散铺架轨法"两种施工工艺。一般情况下采用"轨排架轨法"的施工工艺进行机铺施工。"散铺架轨法"通常在高架桥地段、车站位置及工期短时采用。

减振垫浮置板道床一般采用"预铺垫架轨法"施工。钢弹簧浮置板道床可以采用"散铺架轨法"或"预制钢筋笼龙骨架整体吊装法"或"预制短板法"施工工艺。其中，"预制钢筋笼龙骨架整体吊装法"在有铺轨基地地段时使用，钢筋笼在地面绑扎空间大，有利于机械化施工，可节约在现场绑扎钢筋笼的时间；"散铺架轨法"在施工地段距离铺轨基地较远、线下移交不连续和工期短的情况下使用；"预制短板法"一般在长段浮置板地段和工期紧张时使用。梯形（纵向）轨枕道床轨道、立柱式检查坑整体道床和侧壁式检查坑整体道床一般采用"散铺架轨法"施工。

为保证轨道的平顺性、减少运行过程中的噪声、增加旅客乘坐的舒适度，钢轨铺设完毕后，现场把标准长度的钢轨焊接成长轨条，然后进行应力放散和锁定，最终形成无缝线路。

1.6　城市轨道交通工程质量验收

1.6.1　验收依据

（1）《建设工程质量管理条例》（中华人民共和国国务院令第 279 号）。

（2）住房城乡建设部《房屋建筑和市政基础设施工程竣工验收规定》（建质〔2013

171号)和《房屋建筑和市政基础设施工程竣工验收备案管理办法》(建设部令第78号)。

(3) 住房城乡建设部《城市轨道交通建设工程验收管理暂行办法》(建质〔2014〕42号)。

(4)《地铁设计规范》GB 50157—2013、《地下铁道工程施工质量验收标准》GB/T 50299—2018、《盾构法隧道施工与验收规范》GB 50446—2017、《建筑工程施工质量验收统一标准》GB 50300—2013、《城市轨道交通建设项目管理规范》GB 50722—2011等国家、地方有关验收规范、技术标准以及相关专业验收规范和技术标准。

1.6.2 工程验收的条件、组织形式及验收内容和程序

1. 单位工程验收

(1) 单位工程验收应具备的条件

1) 完成工程设计和合同约定的各项内容,对不影响运营安全及使用功能的缓建项目已经相关部门同意。

2) 质量控制资料应完整。

3) 单位工程所含分部工程的质量均应验收合格。

4) 有关安全和功能的检测、测试和必要的认证资料应完整;主要功能项目的检验检测结果应符合相关专业质量验收规范的规定;设备、系统安装工程需通过各专业要求的检测、测试或认证。

5) 有勘察、设计、施工、工程监理等单位签署的质量合格文件或质量评价意见。

6) 观感质量应符合验收要求。

7) 住房城乡建设主管部门及其委托的工程质量监督机构等有关部门责令整改的问题已经整改完毕。

(2) 单位工程验收的组织

1) 施工单位对单位工程质量自验合格后,总监理工程师应组织专业监理工程师,依据有关法律、法规、工程建设强制性标准、设计文件及施工合同,对施工单位报送的验收资料进行审查后,组织单位工程预验。单位工程各相关参建单位须参加预验,预验程序可参照单位工程验收程序。

单位工程预验合格、遗留问题整改完毕后,施工单位应向建设单位提交单位工程验收报告,申请单位工程验收。验收报告须经该工程总监理工程师签署意见。

2) 单位工程验收由建设单位组织,勘察、设计、施工、监理等各参建单位的项目负责人参加,组成验收小组。

① 建设单位应对验收小组主要成员资格进行核查。

② 建设单位应制定验收方案,验收方案的内容应包括验收小组人员组成、验收方法等。方案应明确对工程质量进行抽样检查的内容、部位等详细内容,抽样检查应具有随机性和可操作性。

③ 建设单位应当在单位工程验收7个工作日前,将验收的时间、地点及验收方案书面报送工程质量监督机构。

(3) 单位工程验收的内容和程序

1) 建设、勘察、设计、施工、监理等单位分别汇报工程合同履约情况和在工程建设各个环节执行法律、法规和工程建设强制性标准的情况。

2）验收小组实地查验工程质量，审阅建设、勘察、设计、监理、施工单位的工程档案资料，并形成验收意见。查验及审阅至少应包括以下内容：

① 检查合同和设计相关内容的执行情况。

② 检查单位工程实体质量（涉及运营安全及使用功能的部位应进行抽样检测），检查工程档案资料。

③ 检查施工单位自检报告及施工技术资料（包括主要产品的质量保证资料及合格报告）。

④ 检查监理单位独立抽检资料、监理工作总结报告及质量评价资料。

单位工程验收时，对重要分部工程应核查质量验收记录，进行质量抽样检查，经验收记录核查和质量抽样检查合格后，方可判定所含的分部工程质量合格。单位工程质量验收时，可委托第三方质量检测机构进行工程质量抽测。

3）工程质量监督机构出具验收监督意见。

当一个单位工程由多个子单位工程组成时，子单位工程质量验收的组织和程序应参照单位工程质量验收组织和程序进行。

2. 项目工程验收

（1）项目工程验收应具备的条件

1）项目所含单位工程均已完成设计及合同约定的内容，并通过了单位工程验收。对不影响运营安全及使用功能的缓建、缓验项目已经相关部门同意。

2）单位工程质量验收提出的遗留问题、住房城乡建设行政主管部门或其委托的工程质量监督机构责令整改的问题已全部整改完毕。

3）设备系统经联合调试符合运营整体功能要求，并已由相关单位出具认可文件。

4）已通过对试运行有影响的相关专项验收。

（2）项目工程验收的组织

城市轨道交通建设项目工程验收工作由建设单位组织，各参建单位项目负责人以及运营单位、负责专项验收的城市政府有关部门代表参加，组成验收组。

1）建设单位应对验收组主要成员资格进行核查。

2）建设单位应制定验收方案，验收方案的内容应包括验收组人员组成、验收方法等。

3）建设单位应当在项目工程验收 7 个工作日前，将验收的时间、地点及验收方案书面报送工程质量监督机构。

（3）项目工程验收的内容和程序

1）建设单位代表向验收组汇报工程合同履约情况和在工程建设各个环节执行法律、法规和工程建设强制性标准的情况。

2）各验收小组实地查验工程质量，复查单位工程验收遗留问题的整改情况；审阅建设、勘察、设计、监理、施工单位的工程档案和各项功能性检测、监测资料。

3）验收组对工程勘察、设计、施工、监理、设备安装质量等方面进行评价，审查对试运行有影响的相关专项验收情况；审查系统设备联合调试情况，签署项目工程验收意见。

4）工程质量监督机构出具验收监督意见。

城市轨道交通建设工程自项目工程验收合格之日起可投入不载客试运行，试运行时间不应少于 3 个月。

3. 竣工验收

（1）竣工验收应具备的条件

1）项目工程验收的遗留问题全部整改完毕。

2）有完整的技术档案和施工管理资料。

3）试运行过程中发现的问题已整改完毕，有试运行总结报告。

4）已通过规划部门对建设工程是否符合规划条件的核实和全部专项验收，并取得相关验收或认可文件；暂时甩项的，应经相关部门同意。

（2）项目竣工验收的组织

城市轨道交通建设工程竣工验收由建设单位组织，各参建单位项目负责人以及运营单位、负责规划条件核实和专项验收的城市政府有关部门代表参加，组成验收委员会。省、自治区住房城乡建设主管部门应当加强对本行政区域内城市轨道交通建设工程竣工验收的监督。

1）建设单位应对验收组主要成员资格进行核查。

2）建设单位应制定验收方案，验收方案的内容应包括验收委员会人员组成、验收内容及方法等。

3）验收委员会可按专业分为若干专业验收组。

4）建设单位应当在竣工验收 7 个工作日前，将验收的时间、地点及验收方案书面报送工程质量监督机构。

（3）竣工验收的内容和程序

1）建设、勘察、设计、监理、施工等单位代表简要汇报工程概况、合同履约情况和在工程建设各个环节执行法律、法规和工程建设强制性标准的情况。

2）建设单位汇报试运行情况。

3）相关部门代表进行专项验收工作总结。

4）验收委员会审阅工程档案资料、运行总结报告及检查项目工程验收遗留问题和试运行中发现问题的整改情况。

5）验收委员会质询相关单位，讨论并形成验收意见。

6）验收委员会签署工程竣工验收报告，并对遗留问题作出处理决定。

7）工程质量监督机构出具验收监督意见。

1.6.3 轨道交通工程土建工程质量验收的划分

（1）轨道交通工程土建工程的质量验收应划分为单位（子单位）工程、分部（子分部）工程、分项工程和检验批。

（2）单位工程的划分应按下列原则确定：

1）具备独立施工条件并能形成独立使用功能的建筑物及构筑物为一个单位工程。

2）对于规模较大的单位工程，在单位工程中具备阶段性施工条件可将其能形成独立使用功能的部分划分为一个子单位工程。

（3）分部工程的划分应按下列原则确定：

1）可按专业性质、工程部位确定。

单位（子单位）工程应按工程的结构部位或专业性质、功能、工程量划分分部工程。

2) 当分部工程较大或较复杂时，可按材料种类、施工特点、施工程序、施工工法、专业系统及类别将分部工程划分为若干个子分部工程。

（4）分部（子分部）工程可由一个或若干个分项工程组成，应按主要工种材料、施工工艺等划分分项工程。

（5）分项工程可按主要工种、材料、施工工艺、设备类别进行划分。可由一个或若干检验批组成。检验批应根据施工、质量控制和专业验收需要划定（各地区应根据轨道交通工程建设实际需要，划定适应的检验批）。

（6）检验批可根据施工、质量控制和专业验收的需要，按工程量、楼层、施工段、变形缝进行划分。

具体划分见表1-1～表1-5。

车站单位工程划分表　　　　　　　　　　　　　表1-1

子单位工程	分部工程	子分部工程	分项工程
主体土建工程	地基基础及支护结构	土方工程	土方开挖，土方回填
		支护工程	地下连续墙（成槽、钢筋、混凝土），混凝土灌注桩（成孔、钢筋、混凝土），SMW桩支护（水泥土搅拌、型钢插拔），锚杆及土钉墙支护，初期支护，水泥土搅拌桩支护，高压喷射注浆支护，钢筋网喷混凝土，钢或混凝土支撑，降水与排水，锚索，冠梁（钢筋、模板、混凝土），管棚（制作、安装、注浆），超前小导管（制作、安装、注浆），超前锚杆，注浆加固
		地基基础处理	灰土地基，高压喷射注浆地基，注浆地基，水泥土搅拌桩地基，砂和砂石地基，PHC管桩，土工合成材料地基，强夯地基，树根桩，碎石桩，堆载预压地基
		桩基础	钢筋混凝土灌注桩，静力压桩，先张法预应力管桩，钢筋混凝土预制桩
		混凝土基础	模板、钢筋、混凝土、后浇带混凝土、混凝土结构缝处理
		砌体基础	砖砌体、混凝土砌块砌体、配筋砖砌体
		劲钢（管）混凝土	劲钢（管）焊接、劲钢（管）与钢筋的连接、混凝土
	防水工程	—	防水混凝土，水泥砂浆防水层，卷材防水层，涂料防水层，塑料板防水层，金属板防水层，膨润土防水毯防水层、细部构造
	主体结构	混凝土结构	模板、钢筋、混凝土、装配式结构、预应力、人防门框墙制作
		砌体结构	砖砌体、混凝土小型空心砌块砌体、配筋砖砌体、填充墙砌体、石砌体
		钢结构	钢结构焊接，钢结构连接，钢结构制作，紧固件连接，零部件加工，单层钢结构安装，多层及高层钢结构安装，钢结构涂装，钢结构组装，钢构件预拼装，钢网架结构安装，压型金属板
		网架及索膜结构	网架制作，网架安装，索膜安装，网架防火，防腐涂料
		劲钢（管）混凝土结构	劲钢（管）柱加工制作，劲钢（管）柱的就位与对中，劲钢（管）柱与柱基的连接，梁、板与柱的节点，劲钢（管）柱防腐蚀，劲钢（管）柱防火，混凝土
		衬砌	模板工程，钢筋工程，混凝土工程，背后回填注浆
	建筑屋面	卷材防水屋面	保温层，找平层，卷材防水层，细部构造
		涂膜防水屋面	保温层，找平层，涂膜防水层，细部构造

第1章 城市轨道交通土建工程施工技术及质量验收简介

续表

子单位工程	分部工程	子分部工程	分项工程
主体土建工程	建筑屋面	刚性防水屋面	细石混凝土防水层，密封材料嵌缝，细部构造
		金属板屋面	金属板屋面，密封材料嵌缝，细部构造
		玻璃屋面	玻璃屋面，密封材料嵌缝，细部构造
		瓦屋面	平瓦屋面，油毡瓦屋面，细部构造
		隔热屋面	架空屋面，蓄水屋面，种植屋面
	接地网	—	土方开挖，接地装置安装及测试，土方回填
附属土建工程	（子）分部、分项工程划分同主体土建工程		

区间单位工程划分表 表1-2

子单位工程	分部工程	子分部工程	分项工程
明挖区间	地基基础与支护工程	土方工程	土方开挖，土方回填
		支护工程	地下连续墙（成槽、钢筋、混凝土），水泥土搅拌桩，高压喷射注浆支护，SMW桩支护（水泥土搅拌、型钢插拔），混凝土灌注桩（成孔、钢筋、混凝土），锚杆及土钉墙支护，钢筋网喷混凝土，钢或混凝土支撑，降水与排水，冠梁（钢筋、模板、混凝土）
		地基处理	高压喷射注浆地基，注浆地基，水泥土搅拌桩地基
		桩基础	钢筋笼加工，混凝土灌注
	防水工程	—	防水混凝土，水泥砂浆防水层，卷材防水层，涂料防水层，细部构造
	主体结构	混凝土结构	模板，钢筋，混凝土，现浇结构，装配式结构
		砌体结构	砖砌体、混凝土小型空心砌块砌体、配筋砖砌体、填充墙砌体、石砌体
		劲钢（管）混凝土结构	劲钢（管）焊接、螺栓连接、劲钢（管）与钢筋的连接、劲钢（管）制作、安装，混凝土
	接地网	—	土方开挖，接地装置安装、土方回填
	附属工程	泵房	支护工程，土方开挖，模板及支架，钢筋，混凝土，衬砌，防水和排水，土体加固
		风井、风道	支护工程，土方开挖，模板及支架，钢筋，混凝土，衬砌，防水和排水，土体加固
暗挖区间	洞口工程	—	洞口开挖、洞口钢筋、洞口模板、洞口混凝土、洞口防护（包括但不限于锚网喷、砌体）
	明洞工程	—	土方开挖、支护工程、衬砌、土体加固、回填
	竖井及横通道	竖井	基坑围护（地下连续墙、钻孔灌注桩、钢格栅喷射混凝土等）、锁口圈、土方开挖、衬砌（钢筋、模板、混凝土）、防水和排水、竖井回填（土方、混凝土、砌体等）、地层加固（旋喷、搅拌、注浆等）

续表

子单位工程	分部工程	子分部工程	分项工程
暗挖区间	竖井及横通道	横通道	洞身开挖、地层加固、超前小导管、管棚、锚杆（含锁脚）、锚索、钢筋网、钢架（格栅钢架、型钢钢架）、喷射混凝土、回填注浆、衬砌钢筋、衬砌模板、衬砌混凝土、防水和排水、横通道回填
	洞身开挖	—	洞身开挖、隧底开挖
	主体结构	支护工程	超前小导管、管棚、锚杆、锚索、钢筋网、钢架、喷射混凝土、回填注浆
		衬砌	衬砌钢筋、衬砌模板、衬砌混凝土、底板混凝土、仰拱混凝土、仰拱填充、回填注浆
		砌体结构	砖砌体、混凝土小型空心砌块砌体、石砌体、填充墙砌体、配筋砖砌体
	防水和排水	—	洞口防排水、洞内排水沟（槽）、施工缝与变形缝处理、卷材防水层、涂料防水层、金属板防水层、塑料板防水层、膨润土防水毯防水层、细部构造、注浆防水、防水盲管（沟）、防水混凝土、水泥砂浆防水层
	土体加固	—	旋喷桩、搅拌桩、注浆、冷冻、降水
	附属工程	联络通道	超前小导管、管棚、地层加固注浆、锚杆（含锁脚）、锚索、钢筋网、钢架（格栅钢架、型钢钢架）、喷射混凝土、土方开挖、衬砌、防水、回填注浆
		泵房	超前小导管、管棚、地层加固注浆、锚杆（含锁脚）、锚索、钢筋网、钢架（格栅钢架、型钢钢架）、喷射混凝土、土方开挖、衬砌、防水、回填注浆
		风井及风道	基坑围护（地下连续墙、钻孔灌注桩、钢格栅喷射混凝土等）、土方开挖、衬砌（钢筋、模板、混凝土）、防水、地层加固注浆、回填（土方、混凝土、砌体等）、加固（旋喷、搅拌、注浆等）
盾构区间	竖井或风井	—	基坑支护，地基加固，土方开挖，主体结构，防水
	洞门工程	—	结构（模板、钢筋、混凝土）、防水、土体加固
	管片制作	—	管片模具、管片钢筋、管片成品、钢管片
	盾构掘进与管片拼装	—	盾构掘进，管片拼装，壁后注浆，成型隧道
	防水工程	—	管片自防水、管片接缝防水、螺栓孔防水、柔性接头（变形缝等）特殊结构处防水
	联络通道或泵房	洞身开挖	洞身开挖、隧底开挖
		支护工程	喷射混凝土、锚杆、钢筋网、钢架、管棚（制作、安装、注浆）、超前小导管（制作、安装、注浆）
		衬砌	衬砌模板、衬砌钢筋、衬砌混凝土、底板混凝土、仰拱混凝土、仰拱填充、回填注浆
		防水	施工缝与变形缝处理、防水板防水、涂料防水层防水、注浆防水、盲管（沟）
		土体加固	
	内部结构	预制结构	钢筋工程、模板工程、混凝土工程、装备式结构
		现浇结构	钢筋工程、模板工程、现浇混凝土工程

续表

子单位工程	分部工程	子分部工程	分项工程
路基工程	地基处理	—	原地面平整碾压、换填、木桩、塑料排水板、碎石桩、堆载预压、砂（碎石）垫层、土工合成材料、复合土工膜隔断层、静力压桩、灰土地基、高压喷射注浆地基、注浆地基
	基床以下路堤	—	一般路堤填筑、路堤边坡、路堤与桥台间过渡段填筑、填石路堤
	基床	—	基床底层、基床表层、路面
	路堑	—	路堑基床底层、路堑基床表层、路堑开挖
	路基支挡	重力式挡土墙	明挖基坑、基础、挡土墙墙身及墙背填筑
		扶壁式挡土墙	明挖基坑，墙趾板、墙踵板、墙面板，扶壁
	路基防护	—	植物防护、混凝土、浆砌护坡（墙），边坡喷护，边坡挂网锚喷防护，边坡勾缝、灌浆、填缝、嵌补
	路基排水	—	地表排水沟、急流槽、地下排水、排水管道、检查井及沉淀井
	路基附属工程	—	栏杆，检查梯，隔离栅栏
高架区间	地基及基础	地基处理	地基加固，局部地基处理
		明挖基础	基坑、模板及支架、钢筋、混凝土
		桩基	成孔、钢筋笼、混凝土
		桩基承台	模板及支架、钢筋、混凝土
	下部结构	墩台	模板及支架、钢筋、混凝土
		台后填土、锥体及其他	桥台填土、混凝土、砌体
		盖梁	模板及支架、钢筋、混凝土
		索塔	模板及支架、钢筋、混凝土、预应力
		支座安装	支座安装
	上部结构	支架上制梁	模板及支架、钢筋、混凝土、预应力、防水层
		U形简支梁架设	架梁、模板及支架、钢筋、混凝土、预应力
		悬臂浇筑预应力混凝土连续梁（刚构）	模板及支架、钢筋、混凝土、预应力、防水层
		钢桁梁	杆件预拼、拼装架设、涂装，混凝土桥面板浇筑
		预应力混凝土斜拉桥主梁和斜拉索	模板及支架、钢筋、混凝土、预应力、防水层、斜拉索、水平转体施工
	桥面系	桥面防水	找平层，防水层，防水保护层
		伸缩装置	伸缩缝安装
		桥面铺装	沥青混凝土桥面，水泥混凝土（加强筋网片）桥面，钢纤维混凝土桥面等

续表

子单位工程	分部工程	子分部工程	分项工程
高架区间	桥面系	人行道	铺装人行道
		栏杆、地袱、挂板	安装栏杆，地袱，挂板
		隔离墩、防撞墩、缘石	安装隔离墩、防撞墩、缘石
		锥坡	锥坡基础填筑，砖、石护砌
	声屏障		钢结构焊接、钢结构紧固件安装、钢结构组装、钢结构涂装、吸隔声板安装（吸声板粘贴）、隔声墙砌筑
	附属工程	—	桥头搭板，排泄水，台阶，灯，柱等

注：一个区间为一个单位工程，若一个区间中有多个工法组成，则每种工法为一个子单位工程。

车辆段、停车场及基地单位工程划分表 表1-3

子单位工程	分部工程	子分部工程	分项工程
轨道路基及道路工程	路基	地基处理	原地面平整碾压、换填、木桩、塑料排水板、碎石桩、堆载预压、砂（碎石）垫层、土工合成材料、复合土工膜隔断层、静力压桩、灰土地基、高压喷射注浆地基、注浆地基
		路基排水	地表排水沟
		基床以下路堤	一般路堤填筑、路堤边坡、路堤与桥台间过渡段填筑、填石路堤
		基床	基床底层、基床表层、路基面
		路堑	路堑基床底层、路堑基床表层、路堑开挖
		路基防护	植物防护、混凝土、浆砌护坡（墙），边坡勾缝、灌浆、填缝、嵌补
	基层	—	摊铺，碾压，养生
	路面	—	摊铺，碾压
	附属	道牙	垫层，安砌，后背回填（浇筑），勾缝
		雨水口	土方，安砌，支管安装
		人行步道、广场铺装	基础，铺装，伸缩缝
		道路标志	—
		道路护栏	—
		其他	照明设施，交通设施，环保设施，绿化设施，小型构筑物等
桥梁或涵洞	桥梁	—	参照区间桥梁工程划分
	涵洞	土方	排降水、围护、土方开挖、土方回填
		地基基础	钢筋、模板、混凝土
		结构工程	钢筋、模板、混凝土

续表

子单位工程	分部工程	子分部工程	分项工程
室外建筑环境	室外建筑	车棚	参照各结构工程分项工程划分
		围墙	
		大门	
		挡土墙	
		垃圾收集站	
	室外环境	—	建筑小品，亭台，连廊，花坛，场坪绿化
室外安装	室外电气	—	室外供电系统，室外照明系统
	管沟（井室）工程	土方工程	排降水，围护，土方开挖，土方回填
		地基处理工程	局部地基处理、地基加固等
		基础工程	砂砾基础，钢筋，模板及支架，混凝土，预埋件、支架、支墩安装等
		井室结构工程	钢筋，模板及支架，混凝土，防水，预埋件安装等
	给水管道安装工程	管道安装	铸铁、球墨铸铁管、钢管、预应力混凝土管、PVC管等安装
		设备安装	闸阀、碟阀、排汽阀、消火栓、测流计及其附件等安装
	排水管道安装工程	管道安装	水泥混凝土管、预应力混凝土管及其他排水管道安装
		设备安装	井室构件、水泵、金属管道及管件安装、调试
	燃气管道安装工程	管道安装	安管、凝水器制作安装、调压箱安装、支吊架及附件制作安装等
		防腐绝缘	管道防腐施工、阴极保护、绝缘板安装等
		闸室设备安装	阀、伸缩器等安装
		聚乙烯塑料管安装	安管、安装凝水器及调压箱、抗渗处理等
	热力管道安装工程	管道安装	钢管安装、固定支架、滑动支架、张力、套筒、伸缩器等附件安装
		除锈防锈	喷砂除锈、酸洗除锈、刷防锈漆等
		管道保温	保温层、工厂化树脂保温壳、保护层
		热力井室设备安装	设备安装及调试
	其他管道（线）安装工程	管道安装	铸铁、球墨铸铁管，钢管，预应力混凝土管，PVC管等安装
		设备安装	闸阀、碟阀、排汽阀、消火栓、测流计及附件等安装

注：即插即用或仅需简单安装的工艺设备部分不列入工程监督、验收范围。

车辆段、停车场及基地单位工程划分表　　　　　　表1-4

子单位工程	分部工程	子分部工程	分项工程
房屋建筑		轨道及设备基础	子分部、分项工程参照《建筑工程施工质量验收统一标准》GB 50300—2013划分
		地基与基础	
		主体结构	
		建筑装饰装修	

续表

子单位工程	分部工程	子分部工程	分项工程
房屋建筑	屋面		子分部、分项工程参照《建筑工程施工质量验收统一标准》GB 50300—2013 划分
	建筑给水排水及供暖		
	通风与空调		
	建筑电气		
	智能建筑		
	建筑节能		
	电梯		

注：即插即用或仅需简单安装的工艺设备部分不列入工程监督、验收范围

轨道单位工程划分表　　　　　　　　　　　表 1-5

子单位工程	分部工程	分项工程
正线轨道	铺轨基标	铺轨基标测设
	有碴道床轨道	铺底碴，铺面碴，铺枕，有缝线路铺轨，无缝线路铺轨，埋设观测桩，埋设焊接，起拨道、整道
	有碴道床道岔	铺底碴，铺面碴，铺岔枕、铺道岔，起拨道、整道
	无碴道床轨道	混凝土短轨枕，混凝土道床，无缝线路铺轨，钢轨焊接，埋设观测桩，整道
	无碴道床道岔	混凝土短岔枕，混凝土道床，道岔铺设，伸缩调节器铺设，整道
	接触轨铺设	无碴道床接触轨混凝土支承块，无碴道床接触轨安装，无碴道床接触轨托架及防护板安装，有碴道床接触轨安装，有碴道床接触轨托架及防护板安装
	轨道附属设备	线路及信号标志，防护设施，护轨安装
车辆段轨道	铺轨基标	铺轨安装
	有碴道床轨道	铺底碴，铺面碴，铺枕，铺轨，起拨道、整道
	有碴道床道岔	铺底碴，铺面碴，铺岔枕、铺道岔，起拨道、整道
	无碴道床轨道	混凝土短轨枕，混凝土道床，轨道铺设，整道
	接触轨铺设	无碴道床接触轨混凝土支承块，无碴道床接触轨安装，无碴道床接触轨托架及防护板安装，有碴道床接触轨安装，有碴道床接触轨托架及防护板安装
	轨道附属设备	线路及信号标志
		防护设施
		护轨安装

1.6.4　工程质量验收与评价

（1）施工中应按下列规定进行施工质量控制，并应进行过程检验、验收：

1）工程采用的主要材料、半成品、成品、构配件、器具和设备应按相关专业质量标准进行进场检验和使用前复验。现场验收和复验结果应经监理工程师检查认可。凡涉及结构安全和使用功能的，监理工程师应按规定进行见证取样检测，并确认合格。

2）各分项工程应按《建筑工程施工质量验收统一标准》GB 50300—2013 进行质量控

制,各分项工程完成后应进行自检、交接检验,并形成文件,经监理工程师检查签认后,方可进行下个分项工程施工。

(2) 工程施工质量应按下列要求进行验收:

1) 工程施工质量应符合《建筑工程施工质量验收统一标准》GB 50300—2013 和相关专业验收规范的规定。

2) 工程施工应符合工程勘察、设计文件的要求。

3) 参加工程施工质量验收的各方人员应具备规定的资格。

4) 工程质量的验收均应在施工单位自行检查评定合格的基础上进行。

5) 隐蔽工程在隐蔽前,应由施工单位通知监理工程师和相关单位人员进行隐蔽验收,确认合格,并形成隐蔽验收文件。

6) 监理工程师应按规定对涉及结构安全的试块、试件和现场检测项目,进行见证取样检测并确认合格。

7) 检验批的质量应按主控项目和一般项目进行验收。

8) 对涉及结构安全和使用功能的分部工程应进行抽样检测。

9) 承担复验或检测的单位应为具有相应资质的独立第三方。

10) 工程的外观质量应由验收人员通过现场检查共同确认。

(3) 隐蔽工程应由专业监理工程师负责验收。检验批及分项工程应由专业监理工程师组织施工单位项目专业质量(技术)负责人等进行验收。关键分项工程及重要部位应由建设单位项目负责人组织总监理工程师、施工单位项目负责人和技术质量负责人、设计单位专业设计人员等进行验收。分部工程应由总监理工程师组织施工单位项目负责人和技术质量负责人等进行验收。

(4) 检验批质量验收合格应符合下列规定:

1) 主控项目和一般项目的质量经抽样检验合格。

2) 具有完整的施工操作依据、质量检查合格。

(5) 分项工程质量验收合格应符合下列规定:

1) 所含检验批的质量均应验收合格。

2) 所含检验批的质量验收记录应完整。

(6) 分部工程质量验收合格应符合下列规定:

1) 分部(子分部)工程所含分项工程的质量均应验收合格。

2) 质量控制资料应完整。

3) 地基与基础、主体结构等分部工程有关安全及功能的检验和抽样检测结果应符合有关规定。

4) 观感质量验收应符合要求。

观感质量验收一定要在现场进行检查,能操作的应操作,能打开观看的应打开观看,应全面了解分部(子分部)的实物质量。项目观感的评定标准没有具体化,基本上在各检验批的一般项目内。检查评价人员宏观掌握,如果没有较明显达不到要求的,就可以评为一般;如果某些部位质量较好,细部处理到位,就可评为好;如果有的部位达不到要求,或有明显的缺陷,但不影响安全或使用功能的,则评为差。评为差的项目能进行返修的应进行返修,不能返修的只要不影响结构安全和使用功能的可通过验收。有影响安全或使用功能的项目，不能评价，应修理后再评价。

一个分部工程中有几个子分部工程时，每个子分部工程验收完，分部工程就验收完了。除了单位工程观感质量检查时，除再宏观认可一下以外，不必要再进行分部工程质量验收了。

（7）单位工程质量验收合格应符合下列规定：

1）所含分部（子分部）工程的质量均应验收合格。

2）质量控制资料应完整。

3）单位（子单位）工程所含分部工程有关安全及功能的检验资料应完整。

4）主要功能项目的抽查结果应符合相关专业质量验收规范的规定。

5）观感质量验收应符合要求。

单位工程的质量控制资料要视工程特点而定，其完整性要看其是否可以反映工程的结构安全和使用功能，是否达到设计要求，如果资料能保证该工程结构安全和使用功能，能达到设计要求，则可认为是完整。否则，不能判为完整。

进行主要功能抽测项目时，可对照该项目的检测记录逐项核查，可重新做抽测记录表，也可不形成抽测记录，在原检测记录上注明签认。

单位（子单位）工程观感质量的验收方法和内容与分部、子分部工程的观感质量评价一样，其内容按各有关检验批的主控项目、一般项目有关内容综合掌握，给出好、一般、差的评价。

第 2 章 城市轨道交通工程测量

2.1 总体要求

(1) 依据应执行中华人民共和国国家标准《城市轨道交通工程测量规范》GB 50308—2017。

(2) 城市轨道交通工程测量应采用所在城市的平面坐标和高程系统。城市间的城市轨道交通工程以及与城市轨道交通工程结构、线路衔接或联系的其他工程应采用统一的平面坐标和高程系统，平面坐标和高程系统不一致时应建立转换关系。

(3) 城市轨道交通工程应以中误差作为衡量测绘精度的标准，并应以二倍中误差作为极限误差。

(4) 测量作业使用的仪器和工具应根据国家现行有关标准进行检验校正。作业前应对仪器和工具进行检查，作业中仪器状态应满足作业要求。

(5) 城市轨道交通工程测量工作应根据工程的安全生产措施和应急预案，编制测绘应急预案。

2.2 工程控制测量

2.2.1 平面控制测量

1. 一般规定

(1) 地面平面控制网应根据城市轨道交通线网规划布局、建设步骤和工程建设要求按等级进行设计。

(2) 地面平面控制网应分为三个等级。一等网为全市轨道交通控制网，应采用卫星定位测量方法，一次全面布设；二等网为线路控制网；三等网为线路加密控制网，应分别采用卫星定位、精密导线方法，分期布设。

(3) 一等全市轨道交通控制网采用的高程投影面宜与城市平面坐标系统采用的投影面一致。

(4) 当线路轨道面平均高程的边长高程投影长度变形和高斯投影长度变形的综合变形值大于 15mm/km 时，线路控制网和线路加密控制网应采用抵偿高程面作为投影面的城市平面坐标系统，或者高程投影面不变，采用高斯克吕格任意带平面直角坐标系统。

(5) 线路贯穿多个使用不同平面坐标系统的行政区域时，其测绘成果应满足各个行政区域对于测绘成果的要求。行政区域界线段的线路应有两套坐标成果，并应建立坐标转换关系。

(6) 已建成的地面平面控制网应适时进行复测。其中，全市轨道交通控制网应根据城市建设、城市地面沉降对其影响情况进行复测；线路控制网和线路加密控制网应在线路开工前进行复测，工程建设中应1~2年复测1次，并根据控制点稳定情况增加或减少复测频次。复测技术要求应符合下列规定：

1）复测时采用的起算点和控制网观测方案宜与原测量一致。

2）复测采用的仪器设备、观测方法、观测精度、数据处理和成果精度宜与原测量一致。

3）同一控制点的复测与原测量成果坐标分量较差的极限误差应小于$2m$，其中m为复测控制点的点位中误差。

4）当复测与原测量成果坐标分量较差的极限误差分别小于$2m$时，应采用原测量成果；大于$2m$时，应查明原因及时补测或修测，并应满足与相邻控制点的相对点位中误差要求。

2. 卫星定位控制网测量

（1）卫星定位控制网测量技术要求应符合下列规定：

1）卫星定位控制网测量技术要求应符合表2-1的规定。

卫星定位控制网测量技术要求　　　　　　表2-1

控制网等级	平均边长 （km）	固定误差 a （mm）	比例误差 b （mm/km）	相邻点的相对 点位中误差 （mm）	最弱边相对 中误差
一等	10	≤5	≤2	±20	1/200000
二等	2	≤5	≤5	±10	1/100000

2）卫星定位控制网基线长度精度宜按下式计算：

$$\sigma = \sqrt{a^2 + (bd)^2}$$

式中　σ——基线长度中误差（mm）；

　　　a——固定误差（mm）；

　　　b——比例误差系数（mm/km）；

　　　d——相邻点间的距离（km）。

（2）卫星定位控制网设计应符合下列规定：

1）应根据城市轨道交通线网建设规划方案，收集全市或线路沿线现有城市控制网的基础测绘资料。

2）踏勘后，应对收集的资料进行分析研究，并根据建设需要和卫星定位控制网技术要求分级进行卫星定位控制网设计。

3）一等全市轨道交通控制网应满足全市轨道交通长期规划、建设和运营对测量控制网的需要。该网测量平差约束点应采用CORS站或其他城市高等级控制点，且不应少于3个，并应均匀分布在以测量范围几何中心为原点的任意直角坐标系中至少3个象限中。

4）二等线路控制网应满足各自线路城市轨道交通建设和运营对测量控制网的要求和需要，应采用一等全市轨道交通控制点作为约束点，且不应少于3个，并应沿线路分布。二等线路控制网应在隧道出入口、竖井、车站或车辆段附近设置控制点，在线路交叉和分期建设的线路衔接或换乘处宜布设2个以上的重合控制点。

5）每个控制点应分别通过独立基线与至少两个相邻点连接。控制网由一个或多个独立基线闭合环构成时，闭合环之间应采用边连接。每个闭合环独立基线数不应超过6条。

6）当控制点构成的三角形中，其中一条边的基线长度小于其他两边基线长度之和的30%时，应测设独立基线。

（3）卫星定位控制网的选点应符合下列规定：

1）控制点应选在施工变形影响区域以外利于长久保存、施测方便、便于扩展和联测的地方。

2）当利用已有城市控制点时，其标识应稳定、完好。

3）二等线路控制网各控制点通视方向不应少于2个。

4）建筑上的控制点应选在便于联测的楼顶承重结构上。

5）控制点应避开多路径效应影响，附近不应有大面积的水域或对电磁波反射或吸引强烈的物体。

6）控制点与无线电发射装置和高压输电线的间距应分别大于200m和50m。

7）控制点周围应视野开阔，便于扩展，视场内障碍物的高度角不宜大于15°。

3. 精密导线网测量

（1）三等线路加密控制网应沿建设线路两侧布设，并应采用精密导线网测量方法施测。精密导线网应采用附合导线、闭合导线或结点导线网形式。

（2）精密导线网测量和观测技术要求应分别符合表2-2和表2-3的规定。

精密导线网测量技术要求　　　　　　　　　　　　　　　　表2-2

控制网等级	闭合环或附合导线平均长度(km)	平均边长(m)	每边测距中误差(mm)	测角中误差(″)	方位角闭合差(″)	全长相对闭合差	相邻点的相对点位中误差(mm)
三等	3	350	±3	±2.5	±5$\sqrt{n}$	1/35000	±8

精密导线观测技术要求　　　　　　　　　　　　　　　　　表2-3

控制网等级	水平角测回数		边长测回数	测距相对中误差
	Ⅰ级全站仪	Ⅱ级全站仪		
三等	4	6	往返测距各2测回	1/80000

（3）精密导线网的布设应符合下列规定：

1）二等线路加密控制网控制点间的附合导线的边数宜少于12条，相邻边的短边与长边比例不宜小于1:2，最短边长不宜小于100m。当附合导线路线较长时，宜布设结点导线网，结点间角度个数不应超过8个。

2）地面导线点应选在施工变形影响区域以外，并应避开地下构筑物、地下管线。

3）建筑物顶上的导线点应埋设在其主体结构上，并便于与高等级点联测和向下扩展的位置。

4）相邻导线点间以及导线点与其相连的卫星定位点之间的垂直角不应大于30°，视线离障碍物的距离不应小于1.5m。

5）在不同的线路交叉及同一线路分期建设的工程衔接处应布设导线点。

(4) 当精密导线点上只有两个方向时，其水平角人工观测应符合下列规定：
1) 当采用左、右角观测方法时，左、右角平均值之和与360°的较差应小于4″。
2) 水平角观测一测回内2C较差、同一方向值各测回较差应符合表2-4的规定。

方向观测法水平角观测技术要求（″）　　表2-4

全站仪等级	半测回归零差	一测回内2C较差	同一方向值各测回较差
Ⅰ级	6	9	6
Ⅱ级	8	13	9

3) 当前后视边长观测需调焦时，宜采用同一方向正倒镜同时观测法，一个测回中不同方向可不考虑2C较差要求。

(5) 在精密导线结点或卫星定位控制点上观测水平角时应符合下列规定：
1) 在附合精密导线两端的卫星定位控制点上观测时，宜联测两个卫星定位控制点方向，其夹角的平均观测值与其坐标反算夹角之差应小于6″。
2) 方向数多于3个时宜采用方向观测法，方向数小于3个时可不归零。

2.2.2 高程控制测量

1. 一般规定

(1) 城市轨道交通高程控制测量应采用城市高程系统。

(2) 高程控制网布设范围应与地面平面控制网相适应，并应分两个等级布设，一等网为全市轨道交通高程控制网，二等网为线路高程控制网。一等网应一次全面布设，二等网应根据建设需要分期布设。

(3) 线路贯穿多个不同高程系统的行政区域时，其高程成果应分别满足各个行政区域的要求。在行政区域界限处两边各500m范围内的高程控制点应有两套高程成果，并应能进行高程换算。

(4) 已建成的高程控制网应定期进行复测。一等网应根据城市建设、城市地面沉降对其可靠性、稳定性的影响程度以及扩展下一级控制网时，进行复测；二等网应在线路开工前进行，工程建设中应1~2年复测1次，并根据控制点稳定情况增加或减少复测频次。复测技术要求应符合下列规定：

1) 复测时采用的起算点和高程控制网观测方案应与原测量一致。
2) 复测采用的仪器设备、观测方法、观测精度、数据处理和成果精度应与原测量一致。
3) 同一控制点的复测与原测量成果高程较差极限误差应小于$2\sqrt{2}m$（m为复测控制点高程中误差）。
4) 复测与原测量成果高程较差极限误差小于$2\sqrt{2}m$时，应采用原测量成果；大于$2\sqrt{2}m$时，应查明原因及时补测或修测。

2. 高程控制网设计

(1) 高程控制网应采用水准测量方法施测。水准测量技术要求应符合表2-5的规定。

水准测量技术要求

表 2-5

水准测量等级	每千米高差中数中误差 (mm)		环线或附合水准路线最大长度 (km)	水准仪等级	水准尺	观测次数		往返较差、附合或环线闭合差 (mm)
	偶然中误差 M_Δ	全中误差 M_W				与已知点联测	附合或环线	
一等	±1	±2	400	DS1	因瓦尺或条码尺	往返测各一次	往返测各一次	$±4\sqrt{L}$
二等	±2	±4	40	DS1	因瓦尺或条码尺	往返测各一次	往返测各一次	$±8\sqrt{L}$

注：1. L 为往返测段、附合或环线的路线长度（单位为 km）。
2. 采用电子水准仪测量的技术要求应与同等级的光学水准仪测量技术要求相同。

（2）水准点应沿城市轨道交通规划或建设线路进行设计、布设，水准线路应构成附合线路、闭合线路或结点网。

（3）一等水准网水准点平均间距应小于 4km，二等水准网水准点平均间距应小于 2km。

（4）水准点应选在受施工变形影响区外稳固、便于寻找、保存和引测的地方。宜每隔 4km 埋设 1 个深桩或基岩水准点。深桩水准点埋设深度应根据岩土条件和施工降水深度确定。车站、竖井及车辆段布设的水准点不应少于 2 个。

3. 水准测量

（1）水准测量作业前应按《国家一、二等水准测量规范》GB/T 12897—2006 的要求，对所使用的水准仪和标尺进行常规检查与校正。

（2）水准仪 i 角应小于 15"，i 角检测应符合下列规定：

1）使用光学水准仪时，水准仪 i 角检查，在作业第一周内应每天 1 次，稳定后宜 15 天 1 次。

2）使用电子水准仪时，作业期间每天应在作业前进行 i 角检测。

（3）一、二等水准测量的观测方法应符合下列规定：

1）使用光学水准仪观测时，往测时在奇数站上观测标尺顺序应为：后—前—前—后，在偶数站上观测标尺顺序应为：前—后—后—前。返测时在奇数站上观测标尺顺序应为：前—后—后—前，在偶数站上观测标尺顺序应为：后—前—前—后。

2）使用电子水准仪观测时，往返测奇数站观测标尺顺序应为：后—前—前—后，往返测偶数站观测标尺顺序应为：前—后—后—前。

3）使用电子水准仪时，应将有关参数、极限误差预先输入并选择自动观测模式，水准路线应避开强电磁场的干扰，外业数据应及时备份。

4）每一测段的往测和返测，宜分别在上午、下午进行，白天由于外界条件干扰不能作业时，也可在夜间观测。

5）由往测转向返测时，两根水准尺应互换位置，并应重新整置仪器。

（4）水准测量观测的视线长度、视距差、视线高度的要求应符合表 2-6 的规定。水准测量测站观测限差应符合表 2-7 的规定。往返两次测量高差较差超限时应重测。重测后应选取两次异向观测的合格成果。

水准测量观测的视线长度、视距差、视线高度的要求（m）　　　表 2-6

等级	视线长度		水准仪类型	前后视距差	前后视距累计差	视线高度
	仪器等级	视距				
一等	DS1	≤50	光学水准仪	≤1.0	≤3.0	下丝读数≥0.3
			电子水准仪	≤1.5	≤6.0	≥0.55且≤2.8
二等	DS1	≤60	光学水准仪	≤2.0	≤4.0	下丝读数≥0.3
			电子水准仪	≤2.0	≤6.0	≥0.55且≤2.8

水准测量测站观测限差（mm）　　　表 2-7

等级	上下丝读数平均值与中丝读数之差	基、辅分划读数之差	基、辅分划所测高差之差	检测间歇点高差之差
一等	3.0	0.4	0.6	1.0
二等	3.0	0.5	0.7	2.0

注：使用电子水准仪观测时，同一测站两次测量高差较差应满足基、辅分划所测高差较差的要求。

（5）当水准路线跨越江、河、湖塘时，应进行跨河水准测量，并应符合下列规定：

1）水准路线跨越视线长度小于100m时，宜采用一般水准测量方法进行观测。观测时在测站上应变换仪器高观测两次，两次高差之差应小于1.5mm，取两次观测的中数作为观测成果。

2）水准路线跨越视线长度大于100m时，应进行跨河水准测量。跨河水准测量可采用光学测微法、倾斜螺旋法、经纬仪倾角法和电磁波测距三角高程法，其技术要求应符合《国家一、二等水准测量规范》GB/T 12897—2006 的规定。

2.3 工程施工测量

2.3.1 地面线路施工测量

1. 一般规定

（1）地面线路施工测量应包括中线测量、路基施工测量和路基结构完成后的测量。

（2）施工前，建设单位应会同设计、施工和测量单位进行现场测量交接桩工作，交桩单位除应提交线路测量控制点、已经测设的各种桩点资料外，还应进行控制点现场交接。接桩单位除应对接收的测量资料进行审核外，还应进行实地复核测量。

（3）测量工作开始前，测量人员应对施工设计资料进行查阅，了解线路技术条件和建筑物位置、类型、规格等，并应进行复核。

（4）地面路基结构横向贯通测量中误差不应超过±50mm，贯通测量限差应小于100mm；高程贯通测量中误差不应超过±25mm，贯通测量限差应小于50mm。

2. 中线测量

（1）中线测量应对线路中线桩进行测设，线路中线桩应包括控制桩和各种加密桩。根据地形复杂情况直线地段加密桩间距宜为10～50m，曲线地段加密桩间距宜为10～20m。

(2) 中线测量前，应根据复核无误的线路施工设计图和相关文件资料及施工定线测量任务书，并经外业踏勘后编制中线测量方案。中线测量方案应经批准后方可实施。

(3) 中线测量可采用全站仪极坐标法或卫星定位RTK法进行中线桩平面位置测量。中线桩纵、横向偏差应分别小于20mm和15mm，并应符合下列规定：

1) 采用全站仪极坐标法时，应采用H级及以上全站仪，测站与中线桩的距离应小于200m。

2) 采用卫星定位RTK法时，相邻点间距离应大于100m，边长相对中误差应小于1/4000，流动站到单基准站间距离应小于3km，且观测应大于2测回。

(4) 中线桩高程测量宜采用水准测量和电磁波测距三角高程测量方法。

(5) 中线测量完成后，应对中线桩坐标、相邻桩之间的距离及线路几何关系进行检核。检核可采用附合导线形式进行线路中线桩联测，并应符合下列规定：

1) 中线桩实测坐标与设计坐标较差：控制桩应小于20mm，加密桩应小于30mm。

2) 相邻中线桩间实测距离与设计距离较差：控制桩应小于50mm，加密桩应小于70mm。

3) 相邻中线桩若不通视时，宜采用间接测量的方法检核。

4) 中线桩位置超限时应进行归化改正。

(6) 中线桩测设完成后应对其进行加固，并应建立护桩。

3. 路基施工测量

(1) 路基施工测量宜包括路基横断面测量和路基填筑、路基边坡控制、路基附属工程施工测量。

(2) 路基横断面测量应符合下列规定：

横断面应在线路中线百米桩、曲线控制桩和线路纵、横向地形变化大以及桥头、隧道出入口、路基支挡及承载结构物起终点等处测设，间距应小于20m。

(3) 路基填筑施工测量应符合下列规定：

1) 路基填筑前，应根据设计断面图，利用线路中线桩放样路基填筑边界桩，并在现场利用白灰划出填筑边界线，控制路基宽度。

2) 在路基填筑过程中，根据路基分层摊铺、分层碾压施工的特点，应分层进行施工放样。每层施工完成，且中桩重新放样抄平后应检查路基填筑宽度和高度，如有偏移应及时进行调整。

(4) 路基边坡控制施工测量应符合下列规定：

1) 对于挖方边坡，首先应利用线路中线桩放样开挖边界，然后根据机械施工的特点，施工中控制好开挖边坡坡度。边坡成型后，应使用专用的坡度尺，采用人工拉线修整控制边坡坡度。

2) 边坡坡度采用从上至下逐级控制的方法时，应在上一级平台放样平台宽度与边坡位置，然后采用相同的方法做好下一级坡度的控制，直至开挖到路基设计标高位置。

3) 对于填方路基，应采用设计宽度适当加宽的办法先将路基填筑成型，待路基填筑至标高，且自然沉降期达到要求后，放样出路基顶部边坡点，然后利用机械或人工按设计坡度进行刷坡。

(5) 路基附属工程施工测量应包括路基挡墙、路基边沟和边仰坡天沟测量，并应符合下列规定：

1) 路基附属工程的放样，可利用路基测量控制点采用极坐标法放样或采用线路中线桩进行施工控制。采用极坐标法放样时，可利用不同控制点或重复测量放样方法，也可根据放样点间几何关系对放样点进行检核。利用中线桩进行控制时，应进行交底，并移交现场中线控制点。

2) 进行路基挡墙测量时，应以线路中线桩放样挡墙控制轴线，并钉设挡墙轴线桩，同时按水准测量方法测定其高程。当为多级挡墙或挡墙与路基高差过大时，宜采用坐标法测设挡墙轴线桩，并使用全站仪进行平面和高程放样，且应计算出施工数据。

3) 路基成型后，进行路基边沟测量时应利用线路中线控制点按路基边沟设计资料，采用极坐标法进行路基边沟放样，一般每50m设置一个路基边沟控制中心桩，并测量其高程。

4) 进行边仰坡的天沟施工时，边仰坡天沟施工测量应按设计图对天沟控制点进行放样，放样宜采用极坐标法或线路支距法进行，高程宜利用水准测量方法或三角高程法。

(6) 路基加固时应按路基加固的不同部位和施工方法，进行施工放样。

(7) 路基施工测量各项放样测量极限误差不应超过±50mm。

4. 路基结构完成后的测量

(1) 路基结构完成后应进行线路各级测量控制点的恢复，并应利用恢复的测量控制点进行路基现状以及地面建筑限界测量。

(2) 分区、段施工的线路路基贯通后应以线路两侧卫星定位控制点、精密导线点和一、二等水准点为依据，采用附合路线形式对测量控制点进行联测。

(3) 各级测量控制点的恢复应符合下列规定：

需要恢复的测量控制点应包括线路平面、高程控制点和线路中线桩。

(4) 完成后的路基结构与设计值较差测量应符合下列规定：

1) 完成后的路基结构与设计值较差测量应以恢复的各级测量控制点为起算依据。

2) 对完成后的路基结构应进行路基横断面测量，断面间距直线段宜为50m，曲线段宜为20m。

3) 横断面测量中，路基测量宽度不应小于设计宽度，侧沟或天沟深度和其与路堤护道宽度与设计值之差应分别小于50mm和100mm。

4) 横断面测量方法和精度不应低于施工测量精度。

(5) 地面建筑限界测量应根据车站或区间、直线或曲线段的设计要求分别进行限界断面测量，并应符合下列规定：

1) 限界断面测量应以恢复后的各级测量控制点为起算依据。

2) 区间断面间距直线段宜为12m，曲线段宜为10m。断面上限界点位置由设计确定。

3) 车站站台侧的限界点位置应包括站台面与轨面的高度、站台沿与轨道中心线的距离、屏蔽门与站台沿或轨道中心线的距离。

4) 断面测量宜采用全站仪极坐标法。

5) 限界点里程测量中误差不应超过±50mm，与线路中线切线点的距离测量中误差不应超过±10mm，高程的测量中误差不应超过±20mm。

2.3.2 地下隧道和车站施工测量

1. 一般规定

(1) 地下隧道和车站施工测量包括地下隧道和车站的联系测量、地下控制测量、暗挖隧道和车站施工测量、明挖隧道和车站施工测量以及结构竣工测量。

(2) 施工测量方案编写前应进行踏勘和收集资料，并应根据工程特点、采用的施工工法、施工工艺过程、工程周边环境条件以及所使用的仪器设备等条件和要求编写施工测量方案。

(3) 施工期间应对地面和地下各等级测量控制点加强保护，避免损毁，并应及时恢复被破坏的测量控制点。

(4) 每次测量前应对所使用的起算点进行检核，确认其稳定可靠后方能使用。

(5) 结构施工完成后应恢复地下测量控制点，并以其为起算点进行结构限界测量，并提供结构限界测量成果。

(6) 地下隧道和车站结构横向贯通测量中误差不应超过±50mm，贯通测量限差应小于100mm；高程贯通测量中误差不应超过±25mm，贯通测量极限误差应小于50mm。

2. 联系测量

(1) 基本要求

1) 联系测量应包括地面近井导线测量、近井水准测量以及通过竖井、斜井、平峒、钻孔的定向测量和传递高程测量。

2) 每次联系测量应独立进行三次，取三次平均值作为定向成果。地下近井定向边方位角中误差不应超过±8″，地下近井高程点高程中误差不应超过±5mm。

3) 定向测量的地下近井定向边应大于120m，且不应少于2条，传递高程的地下近井高程点不应少于2个。使用近井定向边和地下近井高程点前，应对地下近井定向边之间和高程点之间的几何关系进行检核，其不符值应分别小于12″和2mm。

4) 隧道贯通前的联系测量工作不应少于3次，宜在隧道掘进到约100m、300m以及距贯通面100～200m时分别进行一次。各次地下近井定向边方位角较差应小于16″，地下高程点高程较差应小于3mm，符合要求时，可取各次测量成果的平均值作为后续测量的起算数据指导隧道贯通。

5) 当隧道单向贯通距离大于1500m时，应采用高精度联系测量或增加联系测量次数等方法，提高定向测量精度。

(2) 地面近井导线测量和近井水准测量

1) 地面近井点包括平面和高程近井点，应埋设在井口附近便于观测和保护的位置，并标识清楚。

2) 地面平面近井点可利用精密导线点测设，并应符合下列规定：

① 进行导线点加密时，地面平面近井点与精密导线点应构成附合或闭合导线。近井导线边数不宜超过5条。

② 平面近井点应按精密导线网测量的技术要求施测，最短边长应大于50m，近井点的点位中误差不应超过±10mm。

③ 高程近井点应利用一、二等水准点测定，并应构成附合或闭合水准路线。

(3) 定向测量

1) 根据现场条件，定向测量可采用一井定向、两井定向、陀螺全站仪和铅垂仪组合定向、导线直接传递测量和铰点定向法等。

2) 采用导线直接传递测量方法时，应符合下列规定：导线测量时，宜采用具有双轴补偿的全站仪，无双轴补偿时应进行竖轴倾斜改正；垂直角应小于30°；仪器和觇牌安置宜采用强制对中或三联脚架法；测回间应检查仪器和觇牌气泡的偏离情况，气泡偏离超限时应重新整平。

3) 导线直接传递测量宜独立进行两次，符合较差要求后取平均值作为定向测量成果。

4) 采用投点定向测量时，应符合下列规定：采用钢丝或铅垂仪利用施工竖井或钻孔投点测量时，投测的两点应相互通视，其间距应大于60m。

(4) 高程传递测量

1) 高程传递测量应包括地面近井水准测量、高程传递测量以及地下近井水准测量。

2) 高程传递测量可采用悬挂钢尺法、电磁波测距三角高程法、水准测量法和电磁波测距法。

3) 采用在竖井内悬挂钢尺的方法进行高程传递测量时，应符合下列规定：地上和地下安置的两台水准仪应同时读数，并应在钢尺上悬挂与钢尺检定时相同质量的重锤；传递高程时，每次应独立观测三测回，测回间应变动仪器高，三测回测得地上、地下水准点间的高差较差应小于3mm；高差应进行温度、尺长改正；当井深超过50m时应进行钢尺自重张力改正。

4) 当明挖施工或暗挖施工通过斜井进行高程传递测量时，可采用水准测量方法，也可采用电磁波测距三角高程测量的方法。

5) 电磁波测距法传递高程时，应符合下列规定：应使用Ⅰ级全站仪，距离测量值应进行常数改正和气象改正；高程传递应独立进行三测回，测回间应检查仪器气泡的偏离情况，气泡偏离超限时应重新整平。测回间应变动仪器高，三测回测得地上、地下水准点间的高差较差应小于3mm。

6) 当竖井较深采用电磁波测距法传递高程时，作业步骤应符合下列规定：在井上设置的托架上放置棱镜，使棱镜反射面向下；利用水准仪或者全站仪测量棱镜中心与地面近井水准点的高差；托架下方安置全站仪，使全站仪望远镜垂直向上，瞄准棱镜进行测距。全站仪与棱镜垂直偏差应小于10mm；测量全站仪中心与地下近井水准点的高差。

(5) 任意设站控制网坐标和高程的同步传递测量

1) 采用任意设站控制网进行坐标和高程的同步传递时，应采用具有双轴补偿、自动照准目标功能的Ⅰ级全站仪。

2) 在地面应成组布设不少于3个具有强制对中标志的三维近井控制点，在地下隧道中，同样应成组布设不少于3个具有强制对中标志的三维近井控制点。当俯仰角大于40°，且不能一站直接传递三维坐标时，应在车站站厅层或竖井壁上成组布设不少于3个具有强制对中标志的三维控制点作为三维坐标传递过渡点，形成任意设站控制网测量路线。

3) 控制网测量时，测量步骤应符合下列规定：在地面任意设站架设全站仪，后视地面已知三维近井控制点点组，前视车站站厅层或竖井壁上的三维控制点点组；在地下隧道中任意设站，后视车站站厅层或竖井壁上的三维控制点点组，测量地下三维近井控制点点组。

4）在地面测站与照准的已知三维近井控制点点组距离应小于100m，地下定向边长度应大于80m。

5）控制网各个点组中各点间距，地面近井点组应大于50m，车站站厅层或竖井壁上传递点组根据实地情况应尽量大。

6）控制网测量时，应采用Ⅰ级全站仪进行水平角、垂直角和距离测量。水平角和垂直角各观测二测回，垂直角应小于30°。一测回内2C互差和指标差互差应小于9″。距离观测二测回，互差应小于3mm。

7）任意设站控制网应独立测量两次，两次控制点坐标分量较差应分别小于3mm，高程较差应小于3mm。

3. 地下控制测量

（1）基本要求

1）地下控制测量应包括地下平面控制测量和地下高程控制测量。

2）直接从地面通过联系测量传递到地下的联系测量成果应作为地下平面和高程控制测量起算点。

3）地下平面和高程控制点标志，应根据施工方法和隧道结构形状确定，并宜埋设在隧道底板、顶板或两侧边墙上。

4）隧道单向贯通距离大于1500m时，应在隧道每掘进1000m处，通过钻孔投测坐标点或加测陀螺方位角等方法提高控制网精度。

5）每次进行平面、高程控制测量前，应对地下平面和高程起算点进行检测，确保其可靠性。

（2）平面控制测量

1）隧道内控制点间平均边长宜为150m。曲线隧道控制点间距不应小于60m。

2）隧道掘进距离满足布设控制点时应及时布设地下平面控制点，并应进行地下平面控制测量。

3）控制点应避开强光源、热源、淋水等地方，控制点间视线距隧道壁或设施应大于0.5m。

4）平面控制测量应采用导线测量等方法。导线长度小于1500m时，导线测量应使用不低于Ⅱ级全站仪施测，左右角各观测两测回，左右角平均值之和与360°较差应小于4″，边长往返观测各两测回，往返平均值较差应小于4mm。测角中误差不应超过±2″，测距中误差不应超过±3mm。

5）每次延伸控制导线前，应对已有的控制导线点进行检测，并从稳定的控制点进行延伸测量。

（3）高程控制测量

1）高程控制测量应采用二等水准测量方法，并应起算于地下近井水准点。

2）高程控制点可利用地下导线点，单独埋设时宜每200m埋设一个。

3）水准测量应在隧道贯通前进行三次，并应与传递高程测量同步进行。重复测量的高程点间的高程较差应小于5mm，满足要求时，应取其平均值作为控制点的成果，并指导隧道掘进。

4）相邻竖井间或相邻车站间隧道贯通后,地下高程控制点应构成附合水准路线。

4. 暗挖隧道和车站施工测量

（1）暗挖隧道施工测量应包括施工导线测量、施工高程测量、车站施工测量、区间隧道施工测量和贯通误差测量等。

（2）施工测量前,应熟悉设计图纸,检核设计数据,并对已有的测量资料进行检核。

（3）暗挖隧道掘进初期,施工测量应以联系测量成果为起算依据,进行地下施工导线和施工高程测量,测量前应对联系测量成果进行检核。

（4）已完成的暗挖隧道长度满足布设地下平面控制网和高程控制网基本要求时,应按技术要求建立地下平面控制网和高程控制网,并应符合下列规定：地下平面控制网和高程控制网延伸测量前,应对已建立的既有控制网点进行检测,符合要求后应作为起算数据；随着暗挖隧道的延伸,应以建立的地下平面控制点和高程控制点为依据,进行地下施工导线和施工高程测量。

（5）暗挖隧道施工测量应以地下平面控制点或施工导线点测设线路中线或隧道中线,以地下高程控制点或施工高程点测设施工高程控制线。

（6）隧道掘进距贯通面150m时,应对线路中线或隧道中线和高程控制线进行检核。

（7）隧道贯通后,应立即进行平面和高程贯通误差测量。

2.3.3 高架施工测量

高架结构施工测量应包括高架桥和高架车站的柱（墩）、基础、柱（墩）、柱（墩）上的横梁、横梁上的纵梁等施工测量。进行高架桥结构施工测量时,应根据高架桥结构设计图,选择卫星定位控制点、精密导线点和二等水准点作为起算点。测量前应对起算点进行检核。加密控制点的施测应执行精密导线测量和二等水准测量的技术要求。高架桥施工测量应整体布设,分区、分段进行施工时,相邻区段的控制点和相邻结构应进行联测。相邻结构贯通后,应进行贯通测量。贯通测量内容和方法应按有关规定执行。高架桥结构横向贯通测量中误差不应超过±50mm,横向贯通测量极限误差应小于100mm；高程贯通测量中误差不应超过±25mm,高程贯通测量极限误差应小于50mm。

2.3.4 轨道施工测量

轨道施工测量应包括铺轨控制测量和铺轨施工测量。铺轨控制测量可采用铺轨基标测量或任意设站控制网测量方法,铺轨施工测量应根据采用的铺轨控制测量方法,选择测设加密基标配合轨道尺方法或使用轨道几何状态检测仪方法。铺轨控制测量应包括平面控制测量和高程控制测量；应以"两站一区间"为测量单元；应在隧道、高架桥、地面路基贯通后,且贯通误差和建筑限界符合要求或由于线路变更重新进行线路调整和限界检查合格后进行。铺轨平面和高程控制测量采用的起算数据应分别起算于地面卫星定位点、精密导线点和二等水准点。根据地面、地下以及高架线路的特点选择起算点应符合下列规定：

（1）地面和高架线路的铺轨控制网应分别直接起算于地面卫星定位点、精密导线点和二等水准点。

（2）地下隧道和车站线路测设铺轨控制网前,宜按《城市轨道交通工程测量规范》GB/T 50308—2017要求重新测设近井导线和近井水准,并采用具有较高精度的两井定向等方法进行联系测量,并以该成果作为建筑限界检测和铺轨控制网测量起算数据。

(3) 铺轨控制测量前应对既有的起算控制点进行检核。

铺轨施工测量前,应对铺轨综合图和线路设计资料等进行全面的复核。铺轨施工测量时,应对相邻已测设的轨道铺设控制点和已测设的防淹门控制点及其相互几何关系进行测量,满足限差要求时原测量成果应作为已知数据参与铺轨控制网平差计算。

2.3.5 车辆基地施工测量

车辆基地施工测量应包括施工控制网测量、施工测量和线路测量。车辆基地平面和高程系统应与相应线路一致。线路的一、二等卫星定位平面控制网点和一等水准高程控制网点应作为车辆基地起算数据,各类控制点个数不应少于3个。测量前应收集设计和已有测绘资料,宜包括下列主要内容:

(1) 车辆基地总平面布置图;
(2) 车场线、出入线与正线和地面铁路的联络线线路设计图;
(3) 车场内相关的建筑物结构平面设计图;
(4) 已有的测量资料;
(5) 其他与车辆基地测量有关的文件资料。

2.4 工程竣工测量

竣工测量应包括控制网检测与控制点恢复测量、轨道竣工测量、线路建筑结构竣工测量、线路设备竣工测量和地下管线竣工测量。竣工测量采用的坐标系统、高程系统、图式等应与原施工测量一致。竣工测量时,应收集已有的测量资料并进行实地检测;对符合要求的测量资料应予利用,对已经变更的测量资料应重新测量。重新测量的方法和精度要求应与原施工测量相同,并应按实测的资料编绘竣工测量成果。竣工测量成果精度及资料应符合国家城市轨道交通工程竣工测量与验收的要求。竣工测量完成后应提交竣工测量有关综合性技术文件,其中应包括下列成果资料:

(1) 竣工测量成果表;
(2) 竣工测量成果图;
(3) 竣工测量报告;
(4) 竣工测量资料电子文档。

第 3 章 城市轨道交通工程车站施工质量控制与验收

3.1 基坑围护

3.1.1 地下连续墙

1. 施工工艺流程及施工现场实例图片

施工工艺流程及施工现场实例图片如图 3-1、图 3-2 所示。

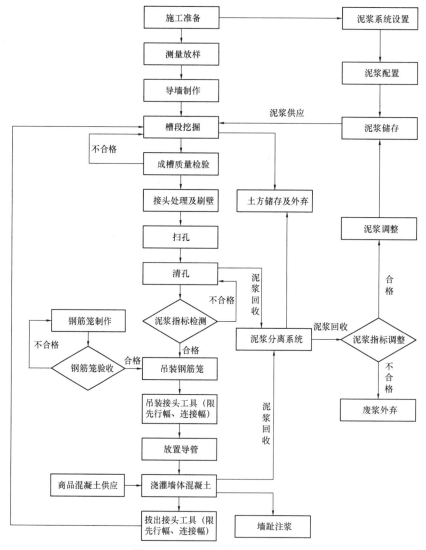

图 3-1 地下连续墙施工流程图

图 3-2 施工现场实例图片

(a) 导墙施工；(b) 泥浆性能指标检测；(c) 地下连续墙成槽 (d) 地下连续墙钢筋笼制作；(e) 地下连续超声波检测；(f) 地下连续墙接头位置刷壁；(g) 钢筋笼吊装；(h) 导管安装；(i) 地下连续墙混凝土灌注

2. 施工准备

施工单位在地下连续墙施工前必须具备下列资料，并报监理工程师审批：

(1) 建筑场地的工程地质资料和水文地质资料；

(2) 地下连续墙工程施工图及图纸会审纪要；

(3) 施工场地内和施工影响范围内的建（构）筑物、地下管线和公共设施的调查资料；

(4) 主要施工机械及其配套设备的技术性能资料；

(5) 施工组织设计；

(6) 原材料及其制品的质检报告；

(7) 有关荷载、施工工艺的试验参考资料。

3. 导墙施工

(1) 施工控制要点

1) 导墙基槽开挖：按测量定位线，使用机械开挖，不得偏离设计要求。开挖时应人工配合清底、夯填、整平，机械开挖时要防止求快而造成导沟两侧土方大面积坍塌。管线影响段应挖探沟，结合实际情况选择开挖方式，宜采用人工开挖，以保证管线安全。

2) 墙体施工：①拆模后应立即在导墙内加对撑，防止因两侧土压力致使导墙变形。②及时回填导墙沟槽，确保导墙稳定。③导墙定位与间距应符合设计及规范要求。④导墙垂直度、平整度应符合设计及规范要求。

(2) 施工质量验收：参照《地下铁道工程施工质量验收标准》GB/T 50299—2018，施工允许偏差应符合下列规定：

1) 内墙面与地下连续墙纵轴线平行度为±10mm。
2) 内外导墙间距为±10mm。
3) 导墙内墙面垂直度为0.5‰。
4) 导墙内墙面平整度为3mm。
5) 导墙顶面平整度为5mm。

4. 泥浆制备和处理

(1) 施工控制要点

1) 泥浆拌制材料宜选用优选优质膨润土，注意使用颗粒直径200目指标达95%以上，且发泡率高的膨润土，如采用黏土，应进行物理、化学分析和矿物鉴定，其黏粒含量应大于50%，黏土的塑性指数$I_P>20$，含砂率<5%，二氧化硅与氧化铝含量比值宜为3~4。原材料的选择和使用必须经试验室检验合格后才可现场进料使用。

2) 在泥浆中加入适量的重晶石粉和CMC以增大泥浆相对密度和提高泥浆黏度，增大槽内泥浆压力和泥皮的护壁能力。

3) 新拌制的泥浆应在浆液槽中存放24h以上，并不断地用泵搅拌，使黏土或膨胀土充分水化后方可使用。

4) 施工中可回收利用的泥浆应进行分离净化处理，符合标准后方可使用。泥浆性能指标严格按照规范要求检测，达到废弃标准后及时废除，补充新制备泥浆，废弃的泥浆的处理不得污染环境。

5) 泥浆贮备量应满足槽壁开挖使用需要。

6) 施工期间，槽内泥浆必须高于地下水位1.0m以上，而且不低于导墙顶面0.5m。在容易产生泥浆渗漏时，应及时堵漏和补浆，使槽内泥浆液面保持正常高度。

(2) 施工质量验收

泥浆的性能指标应符合表3-1规定。

制备泥浆的性能指标　　　　表3-1

泥浆性能	新配制泥浆		循环泥浆		废弃泥浆		检验方法
	黏性土	砂性土	黏性土	砂性土	黏性土	砂性土	
密度（g/cm³）	1.04~1.05	1.06~1.08	<1.10	<1.15	>1.25	>1.35	比重计

续表

泥浆性能	新配制泥浆		循环泥浆		废弃泥浆		检验方法
	黏性土	砂性土	黏性土	砂性土	黏性土	砂性土	
黏度（s）	20～24	25～30	<25	<35	>50	>60	漏斗计
含砂率（%）	<3	<4	<4	<7	>8	>11	洗砂瓶
pH值	8～9	8～9	>8	>8	>14	>14	试纸

5. 槽段开挖

（1）施工控制要点

1）施工单位选用的挖槽机械应与工程地质和水文地质条件、施工环境、地下墙的结构尺寸及质量要求等相配套。

2）槽段划分应综合考虑工程地质和水文地质情况、槽壁的稳定性、钢筋笼重量、设备起吊能力、混凝土供应能力等条件。槽段分段接缝位置应尽量避开转角部位，并与后浇带位置相重合。

3）连续墙的接头形式，应具有良好的抗渗性和整体性。

4）槽深入岩时，成槽必须采用配套的成槽机进行成槽施工，提高成槽效率。当成槽机在圆砾石层中成槽依然不顺利时，可先采用旋挖钻机钻导向孔，从导向孔中将圆砾直接抓取出，再利用成槽机的抓斗将中间位置的圆砾石抓出，并且在圆砾石层中成槽时还需要提高泥浆的黏度，当下部岩层强度较高，成槽机无法成槽时，根据现场实际情况可采用铣槽机成槽或者冲击钻成槽。

5）挖槽时应派专人进行施工记录，包括：槽段定位、槽深、槽宽和垂直度等，若发生塌方，应及时分析原因，妥善处理。

6）槽段挖至设计高程后，应及时检查槽位、槽深、槽宽垂直度，合格后方可进行清底。

7）在槽段开挖结束后，灌注槽段混凝土前，应进行槽段的清底换浆工作，以清除槽底沉碴，置换出槽内稠泥浆，直至沉碴厚度、槽内泥浆指标符合设计要求为止。清底换浆时，应注意保持槽内始终充满泥浆，以维持槽壁的稳定。

8）清底应自底部抽吸并及时补浆，清底后的槽底泥浆相对密度不应大于1.15，沉淀物淤积厚度不应大于100mm。

（2）施工质量验收：槽段开挖精度应符合表3-2的要求。

成槽质量标准　　　　表3-2

项　目	允许偏差	检验方法
槽　宽	0～+50mm	超声波测井仪
垂直度	0.3%	超声波测井仪
槽　深	比设计深度深100～200mm	超声波测井仪

6. 钢筋笼制作与安装

（1）施工控制要点

1）钢筋笼应在平台上制作成型并应符合下列规定：钢筋笼纵向预留导管位置，并上下贯通；钢筋笼底端应在0.5m范围内的厚度方向上做收口处理；吊点焊接应牢固，并保证钢筋笼起吊刚度；钢筋笼设定位垫块，确保设计对保护层厚度的要求。

2) 钢筋的净距应大于3倍粗骨料粒径。

3) 预埋件应与主筋连接牢固，外露面包扎严实。

4) 钢筋笼应在刷壁、清槽、换浆合格后3～4h以内吊装完毕，并应对准槽段中心线缓慢沉入，不得强行入槽。

5) 钢筋笼需对接时，接头与焊接质量应满足规范要求。

6) 钢筋笼和导管吊放入槽、施工接头安装固定自检合格后，通知监理工程师对单元槽段进行验收，得到监理的检验认可后，方可灌注水下混凝土。

(2) 施工质量验收：钢筋笼的制作和入槽安置允许偏差应符合表3-3的规定。

地下连续墙钢筋笼制作的允许偏差 表3-3

项　目	偏　差	检查方法
钢筋笼长度	±50mm	钢尺量，每片钢筋网检查上、中、下三处
钢筋笼宽度	±20mm	
钢筋笼厚度	0～10mm	
主筋间距	±10mm	任取一断面，连续量取间距，取平均值作为一点，每片钢筋网上测四点
分布筋间距	±20mm	
预埋件中心位置	±10mm	抽查

7. 水下混凝土灌注

(1) 施工控制要点

1) 灌注地下墙的混凝土配合比应按流态混凝土设计，并应符合下列规定：

① 强度等级应比设计强度提高一级配制。

② 水灰比不应大于0.6。

③ 每立方米混凝土中水泥用量：当粗骨料采用卵石时，不应少于370kg；采用碎石时不应小于400kg。坍落度应为180～220mm。

2) 导管的构造和使用应符合下列要求：

① 导管水平布置距离不应大于3m，距离槽段端部不应大于1.5m，导管下端距槽底应为300～500mm。

② 灌注混凝土前应在导管内临近泥浆面位置吊挂隔水栓。

③ 导管连接应严密牢固，使用前应试拼并进行隔水栓通过试验。

3) 控制地下连续墙混凝土绕流的主要施工措施

根据不同的地层条件选择合适的泥浆，成槽过程中控制槽内泥浆液面高度，液面下降及时补浆，确保槽内液面高于地下水位0.5m以上；钢筋笼下放完成后，其背后空隙用砂袋回填，并用反力箱将砂袋砸压密实；在加工钢筋笼时，在工字钢板两侧，沿笼体通长设置两块止浆薄钢板。

(2) 施工质量验收

施工质量验收标准参照《地下铁道工程施工质量验收标准》GB/T 50299—2018，混凝土浇灌应符合下列规定：

1) 钢筋笼沉放就位后应及时灌注混凝土，并不应超过 4h。
2) 混凝土的初灌量应保证埋管深度不小于 500mm。
3) 混凝土应均匀连续灌注，因故中断灌注时间不得超过 30min。
4) 混凝土灌注过程中，导管埋入混凝土深度应不小于 3.0m，相邻两导管内混凝土高差不应大于 0.5m。
5) 混凝土不得溢出导管落入槽内。
6) 混凝土灌注速度不应低于 2m/h，同时应防止锁口管起拔困难。
7) 置换出的泥浆应及时处理，不得溢出地面。
8) 混凝土灌注宜高出设计高程 300～500mm。

城市轨道交通工程中所使用的混凝土一般采用商品混凝土，对于试件的留置在《预拌混凝土》GB/T 14902—2012 中规定如下：

用于交货检验的混凝土试样应在交货地点采取。每 100m³ 相同配合比的混凝土取样不少于一次；一个工作班拌制的相同配合比的混凝土不足 100m³ 时，取样也不得少于一次；当在一个分项工程中连续供应相同配合比的混凝土量大于 1000m³ 时，其交货检验的试样为每 200m³ 混凝土取样不得少于一次。

8. 地连墙分项工程验收

工程验收标准参照《地下铁道工程施工质量验收标准》GB/T 50299—2018，地下连续墙工程验收应符合以下规定：

(1) 地下连续墙每一单元槽段施工，必须对下列项目进行过程检查，并符合本章有关规定：

1) 钢筋笼制作的长、宽、高和钢筋间距、焊接、预埋件位置及钢筋笼吊装、入槽深度及位置；
2) 泥浆配置及循环泥浆和废弃泥浆的处理；
3) 槽段成槽后的宽、深和垂直度及清底和接头壁清刷；
4) 锁口管吊装时的插入深度、垂直度以及起拔方法和时间；
5) 混凝土配合比、坍落度、导管布置及混凝土灌注。

(2) 基坑开挖后应进行地下连续墙验收，并符合下列规定：

1) 混凝土抗压强度和抗渗压力应符合设计要求，墙面无漏筋、漏石和夹泥现象。
2) 墙体结构允许偏差应符合表 3-4 的要求。

地下连续墙各部位允许偏差值   表 3-4

允许偏差 项 目	临时支护墙体	单一或复合结构墙体
平面位置	±50mm	+30mm 或 0
不平整度	50mm	小于 5mm
垂直度	0.5%	0.3%
预留孔洞	50mm	30mm
预埋件	—	30mm
预埋连接钢筋	—	30mm
变形缝、后浇带	—	±20mm

3.1.2 钻孔灌注桩

1. 施工工艺流程及施工现场实例图片

施工工艺流程及施工现场实例图片如图 3-3、图 3-4 所示。

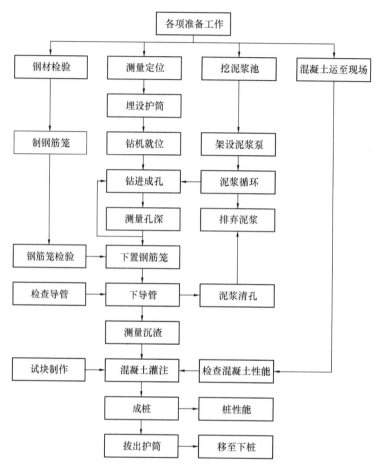

图 3-3 钻孔灌注桩施工工艺流程图

2. 钻孔灌注桩成孔

（1）施工控制要点

1) 开钻或穿越软硬不均匀土层交界处时，应缓慢钻进并保持钻杆垂直。

2) 在松软杂填土或含水率较大的软塑性上层中钻进时，钻杆不得摇晃。

3) 钻进中随时清理孔口积土，当发现钻杆跳动、机架摇晃、不进尺等现象时，应停钻检查。

4) 钻孔至设计高度后应空钻清渣，提钻后及时加盖。

（2）施工质量验收

施工质量验收标准参照《地下铁道工程施工质量验收标准》GB/T 50299—2018，其成孔应符合下列规定：

1) 成孔时，钻头位置就位应正确、垂直；成孔过程中应随时检测。

图 3-4 施工现场实例图片

(a) 测量定位；(b) 护筒埋设并复核桩位；(c) 旋挖钻机成孔；(d) 回旋钻机成孔；(e) 冲击钻成孔；
(f) 成孔检测；(g) 钢筋笼吊装、连接、下放；(h) 导管安装；(i) 混凝土浇筑

2) 桩位以线路中心为准，允许偏差为：纵向±100mm；横向+50mm，0mm；垂直度3‰。

3. 泥浆护壁成孔

(1) 施工控制要点

1) 护筒设置位置应正确、稳定，与孔壁之间应用黏土填实。其埋置深度，黏土层不应小于1.0m，砂质或杂填土层不应小于1.5m。

2) 泥浆要求同地下连续墙泥浆要求。

3) 清孔施工应符合下列规定：

① 孔壁土质不易坍塌时，可用空气吸泥机清孔。
② 用原土造浆时，清孔后泥浆相对密度应控制在1.1左右。
③ 孔壁土质较差时，宜用泥浆循环清孔，清孔后泥浆相对密度应控制在1.15～1.25。
④ 清孔过程中必须补足泥浆，并保持浆面稳定。
⑤ 清孔后立即吊放钢筋笼，并灌注水下混凝土。
⑥ 成孔施工中如发现斜孔、弯孔、缩孔、塌孔或沿护筒周围冒浆及地面沉陷等现象时，应及时采取措施处理后方可继续施工。

（2）施工质量验收

旋挖钻机成孔泥浆施工质量验收与地下连续墙施工泥浆质量验收相同。冲击成孔泥浆质量验收标准可参照《地下铁道工程施工质量验收标准》GB/T 50299—2018，其根据土层按照表3-5选用冲程和泥浆相对密度。

各类不同土层冲程和泥浆比重选用值　　表3-5

土层类别	冲程（m）	泥浆相对密度
护筒及以下3m范围内	0.9～1.1	1.1～1.3
黏土	1～2	清水
砂土	1～3	1.3～1.5
砂卵石	1～3	1.3～1.5
风化岩	1～4	1.2～1.4
塌孔回填后重新钻孔	1	1.3～1.5

4. 钢筋笼加工与吊装

（1）施工控制要点

1）钢筋笼绑扎应牢固，其加工除满足设计要求外，尚应符合下列规定：

① 主筋接头可采用对焊、绑扎、搭接焊或冷挤压、气压焊等连接形式，并符合相应施工技术规定。
② 导管灌注水下混凝土桩的钢筋笼内径应大于导管连接处外径10cm以上。
③ 钢筋笼应按吊装条件确定分段加工长度，并设置钢筋保护层定位装置和焊接吊装耳环。
④ 钢筋笼下端0.5～0.8m范围内主筋应稍向内侧弯曲呈倾斜状。
⑤ 钢筋间距不得大于300mm，并宜采用螺旋筋。

2）钢筋笼向钻孔内吊装时应符合下列规定：

① 钢筋笼应吊直扶稳，对准孔位缓慢下沉，不得摇晃碰撞孔壁和强行入孔。
② 分段吊装时，将下段吊入孔内后，其上端应留1m左右临时固定在孔口处，上下段钢筋笼的主筋对正连接合格后继续下沉。

（2）施工质量验收

施工质量验收标准参照《地下铁道工程施工质量验收标准》GB/T 50299—2018，钢筋笼的制作必须符合设计要求。其允许偏差为：主筋间距±10mm，箍筋间距±20mm，钢筋笼直径±10mm，长度±30mm。

5. 混凝土灌注

（1）施工控制要点

1）混凝土必须具有良好的和易性，配合比应经试验确定。细骨料宜采用中、粗砂，粗骨料宜采用粒径不大于40mm的卵石或碎石。坍落度：干孔作业成孔宜为100～210mm，水下灌注宜为160～210mm。

2）混凝土灌注前应检查成孔和钢筋笼质量。混凝土应连续一次性灌注完毕，并保证密实度。

3）干作业成孔应沿钢筋笼内侧连续灌注混凝土，不得满口倾倒。

4）泥浆护壁成孔应采用水下灌注混凝土，其灌注混凝土导管宜采用直径为200～250mm的多节钢管，管节连接应严密、牢固，使用前应试拼，并进行隔水栓通过试验，灌注过程中导管应符合下列规定：

① 混凝土灌注前应在导管内临近泥浆面位置吊挂隔水栓。

② 导管底端距孔底应保持300～500mm。

③ 导管埋入混凝土深度应保持2～3m，并随提升随拆除。

④ 导管吊放和提升不得碰撞钢筋笼。

5）冬期施工时应采取保温措施，桩顶混凝土强度未达到设计强度的40%时不得受冻。

（2）施工质量验收

施工质量验收标准参照《地下铁道工程施工质量验收标准》GB/T 50299—2018。

混凝土试件制作，同一配合比每班不得少于一组，泥浆护壁成孔的灌注桩每根不得少于一组。

城市轨道交通工程中所使用的混凝土一般采用商品混凝土，对于试件的留置详见"7. 水下混凝土灌注"章。

3.1.3 SMW工法桩

1. 施工工艺流程及施工现场实例图片

施工工艺流程及施工现场实例图片如图3-5～图3-7所示。

2. 水泥土搅拌桩施工（三轴）

（1）施工控制要点

1）围护桩施工前必须对施工区域地下障碍物进行探测，如有障碍物必须对其清理及回填素土，分层夯实后方可进行围护桩施工。

2）SMW工法水泥土搅拌桩的施工采用三轴搅拌设备，在桩体范围内必须做到水泥搅拌均匀，桩体垂直偏差不得大于1/250。

3）现场施工时第一批桩（不少于3根），须始终在监理人员检查下施工。检查内容：水泥投放量、浆液水灰比（宜用相对密度法控制）、浆液泵送时间、搅拌下沉及提升时间、桩长及垂直度控制方法。

4）搅拌桩施工应有连续性，不得出现24h施工冷缝（施工组织设计预留除外）。如因

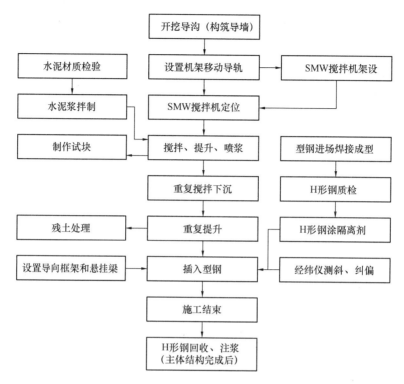

图 3-5　SMW 工法桩施工流程图

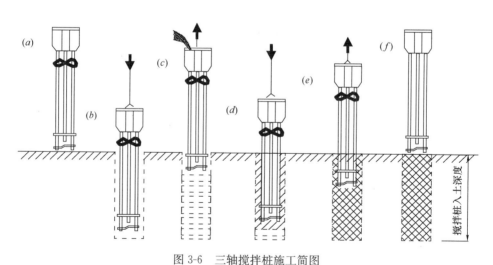

图 3-6　三轴搅拌桩施工简图

(a) 定位；(b) 预搅下沉；(c) 喷浆搅拌上升；(d) 重复搅拌下沉；
(e) 重复搅拌上升；(f) 完毕

特殊原因出现施工冷缝，则需补强并在图纸及现场标明位置以便最后统一考虑加强方案，超过 48h 须在接头旁加桩或进行压密注浆补强。

（2）施工质量验收

施工质量验收标准参照《建筑地基基础工程施工质量验收标准》GB 50202—2018，具体验收标准见表 3-6。

图 3-7 施工现场实例图片
(a) 三轴搅拌桩定位；(b) 三轴搅拌桩施工；(c) 型钢涂刷减摩剂；
(d) 型钢定位；(e) 型钢振动插入；(f) 型钢拔出

水泥土搅拌桩地基质量检验标准　　　　表 3-6

项目	序号	检查项目	允许偏差或允许值		检查方法
			单位	数值	
主控项目	1	水泥及外掺剂质量	设计要求		查产品合格证书或抽样送检
	2	水泥用量	参数指标		查看流量计
	3	桩体强度	设计要求		按规定办法
	4	地基承载力	设计要求		按规定办法
一般项目	1	机头提升速度	m/min	≤0.5	量机头上升距离及时间
	2	桩底标高	mm	±200	测机头深度
	3	桩顶标高	mm	+200 -50	水准仪（最上部 500mm 不计入）
	4	桩位偏差	mm	<50	用钢尺量
	5	桩径	mm	<0.04D	用钢尺量，D 为桩径
	6	垂直度	%	≤1.5	经纬仪
	7	搭接	mm	>200	用钢尺量

3. H形钢插拔

（1）施工控制要点

1）型钢须保持平直，若有焊接接头，接头处须确保焊接可靠。

2）型钢插入左右定位误差不得大于20mm，宜插在搅拌桩靠近基坑一侧，垂直度偏差不大于1/250，底标高误差不大于200mm。

3）型钢必须在搅拌桩施工完毕后3h内插入，施工方应有可靠措施保证型钢的插入深度。

（2）施工质量验收

施工质量验收标准参照《建筑地基基础工程施工质量验收标准》GB 50202—2018，具体验收标准见表3-7。

内插型钢的质量检验标准 表3-7

项目	序号	检查项目		允许偏差或允许值		检查方法
				单位	数值	
主控项目	1	型钢截面高度		mm	±5	用钢尺量
	2	型钢截面高度		mm	±3	用钢尺量
	3	型钢长度		mm	±10	用钢尺量
一般项目	1	型钢挠度		mm	≤1/500	用钢尺量
	2	型钢腹板厚度		mm	≥−1	用游标卡尺量
	3	型钢翼缘板厚度		mm	≥−1	用游标卡尺量
	4	型钢顶标高		mm	±50	水准测量
	5	型钢平面位置	平行于基坑边线	mm	≤50	用钢尺量
	6		垂直于基坑边线	mm	≤10	用钢尺量
	7	型钢形心转角		°	≤3	用量角器量

3.1.4 锚索、锚杆及土钉墙

1. 施工工艺流程及施工现场实例图片

施工工艺流程及施工现场实例图片如图3-8、图3-9所示。

2. 施工准备

（1）建筑物场地的工程地质资料和水文地质资料；

（2）工程施工图及图纸会审纪要；

（3）施工场地内和施工影响范围内的建（构）筑物、地下管线和公共设施的调查资料；

（4）主要施工机械及其配套设备的技术性能资料；

（5）施工组织设计；

（6）水泥、锚杆等原材料及其制品的质检报告；

（7）有关荷载、施工工艺的试验参考资料。

3. 锚杆、锚索布置

（1）施工控制要点

1）最上层锚杆覆土厚度不应小于3m。

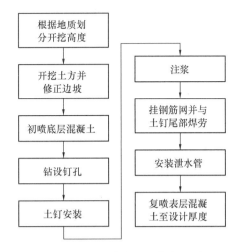

图 3-8 土钉墙施工工艺流程图

图 3-9 施工现场实例图片
(a) 开挖并修正边坡；(b) 钻设钉孔；(c) 土钉安装；(d) 喷射混凝土

2）上下两层锚杆间距宜为 2～5m，水平间距宜为 2～3m。

3）倾斜度宜为 15°～35°。

4）位置正确并应避开邻近地下构筑物或管线，如锚杆长度超过施工范围时，应取得有关单位同意。

5) 锚固段必须设置于滑动土体 1m 以外的地层中，锚固段与非锚固段应界限分明。

6) 锚杆的杆体可采用钢筋或钢绞线，钢筋应除锈，钢绞线锚固段应擦拭干净。

① 锚杆杆体应设置定位器，其间距：锚固段不宜大于 2m，非锚固段宜为 2～3m。

② 锚杆的锚头、垫板受力后不得变形和损坏。

7) 钻孔机具应根据地质条件选择。锚杆应在基坑土方开挖至其设计位置后及时安装。设有腰梁的锚杆，其腰梁应与桩体水平连接牢固后，方可安装。

（2）施工质量验收

施工质量验收标准参照《建筑基坑支护技术规程》JGJ 120—2012，相关验收标准如下：

1) 钻孔深度宜大于设计深度 0.5m。

2) 钻孔孔位的允许偏差应为 50mm。

3) 钻孔倾角的允许偏差应为 3°。

4) 杆体长度应大于设计长度。

5) 自由段的套管长度允许偏差应为 ±50mm。

4. 锚杆或土钉注浆

（1）施工控制要点

1) 注浆液采用水泥浆时，水灰比宜取 0.50～0.55；采用水泥砂浆时，水灰比宜取 0.40～0.45，灰砂比宜取 0.5～1.0，拌合用砂宜选用中粗砂。

2) 水泥浆或水泥砂浆内可掺入能提高注浆固结体早期强度或微膨胀的外掺剂，其掺入量宜按室内试验确定。

3) 注浆管端部至孔底的距离不宜大于 200mm；注浆及拔管过程中，注浆管口应始终埋入注浆液面内，应在水泥浆液从孔口溢出后停止注浆；注浆后，当浆液液面下降时，应进行孔口补浆。

4) 采用二次压力注浆工艺时，二次压力注浆宜采用水灰比 0.50～0.55 的水泥浆；二次注浆管应牢固绑扎在杆体上，注浆管的出浆口应采取逆止措施；二次压力注浆时，终止注浆的压力不应小于 1.5MPa。

5) 采用分段二次劈裂注浆工艺时，注浆宜在固结体强度达到 5MPa 后进行，注浆管的出浆孔宜沿锚固段全长设置，注浆顺序应由内向外分段依次进行。

6) 基坑采用截水帷幕时，地下水位以下的锚杆注浆应采取孔口封堵措施。

7) 寒冷地区在冬期施工时，应对注浆液采取保温措施，浆液温度应保持在 5℃ 以上。

（2）施工质量验收

施工质量验收标准参照《建筑地基基础工程施工质量验收标准》GB 50202—2018，按照表 3-8 中相关规定执行。

土钉墙支护质量检验标准 表 3-8

项目	序号	检查项目	允许偏差或允许值		检查方法
			单位	数值	
主控项目	1	抗拔承载力	不小于设计值		土钉抗拔试验
	2	土钉长度	不小于设计值		用钢尺量
	3	分层开挖厚度	mm	±200	水准测量或用钢尺量

续表

项目	序号	检查项目	允许偏差或允许值		检查方法
			单位	数值	
一般项目	1	土钉位置	mm	±200	用钢尺量
	2	土钉直径	不小于设计值		用钢尺量
	3	土钉孔倾斜度	°	≤3	测倾角
	4	水胶比	设计值		实际用水量与水泥等胶凝材料的重量比
	5	注浆量	不小于设计值		查看流量表
	6	注浆压力	设计值		检查压力表读数
	7	浆体强度	不小于设计值		试块强度
	8	钢筋网间距	mm	±30	用钢尺量

5. 喷射混凝土面层施工

（1）施工控制要点

1) 在坡面做喷射混凝土厚度标记，将 $\phi6.5$ 的钢筋编成网片，用插入土中的钢筋固定。钢筋网片均应与上部搭接，给下步留槎，钢筋网搭接长度应不小于一个网格边长。

2) 喷射混凝土的射距宜在 0.6~1.2m 范围内，并自上而下喷射，射流方向应垂直指向喷射面，在钢筋部位应先喷填钢筋后方，然后喷填前方，防止在钢筋背面出现空隙。

3) 当喷射混凝土厚度超过 120mm 时，应分二次喷射，每次喷射厚度宜为 50~70mm。当下步喷射混凝土前，应仔细清除预留施工缝接合面上的浮浆层，并喷水使之潮湿。

4) 喷混凝土终凝 2h 后，应根据当地条件，采取连续喷水养护 5~7d。

喷混凝土的粗骨料最大粒径不宜大于 12mm，可通过外加减水剂和速凝剂来调节所需工作度和早强时间。

（2）施工质量验收

施工质量验收标准参照表 3-8 中的相关规定执行。

3.1.5 钢板桩施工

1. 施工工艺流程及施工现场实例图片

施工工艺流程及施工现场实例图片如图 3-10、图 3-11 所示。

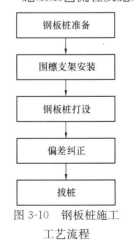

图 3-10 钢板桩施工工艺流程

图 3-11 施工现场实例图片
(a) 钢板桩打设；(b) 打设完成钢板桩

2. 钢板桩施工

(1) 施工控制要点

1) 板桩的检验

对钢板桩,一般有材质检验和外观检验,以便对不合要求的板桩进行矫正,以减少打桩过程中的困难。

外观检验:包括表面缺陷、长度、宽度、厚度、高度、端头矩形比、平直度和锁口形状等内容。

2) 钢板桩插打

① 钢板桩用吊机带振锤施打,施打前一定要熟悉地下管线、构筑物的情况,认真放出准确的支护桩中线。

② 打桩前,对板桩逐根检查,剔除连接锁口锈蚀、变形严重的普通板桩,不合格者待修整后才可使用。

③ 打桩前,在板桩的锁口内涂油脂,以方便打入拔出。

④ 在插打过程中随时测量监控每块桩的斜度不超过2%,当偏斜过大不能用拉齐方法调正时,拔起重打。

⑤ 钢板桩施打采用屏风式打入法施工。屏风式打入法不易使板桩发生屈曲、扭转、倾斜和墙面凹凸,打入精度高,易于实现封闭合拢。

⑥ 密扣且保证开挖后入土不小于2m,保证板桩顺利合拢;特别是工作井的四个角要使用转角板桩,若没有此类板桩,则用旧轮胎或烂布塞缝等辅助措施密封。

⑦ 打入桩后,及时进行桩体的闭水性检查,对漏水处进行焊接修补,每天派专人检查桩体。

3) 钢板桩的拔除

① 拔桩起点和顺序:对封闭式板桩墙,拔桩起点应离开角桩5根以上。可根据沉桩时的情况确定拔桩起点,必要时也可用跳拔的方法。拔桩的顺序最好与打桩时相反。

② 振打与振拔:拔桩时,可先用振动锤将板桩锁口振活以减小土的粘附,然后边振边拔。对较难拔除的板桩可先用柴油锤将桩振下100~300mm,再与振动锤交替振打、振拔。

③ 起重机应随振动锤的启动而逐渐加荷,起吊力一般略小于减振器弹簧的压缩极限。

④ 供振动锤使用的电源为振动锤本身额定功率的1.2~2.0倍。

⑤ 对引拔阻力较大的板桩,采用间歇振动的方法,每次振动15min,振动锤连续不超过1.5h。

⑥ 对拔桩后留下的桩孔,必须及时回填处理。回填的方法采用填入法,填入法所用材料为砂。

(2) 施工质量验收

施工质量验收标准参照《建筑地基基础工程施工质量验收标准》GB 50202—2018,具体验收标准见表3-9。

第3章 城市轨道交通工程车站施工质量控制与验收

钢板桩围护墙质量检验标准 表3-9

项目	序号	检查项目	允许偏差或允许值		检查方法
			单位	数值	
主控项目	1	桩长		不小于设计值	用钢尺量
	2	桩身弯曲度	mm	≤2%l	用钢尺量
	3	桩顶标高	mm	±100	水准测量
一般项目	1	齿槽平直度及光滑度		无电焊渣或毛刺	用1m长的桩身做通过试验
	2	沉桩垂直度		≤2/100	经纬仪测量
	3	轴线位置	mm	±100	经纬仪或钢尺量
	4	齿槽咬合程度		紧密	目测法

3.1.6 TRD工法

1. 施工工艺流程及施工现场实例图片

施工工艺流程及施工现场实例图片如图3-12、图3-13所示。

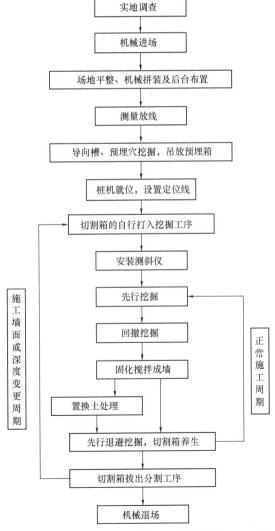

图3-12 TRD施工工艺流程图

图 3-13 现场施工实例图片

(a) 导向槽开挖；(b) 吊放预埋箱；(c) 切割箱与主机连接；
(d) 安装测斜仪；(e) 挖掘施工；(f) 成桩效果

2. 施工准备

（1）施工前应掌握场地工程地质及环境资料，查明不良地质条件及地下障碍物的详细情况。对水泥土连续墙成墙质量及施工安全有影响的地质条件，应详细调查。应评估成墙施工的环境影响，并采取针对性的技术措施。

（2）施工前应根据工程特点编制施工组织方案，制定应急预案；并宜进行试成墙确定施工工艺及施工参数。

（3）场地路基的承载力应满足 TRD 机械和起重机平稳行走、移动的要求，当不能满足时应进行地基处理。

（4）根据定位控制线开挖导向沟，并在沟槽边设置水泥土墙定位标志。

（5）采用现浇钢筋混凝土导墙时，导墙宜筑于密实的土层上，并高出地面 100mm，导墙净距应比水泥土墙体设计宽度宽 40~60mm。

3. TRD 工法施工

（1）施工控制要点

1）水泥、外加剂等原材料的检验项目和技术指标应符合设计要求和现行国家标准的规定。

检查数量：按批检查。

检验方法：查产品合格证及复试报告。

2）浆液水灰比、水泥掺量应符合设计和施工工艺要求，浆液不得离析。

检查数量：按台班检查，每台班不得少于3次。

检验方法：浆液水灰比用比重计检查，水泥掺量用计量装置检查。

3）基坑开挖前应检验水泥土墙身的强度，强度指标应符合设计要求。

水泥土墙身强度应采用试块试验确定。试验数量及方法：按一个独立延米墙身长度取样，用刚切割搅拌完成尚未凝固的水泥土制作试块。每台班抽查1延米墙身，每延米墙身制作水泥土试块3组，可根据土层分布和墙体所在位置的重要性在墙身不同深度处的三点取样，采用水下养护测定28d无侧限抗压强度。

安全等级为一级基坑工程宜结合28d龄期后钻孔取芯等方法综合判定。取芯检验数量及方法：按一个独立延米墙身取样，数量为墙身总延米的1％，且不应少于3延米。每延米取芯数量不应少于5组，且在基坑坑底附近设取样点。钻取墙芯应采用地质钻机和可靠的取芯钻具，钻头直径不小于Φ110。钻取桩芯得到的试块强度，宜根据芯样的情况，乘以1.2～1.3的系数。钻取芯样后留下的空隙应注浆填充。

（2）施工质量验收

施工质量验收标准参照《渠式切割水泥土连续墙技术规程》JGJ/T 303—2013，具体标准见表3-10。

渠式切割水泥土连续墙成墙质量标准　　　　表3-10

序号	检查项目	允许偏差或允许值	检查数量	检查方法
1	墙底标高	+30mm	每切割幅	切割链长度
2	墙中心线位置	±25mm	每切割幅	用钢尺量
3	墙宽	±30mm	每切割幅	用钢尺量
4	墙垂直度	≤1/250	每切割幅	多段式倾斜仪测量

3.2 地基加固

3.2.1 注浆

1. 施工工艺流程及施工现场实例图片

施工工艺流程及施工现场实例图片如图3-14、图3-15所示。

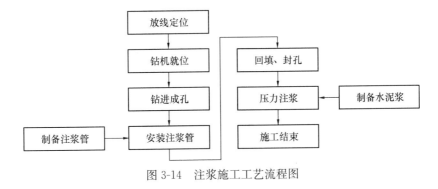

图3-14 注浆施工工艺流程图

(a) (b) (c)

图 3-15 施工现场实例图片

(a) 注浆孔打设；(b) 安装注浆管；(c) 注浆压力控制

2. 施工准备

（1）施工单位应根据工程地质和水文地质条件、场地的施工条件、周围环境条件、机具及材料供应条件等，合理地选用压密注浆、劈裂注浆等施工方法，报监理工程师审查批准并备案。

（2）施工单位应根据设计要求和工程的实际需要确定浆液的形式（单液或双液）和配合比。浆液配合比应通过室内或现场试验确定，并将试验报告提交监理工程师审查批准并备案。

（3）施工单位必须在注浆前测放出每个注浆孔位置、标明注浆顺序，并报监理工程师复核认可。

（4）水泥浆拌制系统应配有可靠的计量装置；注浆系统应配备流量表、压力等检测装置；以及注浆管的提升速度控制装置。

施工前应在监理工程师的旁站监督下，对浆液配合比、浆液流量、注浆压力、注浆范围、提升速度等进行标定。

（5）注浆过程中如发生地面冒浆现象，应立即停止注浆，调查原因，采取可靠措施进行处理。

3. 注浆施工

（1）施工控制要点

1）施工过程必须对注浆点位、浆液配合比、注浆深度、注浆压力、浆液流量、注浆管提升速度等关键技术指标进行严格控制和跟踪检查。

2）应采用轻便触探器、静力触探、钻取土样等方法对加固土体进行检验。注浆效果检测点一般为注浆孔数的 2%～5%。如检验点不合格率≥20%，或虽<20%但检验点的平均值达不到设计要求时，在确认设计原则正确后，应对不合格的注浆区实施重复注浆。检测点位置应由监理工程师指定。

3）所有的试验及检验报告应及时提交监理工程师审查，在得到书面许可后方可进行下一道工序的施工。

（2）施工质量验收

施工质量验收标准参照《建筑地基基础工程施工质量验收标准》GB 50202—2018，

具体验收标准见表 3-11。

注浆地基质量检验标准　　　　　表 3-11

项目	序号	检查项目		允许偏差或允许值		检查方法
				单位	数值	
主控项目	1	地基承载力		不小于设计值		静载试验
	2	处理后地基土强度		不小于设计值		原位测试
	3	变形指标		设计值		原位测试
一般项目	1	原材料检验	注浆用砂 粒径	mm	<2.5	筛析法
			注浆用砂 细度模数		<2.0	筛析法
			注浆用砂 含泥量	%	<3	水洗法
			注浆用砂 有机质含量	%	<3	烧灼减量法
			注浆用黏土 塑性指标		<14	界限含水率试验
			注浆用黏土 黏粒含量	%	>25	密度计法
			注浆用黏土 含砂率	%	<5	洗砂瓶
			注浆用黏土 有机质含量	%	<3	烧灼减量法
			粉煤灰 细度模数		不粗于同时使用的水泥	筛析法
			粉煤灰 烧失量	%	<3	烧灼减量法
			水玻璃：模数		3.0~3.3	试验室试验
			其他化学浆液		设计值	产品合格证或抽检送样
	2	注浆材料称重		%	±3	称重
	3	注浆孔位		mm	±50	用钢尺量
	4	注浆孔深		mm	±100	测量注浆管长度
	5	注浆压力		%	±10	检查压力表读数

3.2.2 旋喷桩

1. 施工工艺流程

施工工艺流程如图 3-16 所示。

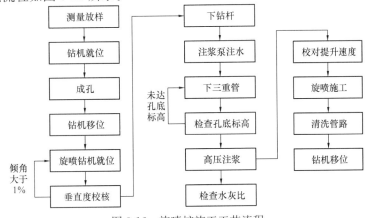

图 3-16　旋喷桩施工工艺流程

2. 施工准备

（1）高压喷射注浆材料宜采用强度等级为42.5级普通硅酸盐水泥，所用外加剂及掺合料的数量应通过试验确定。

（2）水泥使用前需做质量鉴定，搅拌水泥浆所用水应符合混凝土拌合用水的标准，使用的水泥都应过筛，制备好的浆液不得离析，拌制浆液的筒数、外加剂的用量等应有专人记录。外加剂和掺合料的选用及掺量应通过室内配合比试验或现场试验确定。水泥浆液的水胶比越小，高压喷射注浆处理地基的强度越高。但水胶比也不宜过小，以免造成喷射困难。

（3）检查高压喷射注浆设备的机械性能、操作后台的注浆设备的完好性，同时喷射注浆用的压力表、流量表需经过检定或校准。

3. 高压旋喷桩

（1）施工控制要点

1）施工过程中必须对每根桩的定位、桩长、垂直度、水泥用量、水灰比、喷浆的连续性、喷浆压力及浆液流量、喷浆提升速度、复搅等进行严格的控制和跟踪检查。

2）应采用轻便触探器、静力触探、钻取土样等方法对桩身质量和桩身强度进行检验。检验点的数量为注浆孔数的2%～5%，不足20孔的工程，至少检验3个点。检测点位置应由监理工程师指定。

3）所有的试验及检验报告应及时提交监理工程师审查，在得到书面许可后方可进行下一道工序的施工。

（2）施工质量验收

施工质量验收标准参照《建筑地基基础工程施工质量验收标准》GB 50202—2018，具体验收标准见表3-12。

高压喷射注浆地基质量检验标准　　　　　表3-12

项目	序号	检查项目	允许偏差或允许值		检查方法
			单位	数值	
主控项目	1	复合地基承载力	不小于设计要求		静载试验
	2	单桩承载力	不小于设计要求		静载试验
	3	水泥用量	不小于设计要求		查看流量表
	4	桩长	不小于设计要求		测钻杆长度
	5	桩身强度	设计要求		28d试块强度或钻芯法
一般项目	1	水胶比	mm	≤50	用钢尺量
	2	钻空位置	mm	≤50	用钢尺量
	3	钻孔垂直度	%	≤1.5	经纬仪测钻杆或实测
	4	桩位	mm	≤0.2D	开挖后桩顶下500mm处用钢尺量
	5	桩径	mm	≥50	开挖后用钢尺量
	6	桩顶标高	不小于设计要求		水准测量，最上部50mm处用钢尺量
	7	喷浆压力	设计值		查看压力表读数
	8	提升速度	设计值		测机头上升距离及时间
	9	旋转速度	设计值		现场测定
	10	褥垫层夯填度	≤0.9		水准测量

第3章 城市轨道交通工程车站施工质量控制与验收

4. MJS桩

由于MJS桩基施工原理及施工控制要点与高压旋喷桩相似,且也属于高压喷射地基加固工艺,因此,施工质量验收标准参照《建筑地基基础工程施工质量验收标准》GB 50202—2018,具体验收标准见表3-12。

5. RJP桩

由于RJP桩基施工原理及施工控制要点与高压旋喷桩相似,且也属于高压喷射地基加固工艺,因此,施工质量验收标准参照《建筑地基基础工程施工质量验收标准》GB 50202—2018,具体验收标准见表3-12。

3.2.3 搅拌桩

1. 施工准备

根据加固要求选择合适设备。

(1) 深层搅拌桩应选用强度等级为42.5级普通硅酸盐水泥,水泥的掺入量应根据土体加固强度的需要选为20%,水灰比为1.0。同时可根据工程需要选用具有早强、缓凝、减水性能的外加剂。

(2) 施工前应进行水泥土的室内试验,选择合适的外掺剂配合比,并将试验报告报监理工程师备案。

(3) 搅拌桩机架必须保证足够的平整度和垂直度,并配有垂直度检测设备,垂直度偏差不应超过1.5%,桩位的偏差不大于50mm。

水泥浆拌制系统应配有可靠的计量装置;喷浆系统应配备流量表、压力计等检测装置;搅拌头下降、提升过程中应有速度控制装置和措施。

(4) 施工前应在监理工程师的旁站监督下,对浆液流量、喷浆压力、搅拌头提升下降速度等进行标定。

(5) 对于有搭接要求的桩,相邻桩的施工间隔不宜超过12h,搭接宽度宜大于100mm。如间歇时间太长无法搭接,应及时报告监理工程师和设计人员,采取必要的措施进行补救。

(6) 成桩过程中,必须严格控制搅拌机的提升速度和搅拌次数,搅拌次数以一次喷浆二次搅拌或二次喷浆四次搅拌为宜,且最后一次提升搅拌宜采用慢速提升。桩底应进行复喷。

(7) 在成桩过程中必须有专人进行详细的施工记录,包括:测量定位、浆液配合比、喷浆压力、浆液流量、搅拌机下沉和提升速度、成桩深度、复喷及复搅等。

2. 施工控制要点

施工控制要点及施工质量验收与3.1.3节SMW工法桩的水泥搅拌桩相同。

3.3 降水工程

3.3.1 施工工艺流程

施工工艺流程及现场施工实例图片如图3-17、图3-18所示。

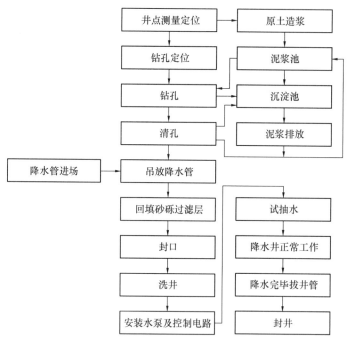

图 3-17 降水井施工工艺流程图

图 3-18 现场施工实例图片
(a) 降水井成井；(b) 井管安装；(c) 滤料回填；(d) 施工完成后的降水井

3.3.2 施工控制要点

1. 定位探管

（1）井位施放时详细调查核实场区地下管线分布情况，当无法确定时可采用人工开孔的方法，当确认地下无各种管线后方可施工。

（2）为避开各种障碍物，降水井间距可作局部调整，但间距最大不应超过130%设计井间距。

（3）基槽土方开挖前，降水井的布设应已形成封闭或超前2倍基槽宽度。

2. 钻机对中

将冲击钻机安装好后移至井位附近，核对井位，将钻头中心对准管井中心点，调节钻机垂直度，井身要做到以下要求：

（1）井径误差±20mm。

（2）垂直度误差≤1%。

（3）井深应满足设计要求。

3. 井管安装

井孔深度经验收合格后，用抽渣筒清孔，清孔后采用汽车吊吊装井管。各节井管之间应同心并焊接严密，吊装时调整好井管中心位置与垂直度，井点管就位固定后，管上口设临时封闭。

4. 填充滤料

井管吊放好后沿井管周围均匀投放滤料，滤料为8～10mm碎石，滤料填至井口下1m左右时用黏性土填实夯平。滤料投放前应清孔稀释泥浆。当投放滤料管口有泥浆水冒出或向管内灌水能很快下渗时为渗水性能合格。

5. 洗井

采用空压机、活塞联合洗井，在空压机洗净之后再采用活塞洗井。重复以上洗井过程，直至满足出水含砂率小于1/10000，以保证抽水设备正常运转及不致使泥砂带出会引起地层下沉。

（1）洗井要求达到"水清砂净"。

下管、填充填料完成后应立即进行洗井，成井、洗井间隔时间不能超过8h。

（2）采用隔离塞分段洗井，如果泥浆中含泥砂量较大，可先进行捞渣，再进行洗井。

（3）当常规洗井效果不好时，可加洗井剂浸泡后再洗井。

6. 试抽

管井运行前进行试抽，检查抽水是否正常，有无淤塞现象，如情况异常，应进行检修。

7. 正式抽降水

试抽正常后进行正式降水，基坑开挖至地下水位标高前的超前抽水时间不少于14d，水位没达到设计深度以前，每天观测三次水位，水位达到设计深度后，每天观测一次水位。观测时记录水位、流量、含砂量，抽水过程中还应经常对抽水机械的电动机、传动轴、电流及电压等进行检查。

8. 停泵拔管

管井降水完毕后,可用起重设备将管井管口套紧徐徐拔出,滤水管拔出后可洗净再用,所留孔洞应用砂砾填实,上部500mm用黏性土填充夯实。

3.3.3 施工质量验收

施工质量验收标准参照《地下铁道工程施工质量验收标准》GB/T 50299—2018和"建筑深基坑工程施工安全技术规范"JGJ 311—2013。

(1) 钻孔孔径应比管径大200~300mm。

(2) 孔径应垂直、上下一致,孔底比管底深0.5~1m。

(3) 钢管井点管的滤管应采用穿孔钢管,孔隙率不应小于25%,外壁垫筋缠镀锌钢丝后并包土工布滤网,管井井点管采用无砂混凝土管时,其孔隙率不应小于20%,并外壁垫筋缠丝包土工布滤网。

(4) 为防止因降水带出地层细颗粒物质造成地面沉降,抽出的水含砂量必须保证:粗砂含量<1/50000;中砂含量<1/20000;细砂含量<1/10000。

3.3.4 降承压水

1. 成井工艺流程

承压水降水井成井工艺与疏干井成井工艺相同,降水井井管构造与滤料填筑按照设计要求执行。

2. 降承压水施工要点

对承压水应进行坑底稳定性验算。根据计算结果确定是否采用降承压水的措施,以确保基坑工程安全,应符合下列规定:

(1) 正式降承压水前应做抽水试验确定降水参数,并报监理工程师审批,届时按抽水试验参数及周边环境状况进行围护墙再设计。

(2) 井点布置应综合考虑基坑周围环境条件、地质条件和现场施工条件,当基坑周围环境容许时,宜在基坑外设置井点。

(3) 施工中必须将基坑内的疏干降水和抽取承压水分成两个独立的系统,并根据各自的技术要求制定降水施工组织设计。降水设计及计划应报监理工程师审查批准并备案。

(4) 施工单位应对各工况下坑底抗承压水头的安全系数进行验算,并根据验算结果制定详细的降水和封井计划。

(5) 坑内抽取承压水可按需抽取。

(6) 承压水降水停止前应进行工况安全性计算,并得到监理工程师和设计方认可。

3.4 开挖及支撑工程

3.4.1 施工工艺流程

车站基坑土方开挖纵向分段、竖向分层开挖,施工步骤如下:

第一步:开挖至第一道钢筋混凝土支撑下0.1m处,施工桩顶冠梁和第一道钢筋混凝土支撑。

第二步：开挖第二层土方至第二道钢支撑中心线下0.5m，架第二道钢支撑。

第三步：重复第二步施工，架设完成所有支撑，如遇下部有钢筋混凝土支撑，开挖至钢筋混凝土支撑下0.1m处，施工钢筋混凝土支撑。开挖期间做到"随挖随撑"，严禁超挖。

第四步：开挖至基坑底以上0.3m，人工清理基底土方，验收基底。基底验收合格后，第一时间浇筑混凝土垫层。

3.4.2 施工准备

（1）不良地质现象的调查

基坑开挖前，施工单位应对施工区域内的工程地质和水文地质情况进行复查，特别是应查明施工区域内的流砂、承压水、暗浜、古河道、不明构筑物、贮水体等情况，并应针对不良水文、地质现象制定相应的技术措施予以根除，且基坑内临时边坡宜与软硬土层交界面反向，确保基坑开挖过程的绝对安全。

（2）在基坑开挖前应准备好充足的排水设备，以保证开挖后开挖面不浸水，基坑周边必须有防止地面水流入的措施。

（3）在基坑开挖前应备好与挖土进度相适应的垂直吊运设备、挖土机具及劳动力、运土车辆、运土路线、弃土场地及卸土机具和劳动力。

（4）雨期施工的针对性措施

施工单位必须针对雨期施工制定详细的施工方案，施工方案中应根据雨期施工的特点制定护坡、坑内排水、坡脚排水等措施。并配备充足的防汛、防洪和防台的器材设备。

3.4.3 基坑开挖及支撑架设

1. 基坑开挖

（1）施工控制要点

1）基坑开挖必须按设计要求分段开挖和浇筑底板。每段开挖中又分层、分小段，并限时完成每小段的开挖和支撑。因此，主要施工参数有：分段、分层、分小段；每小段宽度、每小段开挖的无支撑暴露时间以及每小段开挖厚度。

2）选择基坑开挖的方法、开挖的步序，如何分段、分层、分小段开挖及限时完成每小段的开挖和支撑应严密细化。

3）端头井的开挖，应首先撑好标准段内的2根对撑，再挖斜撑范围内的土方，最后挖除坑内的其余土方。斜撑范围内的土方，应自基坑角点沿垂直于斜撑方向向基坑内分层、分段、限时地开挖并架设支撑。对长度大于20m的斜撑，应先挖中间再挖两端。主要施工参数有：每小段宽度、每小段开挖的无支撑暴露时间以及每层开挖厚度。

4）基坑开挖过程中严禁超挖，分层开挖的每一层开挖面标高不得低于该层支撑的底面或设计基坑底标高。

5）基坑纵向放坡不得大于安全坡度，并进行必要的人工修坡。应对暴露时间较长或可能受暴雨冲刷的纵坡采用坡面保护措施，严防纵向滑坡。

6）开挖过程中应及时封堵地下连续墙接缝或墙体上的渗漏点。

7）设计坑底标高以上30cm的土方，应采用人工开挖，局部洼坑应用砾石砂填实至设计标高。

8）坑底应设集水坑，以利于及时排除坑底积水。集水坑与基坑挡墙内侧的距离应大于1/4基坑宽度。

9）在开挖到底后，必须在设计规定时间内浇筑混凝土垫层（包括混凝土垫层以下的砾石砂垫层或倒滤层）。垫层所用混凝土的强度以及达到强度的时间必须满足设计要求。

（2）施工质量验收

施工质量验收标准参照《地下铁道工程施工质量验收标准》GB/T 50299—2018，基底应平整压实，其允许偏差为+10mm，−20mm；平整度20mm，并在1m范围内不多于一处。

2. 钢支撑架设施工

（1）施工控制要点

1）钢腰梁与排桩、地下连续墙等挡土构件间隙的宽度宜小于100mm，并应在钢腰梁安装定位后，用强度等级不低于C30的细石混凝土填充密实。

2）对预加轴向压力的钢支撑，施加预压力时应符合下列要求：

① 对支撑施加压力的千斤顶应有可靠、准确的计量装置。

② 千斤顶压力的合力点应与支撑轴线重合，千斤顶应在支撑轴线两侧对称、等距放置，且应同步施加压力。

③ 千斤顶的压力应分级施加，施加每级压力后应保持压力稳定10min后方可施加下一级压力；预压力加至设计规定值后，应在压力稳定10min后，方可按设计预压力值进行锁定。

④ 支撑施加压力过程中，当出现焊点开裂、局部压曲等异常情况时应卸除压力，在对支撑的薄弱处进行加固后，方可继续施加压力。

⑤ 当监测的支撑压力出现损失时，应再次施加预压力。

3）对钢支撑，当夏期施工产生较大温度应力时，应及时对支撑采取降温措施。当冬期施工降温产生的收缩使支撑端头出现空隙时，应及时用铁楔将空隙楔紧。

4）支撑端部应设防止移动脱落的构造措施。

5）斜支撑和地下连续墙（或围檩）的连接构造必须满足抗剪的要求。

6）立柱和支撑连接构造应对支撑有三维约束作用而又不影响复加支撑预应力。

7）结构施工不能拆除的钢支撑，伸入结构侧墙部分必须采取止水措施。

8）在开挖过程中应按监测方案定时测量立柱的回弹，并及时调节立柱与支撑拉紧装置上的木楔，以释放桩回弹后作用于支撑的向上顶力。

（2）施工质量验收

施工质量验收标准参照《建筑基坑支护技术规程》JGJ 120—2012，内支撑的施工偏差应符合下列要求：

1）支撑标高的允许偏差应为30mm。

2）支撑水平位置的允许偏差应为30mm。

3）临时立柱平面位置的允许偏差应为50mm，垂直度的允许偏差应为1/150。

4）立柱用做主体结构构件时，立柱平面位置的允许偏差应为10mm，垂直度允许偏差应为1/300。

3. 钢筋混凝土支撑施工

(1) 施工控制要点

1) 钢筋安装时,受力钢筋的牌号、规格和数量必须符合设计要求。
2) 钢筋混凝土支撑的设置位置应尽量结合围檩及主体结构楼板的设置一并考虑。
3) 应按设计要求分段、限时施工。
4) 支撑系统混凝土浇筑后,必须达到设计要求后方可进行该支撑面以下的土体的开挖。

(2) 施工质量验收

施工质量验收标准参照《混凝土结构工程施工质量验收规范》GB 50204—2015 的规定。

1) 钢筋安装偏差及检验方法应符合表 3-13 的规定。

钢筋安装允许偏差和检验方法 表 3-13

项　目		允许偏差 (mm)	检验方法
绑扎钢筋网	长、宽	±10	尺量
	网眼尺寸	±20	尺量连续三档,取最大偏差值
绑扎钢筋骨架	长	±10	尺量
	宽、高	±5	尺量
纵向受力钢筋	锚固长度	−20	尺量
	间距	±10	尺量两端、中间各一点,取最大偏差值
	排距	±5	
纵向受力钢筋、箍筋的 混凝土保护层厚度	基础	±10	尺量
	柱、梁	±5	尺量
	板、墙、壳	±3	尺量
绑扎箍筋、横向钢筋间距		±20	尺量连续三档,取最大偏差值
钢筋弯起点位置		20	尺量,沿纵、横两个方向量测,并取其中偏差的较大值
预埋件	中心线位置	5	尺量
	水平高差	+3,0	塞尺量测

2) 混凝土的强度等级必须符合设计要求。用于检验混凝土强度的试件应在浇筑地点随机抽取。

检查数量:对同一配合比混凝土,取样与试件留置应符合下列规定:

① 每拌制 100 盘且不超过 100m³ 时,取样不得少于一次。
② 每工作班拌制不是 100 盘时,取样不得少于一次。
③ 连续浇筑超过 1000m³ 时,每 200m³ 取样不得少于一次。
④ 每一楼层取样不得少于一次。
⑤ 每次取样应至少留置一组试件。

检验方法:检查施工记录及混凝土强度试验报告。

4. 栈桥施工

(1) 施工控制要点

栈桥板上不得堆载,栈桥上通过车辆不得超过设计通行能力,栈桥上应设警示限重标志,并设置禁止土方车、公交车等大车限制通行措施,混凝土支撑及栈桥结构达到设计强度后车辆方可驶过栈桥。车辆在栈桥上行走时,车身竖向投影不应超出栈桥范围。若需通过更重的车辆,则需提交车辆荷载要求,交设计对栈桥及下部支撑结构体系进行复核修改。

(2) 施工质量验收

施工质量验收标准与钢筋混凝土支撑验收标准相同。

3.5 结构

3.5.1 施工现场实例图片

施工现场实例图片如图 3-19 所示。

图 3-19 施工现场实例图片

(a) 垫层浇筑;(b) 底板防水施工;(c) 底板施工;(d) 中板支模架搭设;(e) 中板施工;(f) 顶板支模架施工;
(g) 顶板施工;(h) 混凝土养护;(i) 顶板防水施工

3.5.2 模板和支架

1. 施工准备

(1) 模板工程应编制施工方案。爬升式模板工程、工具式模板工程及高大模板支架工程的施工方案,应按有关规定进行技术论证。

(2) 模板及支架应根据安装、使用和拆除工况进行设计,并应满足承载力、刚度和整体稳固性要求。

(3) 模板及其支架拆除的顺序及安全措施应符合现行国家标准《混凝土结构工程施工规范》GB 50666—2011 的规定和施工方案的要求。

2. 模板和支架施工

(1) 施工控制要点

1) 模板和支架的设计

① 模板及支架应根据工程结构形式、荷载大小、地基土类别、施工设备和材料供应等条件进行设计。

② 模板及支架的设计应符合下列规定:

A. 模板及支架的结构设计宜采用以概率理论为基础、以分项系数表达的极限状态设计方法。

B. 模板及支架的设计计算分析中所采用的各种简化和近似假定,应有理论或试验依据,或经工程验证可行。

C. 模板及支架应根据施工期间各种受力状况进行结构分析,并确定其最不利的作用效应组合。

③ 模板及支架设计应包括下列内容:

A. 模板及支架的选型及构造设计;

B. 模板及支架上的荷载及其效应计算;

C. 模板及支架的承载力、刚度和稳定性验算;

D. 绘制模板及支架施工图。

④ 模板及支架的变形限值应符合下列规定:

A. 对结构表面外露的模板,挠度不得大于模板构件计算跨度的 1/400。

B. 对结构表面隐蔽的模板,挠度不得大于模板构件计算跨度的 1/250。

C. 清水混凝土模板,挠度应满足设计要求。

D. 支架的轴向压缩变形值或侧向弹性挠度值不得大于计算高度或计算跨度的 1/1000。

⑤ 模板支架的高宽比不宜大于 3;当高宽比大于 3 时,应增设稳定性措施,并应进行支架的抗倾覆验算。

2) 模板和支架的制作与安装控制要点

① 模板应按图加工、制作。通用性强的模板宜制作成定型模板。

② 模板面板背侧的木方高度应一致。制作胶合板模板时,其板面拼缝处应密封。地下室外墙和人防工程墙体的模板对拉螺栓中部应设止水片,止水片应与对拉螺栓环焊。

③ 与通用钢管支架匹配的专用支架,应按图加工、制作。搁置于支架顶端可调托座

上的主梁,可采用木方、木工字梁或截面对称的型钢制作。

④ 支架立柱和竖向模板安装在基土上时,应符合下列规定:

A. 应设置具有足够强度和支承面积的垫板,且应中心承载。

B. 基土应坚实,并应有排水措施;对湿陷性黄土,应有防水措施;对冻胀性土,应有防冻融措施。

C. 对软土地基,当需要时可采用堆载预压的方法调整模板面安装高度。

⑤ 竖向模板安装时,应在安装基层面上测量放线,并应采取保证模板位置准确的定位措施。对竖向模板及支架,安装时应有临时稳定措施。安装位于高空的模板时,应有可靠的防倾覆措施。应根据混凝土一次浇筑高度和浇筑速度,采取合理的竖向模板抗侧移、抗浮和抗倾覆措施。

⑥ 对跨度不小于4m的梁、板,其模板起拱高度宜为梁、板跨度的1/1000~3/1000。

⑦ 采用碗扣式、插接式和盘销式钢管架搭设模板支架时,应符合下列规定:

A. 碗扣架或盘销架的水平杆与立柱的扣接应牢靠,不应滑脱。

B. 立杆上的上、下层水平杆间距不应大于1.8m。

C. 插入立杆顶端可调托座伸出顶层水平杆的悬臂长度不应超过650mm,螺杆插入钢管的长度不应小于150mm,其直径应满足与钢管内径间隙不小于6mm的要求。架体最顶层的水平杆步距应比标准步距缩小一个节点间距。

D. 立柱间应设置专用斜杆或扣件钢管斜杆加强模板支架。

⑧ 采用门式钢管架搭设模板支架时,应符合下列规定:

A. 支架应符合现行行业标准《建筑施工门式钢管脚手架安全技术规范》JGJ 128—2010的有关规定。

B. 当支架高度较大或荷载较大时,宜采用主立杆钢管直径不小于48mm并有横杆加强杆的门架搭设。

⑨ 支架的垂直斜撑和水平斜撑应与支架同步搭设,架体应与成型的混凝土结构拉结。钢管支架的垂直斜撑和水平斜撑的搭设应符合国家现行有关钢管脚手架标准的规定。

⑩ 对现浇多层、高层混凝土结构,上、下楼层模板支架的立杆应对准,模板及支架钢管等应分散堆放。

⑪ 模板安装应保证混凝土结构构件各部分形状、尺寸和相对位置准确,并应防止漏浆。

⑫ 模板安装应与钢筋安装配合进行,梁柱节点的模板宜在钢筋安装后安装。

⑬ 模板与混凝土接触面应清理干净并涂刷隔离剂,隔离剂不得污染钢筋和混凝土接槎处。

⑭ 模板安装完成后,应将模板内杂物清除干净。

⑮ 后浇带的模板及支架应独立设置。

⑯ 固定在模板上的预埋件、预留孔和预留洞均不得遗漏,且应安装牢固、位置准确。

3) 模板拆除与维护

① 模板拆除时,可采取先支的后拆、后支的先拆,先拆非承重模板、后拆承重模板

的顺序,并应从上而下进行拆除。

② 当混凝土强度达到设计要求时,方可拆除底模及支架;当设计无具体要求时,同条件养护试件的混凝土抗压强度应符合表 3-14 的规定。

底模拆除时的混凝土强度要求　　　表 3-14

构件类型	构件跨度（m）	按达到设计混凝土强度等级值的百分率计（%）
板	≤2	≥50
	>2,≤8	≥75
	>8	≥100
梁、拱、壳	≤8	≥75
	>8	≥100
悬臂结构		≥100

③ 当混凝土强度能保证其表面及棱角不受损伤时,方可拆除侧模。

④ 多个楼层间连续支模的底层支架拆除时间,应根据连续支模的楼层间荷载分配和混凝土强度的增长情况确定。

⑤ 快拆支架体系的支架立杆间距不应大于 2m。拆模时应保留立杆并顶托支承楼板,拆模时的混凝土强度可取构件跨度为 2m 按表 3-14 确定。

⑥ 对于后张预应力混凝土结构构件,侧模宜在预应力张拉前拆除;底模支架不应在结构构件建立预应力前拆除。

⑦ 拆下的模板及支架杆件不得抛扔,应分散堆放在指定地点,并应及时清运。

⑧ 模板拆除后应将其表面清理干净,对变形和损伤部位应进行修复。

(2) 施工质量验收

施工质量验收标准参照《混凝土结构工程施工质量验收规范》GB 50204—2015 的规定。

1) 主控项目

① 模板及支架用材料的技术指标应符合国家现行有关标准的规定。进场时应抽样检验模板和支架材料的外观、规格和尺寸。

② 现浇混凝土结构模板及支架的安装质量,应符合国家现行有关标准的规定和施工方案的要求。

③ 后浇带处的模板及支架应独立设置。

④ 支架竖杆和竖向模板安装在土层上时,应符合下列规定:

A. 土层应坚实、平整,其承载力或密实度应符合施工方案的要求。

B. 应有防水、排水措施;对冻胀性土,应有预防冻融措施。

C. 支架竖杆下应有底座或垫板。

2) 一般项目

① 模板安装质量应符合下列规定:

A. 模板的接缝应严密。

B. 模板内不应有杂物、积水或冰雪等。

C. 模板与混凝土的接触面应平整、清洁。

D. 用做模板的地坪、胎膜等应平整、清洁，不应有影响构件质量的下沉、裂缝、起砂或起鼓。

E. 对清水混凝土及装饰混凝土构件，应使用能达到设计效果的模板。

② 隔离剂的品种和涂刷方法应符合施工方案的要求。隔离剂不得影响结构性能及装饰施工；不得沾污钢筋、预应力筋、预埋件和混凝土接槎处；不得对环境造成污染。

③ 模板的起拱应符合现行国家标准《混凝土结构工程施工规范》GB 50666—2011 的规定，并应符合设计及施工方案的要求。

检查数量：在同一检验批内，对梁，跨度大于18m时应全数检查，跨度不大于18m时应抽查构件数量的10%，且不应少于3件；对板，应按有代表性的自然间抽查10%，且不应少于3间；对大空间结构，板可按纵、横轴线划分检查面，抽查10%，且不应少于3面。

④ 现浇混凝土结构多层连续支模应符合施工方案的规定。上下层模板支架的竖杆宜对准。竖杆下垫板的设置应符合施工方案的要求。

⑤ 固定在模板上的预埋件和预留孔洞不得遗漏，且应安装牢固。有抗渗要求的混凝土结构中的预埋件，应按设计及施工方案的要求采取防渗措施。

预埋件和预留孔洞的位置应满足设计和施工方案的要求。当设计无具体要求时，其位置偏差应符合表 3-15 的规定。

埋件和预留孔洞的安装允许偏差　　　　表 3-15

项　目		允许偏差（mm）
预埋板中心线位置		3
预埋管、预留孔中心线位置		3
插筋	中心线位置	5
	外露长度	+10，0
预埋螺栓	中心线位置	2
	外露长度	+10，0
预留洞	中心线位置	10
	尺寸	+10，0

注：检查中心线位置时，沿纵、横两个方向量测，并取其中偏差的较大值。

检查数量：在同一检验批内，对梁、柱和独立基础，应抽查构件数量的10%，且不应少于3件；对墙和板，应按有代表性的自然间抽查10%，且不应少于3间；对大空间结构墙可按相邻轴线间高度5m左右划分检查面，板可按纵、横轴线划分检查面，抽查10%，且均不应少于3面。

⑥ 现浇结构模板安装的尺寸偏差及检验方法应符合表 3-16 的规定。

检查数量：在同一检验批内，对梁、柱和独立基础，应抽查构件数量的10%，且不应少于3件；对墙和板，应按有代表性的自然间抽查10%，且不应少于3间；对大空间结构，墙可按相邻轴线间高度5m左右划分检查面，板可按纵、横轴线划分检查面，抽查10%，且均不应少于3面。

现浇结构模板安装的允许偏差及检验方法　　　　表 3-16

项目		允许偏差（mm）	检验方法
轴线位置		5	尺量检查
底模上表面标高		±5	水准仪或拉线、尺量
模板内部尺寸	基础	±10	尺量
	柱、墙、梁	±5	尺量
	楼梯相邻踏步高差	±5	尺量
垂直度	柱、墙层高≤6m	8	经纬仪或吊线、尺量
	柱、墙层高>6m	10	经纬仪或吊线、尺量
相邻两块模板表面高差		2	尺量
表面平整度		5	2m靠尺和塞尺量测

注：检查轴线位置当有纵横两个方向时，沿纵、横两个方向量测，并取其中偏差的较大值。

3.5.3 主体结构施工

1. 施工准备

（1）施工单位应根据施工图并结合现场实际情况，编制工程内部结构施工组织设计，并经监理工程师书面批准后方能付诸实施。

（2）内部结构施工过程中，应根据施工进度，会同监理工程师对每一道工序进行质量检查和记录，合格后方可进行下一道工序。

2. 底板施工

（1）施工工艺流程如图 3-20 所示。

（2）底板施工前应将坑底软弱土清除干净，并用砾石、砂、碎石或素混凝土填平。

（3）素混凝土垫层标高、厚度及强度满足设计要求，面层应无蜂窝、麻面和裂缝。

（4）底板与地下连续墙的接触面必须进行凿毛、清洗，并在漏水处进行堵漏处理。

（5）底板钢筋与地下墙体底板相接时，应将钢筋连接器全部凿出弯正，连接时必须用测力扳手控制其旋紧程度并满足规范要求。

（6）底板钢筋、预埋件、预留孔洞等设置经监理检查合格办理隐蔽工程验收后，方可浇筑混凝土。

（7）底板混凝土浇捣必须按顺序连续不断完成，采用高频振动器振捣密实，不得出现漏振或过振现象。

（8）底板混凝土浇捣完成的同时，及时收水、压实、抹光，终凝后及时养护，养护时间不少于规范要求。

3. 侧墙施工

（1）施工工艺流程如图 3-21 所示。

（2）与围护结构叠合时侧墙施工如下：

1）侧墙施工前必须将地下墙凿毛处理，并按设计做好防水施工。

2）对地下连续墙的墙面渗漏应按规范及设计要求进行处理。

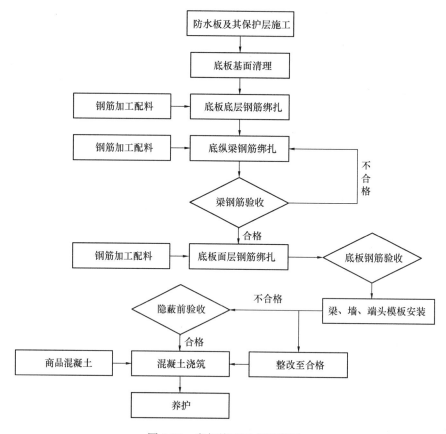

图 3-20 底板施工工艺流程图

3) 侧墙内模及支架应有足够的强度、刚度和侧向稳定性。

4) 对支撑架等埋件必须按设计进行止水处理并经监理工程师认可后方可进行下一道工序的施工。

5) 应根据设计要求设置施工缝和后浇带,并保证其稳固、可靠、不变形、不漏浆。

6) 立内模之前,应通知监理工程师对防水层、钢筋及预埋件工程进行检查,合格后办理隐蔽工程验收,进行下一道工序施工。

7) 一次立模浇捣高度超过 3m 时,应采取合理立模补强措施并报监理工程师批准。

8) 侧墙混凝土浇灌时应分层(每层高不超过 30cm),浇捣连续不间断完成,分层浇捣时注意不出现漏振或过振。

9) 侧墙混凝土浇捣完成后,注意及时浇水养护,不少于 14d。

10) 侧墙外模板的拆除时间不应少于 7d。

(3) 与围护结构分离时侧墙施工如下:

1) 侧墙内模及支架应有足够的强度、刚度和侧向稳定性。

2) 对支撑头等埋件必须按设计进行止水处理并经监理工程师认可后方可进行下一道工序的施工。

3) 应根据设计要求设置施工缝和后浇带,并保证其稳固、可靠、不变形、不漏浆。

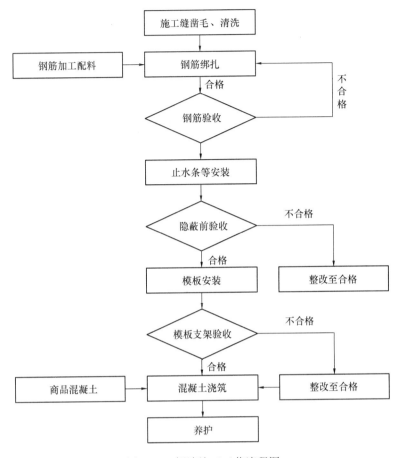

图 3-21 侧墙施工工艺流程图

4）立内模之前，应通知监理工程师对防水层、钢筋及预埋件工程进行检查，合格后办理隐蔽工程验收，进行下一道工序施工。

5）一次立模浇捣高度超过 3m 时，应采取合理立模补强措施并报监理工程师批准。

6）侧墙混凝土浇灌时应分层（每层高不超过 30cm），浇捣连续不间断完成，分层浇捣时注意不出现漏振或过振。

7）侧墙混凝土浇捣完成后，注意及时浇水养护，不少于 14d。

8）侧墙外模板的拆除时间不应少于 7d。

9）侧墙外侧应按设计要求进行防水层施工。

10）在达到设计要求强度后方可进行外侧回填，回填材料和工艺必须满足设计及相关规范要求。

4. 中板施工

（1）施工工艺流程如图 3-22 所示。

（2）应根据设计要求设置施工缝和后浇带，并经监理工程师检查合格办理隐蔽工程验收后方可浇筑混凝土。

（3）中楼板梁、板的模板支架应采用满堂支架，其密度应满足强度和变形要求。

（4）中楼板钢筋、预埋件、预留孔洞等设置经监理检查合格办理隐蔽工程验收后，方

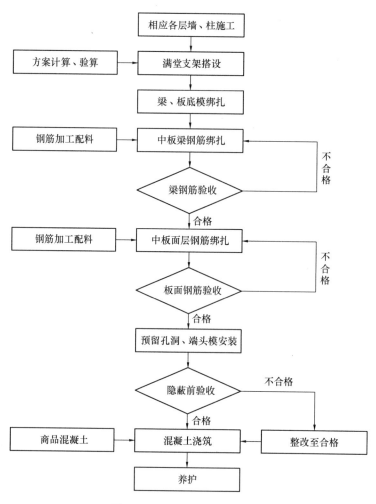

图 3-22 中板施工工艺流程图

可浇筑中楼板混凝土。

（5）中楼板底标高应考虑支架、搭板沉降及施工误差后，仍能满足下部建筑限界要求。

（6）中楼板达到设计要求的拆模强度后方可拆模。

5. 顶板施工

（1）施工工艺流程如图 3-23 所示。

（2）除严格遵循上节中楼板施工要求外，还应在施工过程中采取如下措施：

1）顶板（或上一层中板）施工应考虑其施工荷载，对中板（下一层中板）进行受力工况分析，并得到设计及监理工程师的认可后方可进行。

2）跨度在 8m 以上的结构，必须在混凝土强度达到设计强度的 100% 时方可拆除模板。

3）顶板混凝土终凝前应对顶面混凝土压实、收浆成细毛面。

4）终凝后应及时养护，并尽量采用蓄水养护，养护时间不少于 14d。

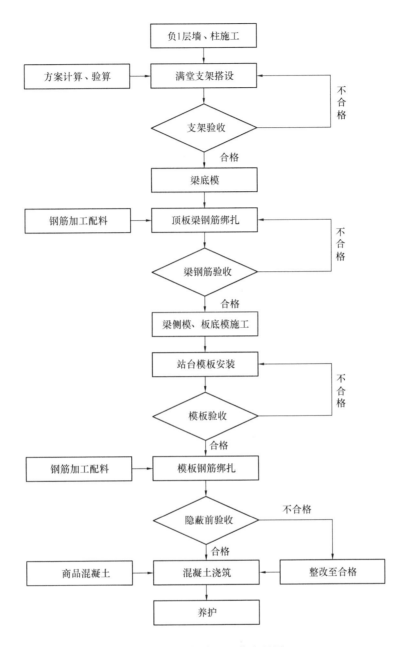

图 3-23 顶板施工工艺流程图

5）顶板上堆放设备、材料等附加荷载前必须进行强度验算，并将计算书报监理工程师和设计人员书面认可。

6）养护期结束后应立即施作顶板防水层和防水保护层，采用砂浆或混凝土做保护层时应进行养护。

6. 施工质量验收

施工质量验收标准参照《混凝土结构工程施工质量验收规范》GB 50204—2015 的规定。

(1) 钢筋工程

1) 浇筑混凝土之前，应进行钢筋隐蔽工程验收。隐蔽工程验收应包括下列主要内容：

① 纵向受力钢筋的牌号、规格、数量、位置；

② 钢筋的连接方式、接头位置、接头质量、接头面积百分率、搭接长度、锚固方式及锚固长度；

③ 箍筋、横向钢筋的牌号、规格、数量、间距、位置，箍筋弯钩的弯折角度及平直段长度；

④ 预埋件的规格、数量和位置。

2) 钢筋、成型钢筋进场检验，当满足下列条件之一时，其检验批容量可扩大一倍：

① 获得认证的钢筋、成型钢筋；

② 同一厂家、同一牌号、同一规格的钢筋，连续三批均一次检验合格；

③ 同一厂家、同一类型、同一钢筋来源的成型钢筋，连续三批均一次检验合格。

(2) 材料

1) 钢筋进场时，应按国家现行标准《钢筋混凝土用钢 第1部分：热轧光圆钢筋》GB/T 1499.1—2017、《钢筋混凝土用钢 第2部分：热轧带肋钢筋》GB/T 1499.2—2018、《钢筋混凝土用余热处理钢筋》GB/T 13014—2013、《钢筋混凝土用钢 第3部分：钢筋焊接网》GB/T 1499.3—2010、《冷轧带肋钢筋》GB/T 13788—2017 及《冷轧扭钢筋》JG 190 及《冷轧带肋钢筋混凝土结构技术规程》JGJ 95、《冷轧扭钢筋混凝土构件技术规程》JGJ 115、《冷拔低碳钢丝应用技术规程》JGJ 19 的规定抽取试件做屈服强度、抗拉强度、伸长率、弯曲性能和重量偏差检验，检验结果应符合相关标准的规定。

检查数量：按进场批次和产品的抽样检验方案确定。

2) 成型钢筋进场时，应抽取试件做屈服强度、抗拉强度、伸长率和重量偏差检验，检验结果应符合国家现行相关标准的规定。

对由热轧钢筋制成的成型钢筋，当有施工单位或监理单位的代表驻厂监督生产过程，并提供原材钢筋力学性能第三方检验报告时，可仅进行重量偏差检验。

检查数量：同一厂家、同一类型、同一钢筋来源的成型钢筋，不超过30t为一批，每批中每种钢筋牌号、规格均应至少抽取1个钢筋试件，总数不应少于3个。

3) 对按一、二、三级抗震等级设计的框架和斜撑构件（含梯段）中的纵向受力普通钢筋应采用 HRB335E、HRB400E、HRB500E、HRBF335E、HRBF400E 或 HRBF500E 钢筋，其强度和最大力下总伸长率的实测值应符合下列规定：

① 抗拉强度实测值与屈服强度实测值的比值不应小于1.25。

② 屈服强度实测值与屈服强度标准值的比值不应大于1.30。

③ 最大力下总伸长率不应小于9%。

检查数量：按进场的批次和产品的抽样检验方案确定。

4) 钢筋应平直、无损伤，表面不得有裂纹、油污、颗粒状或片状老锈。

检查数量：全数检查。

5) 成型钢筋的外观质量和尺寸偏差应符合国家现行相关标准的规定。

检查数量：同一厂家、同一类型的成型钢筋，不超过30t为一批，每批随机抽取3个成型钢筋试件。

6) 钢筋机械连接套筒、钢筋锚固板以及预埋件等的外观质量应符合国家现行相关标准的规定。

检查数量：按国家现行相关标准的规定确定。

(3) 钢筋加工

1) 钢筋弯折的弯弧内直径应符合下列规定：

① 光圆钢筋，不应小于钢筋直径的 3.5 倍。

② 335MPa 级、400MPa 级带肋钢筋，不应小于钢筋直径的 4 倍。

③ 500MPa 级带肋钢筋，当直径为 28mm 以下时不应小于钢筋直径的 6 倍，当直径为 28mm 及以上时不应小于钢筋直径的 7 倍。

④ 箍筋弯折处尚不应小于纵向受力钢筋的直径。

检查数量：按每工作班同一类型钢筋、同一加工设备抽查不应少于 3 件。

2) 纵向受力钢筋的弯折后平直段长度应符合设计要求。光圆钢筋末端做 180°弯钩时，弯钩的平直段长度不应小于钢筋直径的 3 倍。

检查数量：按每工作班同一类型钢筋、同一加工设备抽查不应少于 3 件。

检验方法：尺量。

3) 箍筋、拉筋的末端应按设计要求做弯钩，并应符合下列规定：

① 对一般结构构件，箍筋弯钩的弯折角度不应小于 90°，弯折后平直段长度不应小于箍筋直径的 5 倍；对有抗震设防要求或设计有专门要求的结构构件，箍筋弯钩的弯折角度不应小于 135°，弯折后平直段长度不应小于箍筋直径的 10 倍。

② 圆形箍筋的搭接长度不应小于其受拉锚固长度，且两末端弯钩的弯折角度不应小于 135°，弯折后平直段长度对一般结构构件不应小于箍筋直径的 5 倍，对有抗震设防要求的结构构件不应小于箍筋直径的 10 倍。

③ 梁、柱复合箍筋中的单肢箍筋两端弯钩的弯折角度均不应小于 135°，弯折后平直段长度应符合 1) 对箍筋的有关规定。

检查数量：按每工作班同一类型钢筋、同一加工设备抽查不应少于 3 件。

4) 盘卷钢筋调直后应进行力学性能和重量偏差的检验，其强度应符合国家现行有关标准的规定，其断后伸长率、重量偏差应符合表 3-17 的规定。力学性能和重量偏差检验应符合下列规定：

① 3 个试件先进行重量偏差检验，再取其中 2 个试件进行力学性能检验。

② 重量偏差应按下式计算：

$$\Delta = (W_d - W_o) \times 100/W_o$$

式中　Δ——重量偏差（%）；

W_d——3 个调直钢筋试件的实际重量之和（kg）；

W_o——钢筋理论重量（kg），取每米理论重量（kg/m）与 3 个调直钢筋试件长度之和（m）的乘积。

③ 检验重量偏差时，试件切口应平滑并与长度方向垂直，其长度不应小于 500mm；长度和重量的量测精度分别不应低于 1mm 和 1g。

采用无延伸功能的机械设备调直的钢筋,可不进行本条规定的检验。

盘卷钢筋调直后的断后伸长率、重量偏差要求 表3-17

钢筋牌号	断后伸长率 A（%）	重量偏差（%）	
		直径6～12mm	直径14～16mm
HPB300	≥21	≥～10	—
HRB335、HRBF335	≥16	≥～8	≥～6
HRB400、HRBF400	≥15	≥～8	≥～6
RRB400	≥13	≥～8	≥～6
HRB500、HRBF500	≥14	≥～8	≥～6

注：断后伸长率 A 的量测标距为5倍钢筋直径。

检查数量：同一加工设备、同一牌号、同一规格的调直钢筋，重量不大于30t为一批，每批见证抽取3个试件。

钢筋加工的形状、尺寸应符合设计要求，其偏差应符合表3-18的规定。

检查数量：按每工作班同一类型钢筋、同一加工设备抽查不应少于3件。

钢筋加工的允许偏差 表3-18

项 目	允许偏差（mm）
受力钢筋沿长度方向的净尺寸	±10
弯起钢筋的弯折位置	±20
箍筋外廓尺寸	±5

（4）钢筋连接

1）钢筋的连接方式应符合设计要求。

检查数量：全数检查。

2）钢筋采用机械连接或焊接连接时，钢筋机械连接接头、焊接接头的力学性能、弯曲性能应符合国家现行相关标准的规定。接头试件应从工程实体中截取。

检查数量：按现行行业标准《钢筋机械连接技术规程》JGJ 107—2016和《钢筋焊接及验收规程》JGJ 18—2012的规定确定。

3）螺纹接头应检验拧紧扭矩值，挤压接头应量测压痕直径，检验结果应符合现行行业标准《钢筋机械连接技术规程》JGJ 107—2016的相关规定。

检查数量：按现行行业标准《钢筋机械连接技术规程》JGJ 107—2016的规定确定。

4）钢筋接头的位置应符合设计和施工方案要求。有抗震设防要求结构中，梁端、柱端箍筋加密区范围内不应进行钢筋搭接。接头末端至钢筋弯起点距离不应小于钢筋直径的10倍。

检查数量：全数检查。

5）钢筋机械连接接头、焊接接头的外观质量应符合现行行业标准《钢筋机械连接技术规程》JGJ 107—2016 和《钢筋焊接及验收规程》JGJ 18—2012 的规定。

检查数量：按现行行业标准《钢筋机械连接技术规程》JGJ 107—2016 和《钢筋焊接及验收规程》JGJ 18—2012 的规定确定。

检验方法：观察，尺量。

6）当纵向受力钢筋采用机械连接接头或焊接接头时，同一连接区段内纵向受力钢筋的接头面积百分率应符合设计要求；当设计无具体要求时，应符合下列规定：

① 受拉接头，不宜大于 50%；受压接头，可不受限制。

② 直接承受动力荷载的结构构件中，不宜采用焊接；当采用机械连接时，不应超过 50%。

检查数量：在同一检验批内，对梁、柱和独立基础，应抽查构件数量的 10%，且不应少于 3 件；对墙和板，应按有代表性的自然间抽查 10%，且不应少于 3 间；对大空间结构，墙可按相邻轴线间高度 5m 左右划分检查面，板可按纵横轴线划分检查面，抽查 10%，且均不应少于 3 面。

注：①接头连接区段是指长度为 35d 且不小于 500mm 的区段，d 为相互连接两根钢筋的直径较小值。

②同一连接区段内纵向受力钢筋接头面积百分率为接头中点位于该连接区段内的纵向受力钢筋截面面积与全部纵向受力钢筋截面面积的比值。

7）当纵向受力钢筋采用绑扎搭接接头时，接头的设置应符合下列规定：

① 接头的横向净间距不应小于钢筋直径，且不应小于 25mm。

② 同一连接区段内，纵向受拉钢筋的接头面积百分率应符合设计要求。当设计无具体要求时，应符合规定：梁类、板类及墙类构件，不宜超过 25%；基础筏板，不宜超过 50%；柱类构件，不宜超过 50%；当工程中确有必要增大接头面积百分率时，对梁类构件，不应大于 50%。

检查数量：在同一检验批内，对梁、柱和独立基础，应抽查构件数量的 10%，且不应少于 3 件；对墙和板，应按有代表性的自然间抽查 10%，且不应少于 3 间；对大空间结构，墙可按相邻轴线间高度 5m 左右划分检查面，板可按纵横轴线划分检查面，抽查 10%，且均不应少于 3 面。

注：①接头连接区段是指长度为 1.3 倍搭接长度的区段。搭接长度取相互连接两根钢筋中较小直径计算。

②同一连接区段内纵向受力钢筋接头面积百分率为接头中点位于该连接区段长度内的纵向受力钢筋截面面积与全部纵向受力钢筋截面面积的比值。

8）梁、柱类构件的纵向受力钢筋搭接长度范围内箍筋的设置应符合设计要求；当设计无具体要求时，应符合下列规定：

① 箍筋直径不应小于搭接钢筋较大直径的 1/4。

② 受拉搭接区段的箍筋间距不应大于搭接钢筋较小直径的 5 倍，且不应大于 100mm。

③ 受压搭接区段的箍筋间距不应大于搭接钢筋较小直径的 10 倍，且不应大于 200mm。

④ 当柱中纵向受力钢筋直径大于 25mm 时，应在搭接接头两个端面外 100mm 范围内各设置两个箍筋，其间距宜为 50mm。

检查数量：在同一检验批内，应抽查构件数量的10%，且不应少于3件。

(5) 钢筋安装

1) 钢筋安装时，受力钢筋的牌号、规格和数量必须符合设计要求。

检查数量：全数检查。

2) 受力钢筋的安装位置、锚固方式应符合设计要求。

检查数量：全数检查。

3) 钢筋安装允许偏差及检验方法应符合表3-19的规定。

钢筋安装允许偏差和检验方法　　　　表3-19

项目		允许偏差（mm）	检验方法
绑扎钢筋网	长、宽	±10	尺量
	网眼尺寸	±20	尺量连续三档，取最大偏差值
绑扎钢筋骨架	长	±10	尺量
	宽、高	±5	尺量
纵向受力钢筋	锚固长度	−20	尺量
	间距	±10	尺量两端、中间各一点，
	排距	±5	取最大偏差值
纵向受力钢筋、箍筋的混凝土保护层厚度	基础	±10	尺量
	柱、梁	±5	尺量
	板、墙、壳	±3	尺量
绑扎箍筋、横向钢筋间距		±20	尺量连续三档，取最大偏差值
钢筋弯起点位置		20	尺量，沿纵、横两个方向量测，并取其中偏差的较大值
预埋件	中心线位置	5	尺量
	水平高差	+3，0	塞尺量测

板类构件上部受力钢筋保护层厚度的合格点率应达到90%及以上，且不得有超过表中数值1.5倍的尺寸检查。

检查数量：在同一检验批内，对梁、柱和独立基础，应抽查构件数量的10%，且不少于3件；对墙和板，应按有代表性的自然间抽查10%，且不少于3间；对大空间结构，墙可按相邻轴线间高度5m左右划分检查面，板可按纵横轴线划分检查面，抽查10%，且均不少于3面。

3.6 工程防水

3.6.1 施工工艺流程

施工工艺流程及施工现场实例图片如图3-24、图3-25所示。

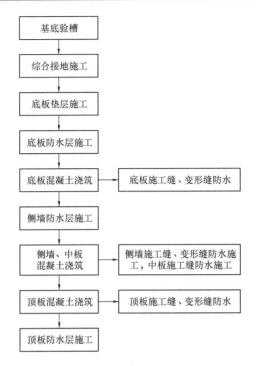

图 3-24 车站防水施工总工艺流程

图 3-25 施工现场实例图片
（a）底板防水施工；（b）侧墙防水施工；（c）顶板防水施工；（d）顶板防水保护层施工

3.6.2 施工准备

(1) 施工单位应根据施工图并结合现场实际情况，编制主体结构防水施工组织设计，并经监理工程师书面批准后方能付诸实施。

(2) 地下结构防水工程的构造及工艺必须符合规范及设计要求。

(3) 地下防水工程中的下列各项（但不限于）工序在隐蔽前必须进行自检，并做记录，经监理验收合格后方可进行下一工序的施工：

1) 附加防水层的基层；
2) 附加防水层和自防水结构被掩盖的部位；
3) 后浇带、变形缝的防水部位；
4) 管道、埋设件穿过防水层的密封部位；
5) 渗排水层和盲沟排水的隐蔽工程。

(4) 明挖工程在防水混凝土结构和结构外表面附加防水层施工时，应采取有效措施，防止工程周围的地表水、雨水流入工程或明挖基坑内。

(5) 附加防水层施工过程中，当下一工序或相邻工程同时施工时，应对已完部分进行防护，防止破坏。

(6) 地下结构防水工程施工完成后若需凿眼打洞时，必须采取稳妥可靠的防水措施，并会同设计、监理确定后实施。

(7) 明挖工程防水保护层检查合格后，应及时回填基坑。

(8) 需采取注浆堵漏时，必须符合《地下工程防水技术规范》GB 50108—2008 的有关规定，并根据不同阶段选择注浆材料、设备和工艺。注浆设计方案必须上报监理和设计批准后方可实施，并应认真做好注浆记录和监测。注浆堵漏材料优选环氧树脂，可选水泥砂浆堵漏，选用聚氨酯堵漏时应得到监理、发包人同意。

(9) 根据实际情况需进行渗排水时，应根据《地下工程防水技术规范》GB 50108—2008 有关规定和设计要求，做好渗排水方案，并报监理审批后进行。

3.6.3 材料

(1) 地下防水工程各种原材料应符合现行国家和行业标准的规定，并符合设计要求。

(2) 防水材料在使用前应向监理上报质量证明文件和试验资料，得到监理的批准后方可用于工程施工，并在施工过程中经常进行检验和试验。

(3) 混合料的配合比成分和配制方法，应符合设计要求和有关技术标准，并通过试验确定。

(4) 现行建筑防水工程材料标准和现场抽样复验如下：

现行建筑防水工程材料标准应按表 3-20 的规定选用。

现行建筑防水工程材料标准　　　　　　　表 3-20

类别	标 准 名 称	标准号
防水卷材	1. 聚氯乙烯（PVC）防水卷材	GB 12952—2011
	2. 高分子防水材料　第一部分：片材	GB 18173.1—2012

续表

类别	标 准 名 称	标准号
防水卷材	3. 改性沥青聚乙烯胎防水卷材	GB 18967—2009
	4. 弹性体改性沥青防水卷材	GB 18242—2008
	5. 带自粘层的防水卷材	GB/T 23260—2009
	6. 自粘聚合物改性沥青防水卷材	GB 23441—2009
	7. 预铺防水卷材	GB/T 23457—2017
防水涂料	1. 聚氨酯防水涂料	GB/T 19250—2013
	2. 建筑防水涂料用聚合物乳液	JC/T 1017—2006
	3. 聚合物乳液建筑防水涂料	JC/T 864—2008
	4. 聚合物水泥防水涂料	GB/T 23445—2009
密封材料	1. 聚氨酯建筑密封胶	JC/T 482—2003
	2. 聚硫建筑密封胶	JC/T 483—2000
	3. 混凝土接缝用建筑密封胶	JC/T 881—2017
	4. 丁基橡胶防水密封胶粘带	JC/T 942—2004
其他防水材料	1. 高分子防水材料 第2部分：止水带	GB 18173.2—2014
	2. 高分子防水材料 第3部分：遇水膨胀橡胶	GB/T 18173.3—2014
	3. 高分子防水卷材胶粘剂	JC/T 863—2011
	4. 沥青基防水卷材用基层处理剂	JC/T 1069—2008
	5. 膨润土橡胶遇水膨胀止水条	JG/T 141—2001
	6. 遇水膨胀止水胶	JG/T 312—2011
	7. 钠基膨润土防水毯	JG/T 193—2006
刚性防水材料	1. 砂浆、混凝土防水剂	JC 474—2008
	2. 混凝土膨胀剂	GB/T 23439—2017
	3. 水泥基渗透结晶型防水材料	GB 18445—2012
	4. 聚合物水泥防水砂浆	JC/T 984—2011
防水材料试验方法	1. 建筑防水卷材试验方法	GB/T 328—2007
	2. 建筑胶粘剂试验方法 第1部分：陶瓷砖胶粘剂试验方法	GB/T 12954.1—2008
	3. 建筑密封材料试验方法	GB/T 13477
	4. 建筑防水涂料试验方法	GB/T 16777—2008
	5. 建筑防水材料老化试验方法	GB/T 18244—2000

建筑防水工程材料的现场抽样复验应符合表3-21的规定。

建筑防水工程材料现场抽样复验　　　表3-21

序号	材料名称	抽样数量	外观质量检验	物理性能检验
1	高聚物改性沥青防水卷材	大于1000卷抽5卷，每500～1000卷抽4卷，100～499卷抽3卷，100卷以下抽2卷，进行规格尺寸和外观质量检验。在外观质量检验合格的卷材中，任取一卷做物理性能检验	断裂、皱折、孔洞、剥离、边缘不整齐、胎体露白、未浸透、撒布材料粒度、颜色、每卷卷材的接头	拉力，最大拉力时延伸率，低温柔度，不透水性

续表

序号	材料名称	抽样数量	外观质量检验	物理性能检验
2	合成高分子防水卷材	大于1000卷抽5卷，每500～1000卷抽4卷，100～499卷抽3卷，100卷以下抽2卷，进行规格尺寸和外观质量检验。在外观质量检验合格的卷材中，任取一卷做物理性能检验	折痕、杂质、胶块、凹痕，每卷卷材的接头	断裂拉伸强度，扯断伸长率，低温弯折，不透水性
3	有机防水涂料	每5t为一批，不足5t按一批抽样	均匀黏稠体，无凝胶，无结块	潮湿基面粘结强度，涂膜抗渗性，浸水168h后拉伸强度，浸水168h后断裂伸长率，耐水性
4	无机防水涂料	每10t为一批，不足10t按一批抽样	液体组分：无杂质、凝胶的均匀乳液；固体组分：无杂质、结块的粉末	抗折强度，粘结强度，抗渗性
5	膨润土防水材料	每100卷为一批，不足100卷按1批抽样；100卷以下抽5卷，进行尺寸偏差和外观质量检验。在外观质量检验合格的卷材中，任取一卷做物理性能检验	表面平整，厚度均匀，无破洞、破边，无残留断针，针刺均匀	单位面积质量，膨润土膨胀系数，渗透系数，滤失量
6	混凝土建筑接缝用密封胶	每2t为一批，不足2t按一批抽样	细腻、均匀膏状物或黏稠液体，无气泡、结皮和凝胶现象	流动性、挤出性、定伸粘结性
7	橡胶止水带	每月同标记的止水带产量为一批抽样	尺寸公差、开裂、缺胶、海绵状、中心孔偏心、凹痕、气泡、杂质、明疤	拉伸强度，扯断伸长率，撕裂强度
8	腻子性遇水膨胀止水条	每5000m为一批，不足5000m按一批抽样	尺寸公差；柔软、弹性匀质、色泽均匀，无明显凹凸	硬度，7d膨胀率，最终膨胀率，耐水性
9	遇水膨胀止水胶	每5t为一批，不足5t按一批抽样	细腻、黏稠、均匀膏状物，无气泡、结皮和凝胶	表干时间，拉伸强度，体积膨胀倍率
10	弹性橡胶密封垫材料	每月同标记的密封垫材料产量为一批抽样	尺寸公差、开裂、缺胶、凹痕、气泡、杂质、明疤	硬度、伸长率、拉伸强度、压缩永久变形
11	遇水膨胀橡胶密封垫胶料	每月同标记的膨胀橡胶产量为一批抽样	尺寸公差、开裂、缺胶、凹痕、气泡、杂质、明疤	硬度、扯断伸长率、拉伸强度、体积膨胀倍率、低温弯折
12	聚合物水泥防水砂浆	每10t为一批，不足10t按一批抽样	干粉类：均匀，无结块；乳胶类：液体经搅拌后均匀无沉淀，粉末均匀，无结块	7d粘结强度，7d抗渗性，耐水性

3.6.4 防水混凝土

(1) 防水混凝土应通过调整配合比、掺加外加剂和掺合料配制而成，抗渗等级应满足设计要求。

(2) 防水混凝土所使用的水泥，应符合下列规定：

1) 水泥的性能指标必须符合《通用硅酸盐水泥》GB 175—2007 标准的规定。

2) 不得使用过期或受潮结块的水泥，并不得将不同品种或强度等级的水泥混合使用。

3) 水泥进场必须有质量证明文件，并应对其品种、强度等级、包装或散装仓号、出厂日期等检查验收。

4) 防水混凝土使用的砂、石技术指标，应符合现行《普通混凝土用砂、石质量及检验方法标准》JGJ 52—2006 和《地下工程防水技术规范》GB 50108—2008 的要求。

(3) 拌制混凝土使用的水应符合《混凝土用水标准》JGJ 63—2006 的要求。

(4) 防水混凝土掺入外加剂时应符合规范及设计要求，其品种和掺入方法应由实验确定，施工单位应将试验报告交监理工程师备案。

(5) 防水混凝土可掺入一定数量的磨细粉煤灰、矿粉等，但不得影响其强度、抗渗性和耐久性，并参照规范有关规定进行。

(6) 防水混凝土的配合比应符合规范要求并通过试验确定，其抗渗等级应比设计要求提高 0.2MPa。

(7) 除满足普通混凝土的各项检测指标要求外，防水混凝土还必须满足设计文件对原材料中氯离子含量、混凝土的碱含量、含气量、电通量、氯离子扩散系数等混凝土耐久性指标要求。

(8) 所选用的商品混凝土厂家须配置满足混凝土耐久性指标检测所必备的仪器设备，精选原材料，严格控制各项指标，要求将混凝土配合比报建设单位验证，对于不符合要求的配合比参数应根据验证结果进行相关参数调整。

(9) 施工单位应委托有资质的检测单位并按照设计文件及规范要求对使用的混凝土进行有关耐久性指标检测。

(10) 监理单位应加强现场管理，做好旁站与检查等各项工作，并严格要求施工单位按照混凝土施工规范做好混凝土浇筑、养护工作，提高混凝土施工质量，对于不能实施蓄水养护的部位要求做到保湿养护。

(11) 对防水混凝土成品，建设单位委托第三方检测单位现场随机取芯检测，对检测不合格的施工单位按有关法律、法规、规程及地铁集团公司文件要求进行处罚，并追究所供商品混凝土厂家的责任。

(12) 防水混凝土的验收需满足《地下工程防水技术规范》GB 50108—2008 的有关规定。

(13) 防水混凝土抗渗性能试验应符合现行国家标准《普通混凝土长期性能和耐久性能试验方法标准》GB/T 50082—2009 的有关规定。

(14) 防水混凝土电通量的测量要求需满足《铁路混凝土结构耐久性设计规范》TB 10005—2010 的有关规定。

(15) 开工前，应对混凝土的电通量进行测定，试件检测批次及数量同混凝土抗渗性的检测，同一混凝土强度等级及同一配合比的混凝土检测均不小于两组（每组不小于3个试件）。同时，施工过程应对同一混凝土强度等级及同一配合比的混凝土进行电通量抽检，抽检次数不少于2次，每次要求不少于2组6个试件。

1. 施工控制要点

（1）防水混凝土不得采用人工拌合。其机械搅拌时间不得少于2min，掺外加剂时，应根据外加剂的技术要求确定搅拌时间。

（2）混凝土在运输过程中，必须采取措施防止漏浆、离析、坍落度损失。

（3）混凝土应分层浇筑，分层振捣，并满足下列要求：

1）每层厚度不宜超过300～400mm。

2）相邻两层浇筑时间间隔不超过2h。

3）浇筑混凝土的自落高度不得超过2.0m，否则应另行考虑浇筑措施。

（4）防水混凝土必须采用机械振捣密实，振捣时间宜为10～30s，不得漏振、欠振和过振。

防水混凝土应连续浇筑，因施工需要留设施工缝时必须征得设计同意，并得到监理的认可。

（5）防水混凝土应连续浇筑，宜少留施工缝。当留设施工缝时，应遵守下列规定：

1）墙体水平施工缝不应留在剪力与弯矩最大处或底板与侧墙的交接处，应留在高出底板表面不小于300mm的墙体上。拱（板）墙结合的水平施工缝，宜留在拱（板）墙接缝线以下150～300mm处。墙体有预留孔洞时，施工缝距孔洞边缘不应小于300mm。

2）垂直施工缝应避开地下水和裂隙水较多的地段，并宜与变形缝相结合。

（6）施工缝上浇筑混凝土前，对缝表面应进行凿毛处理，清除浮粒，用水冲洗干净并保持湿润，再铺上一层20～25mm厚、其材料和灰砂比与混凝土相同的水泥砂浆。施工缝上浇筑混凝土之前须经监理检查认可。

（7）防水混凝土结构内部设置的各种钢筋或绑扎钢丝，不得接触模板。固定模板用的螺栓必须穿过混凝土结构时，止水措施必须符合设计要求，若设计无规定时，应得到监理的同意。

（8）防水混凝土结构内的预埋铁件、穿墙管道、密集群管、钢筋稠密处，以及结构的后浇缝部位，均为可能导致渗漏水的薄弱之处，应采取切实有效措施，仔细施工，确保混凝土的浇筑质量。

（9）防水混凝土结构后浇带的止水构造形式、位置、尺寸，以及止水使用的材料、后浇带填料的物理力学性能应符合设计要求。应加强变形缝处混凝土的浇筑和振捣，保证混凝土的密实，确保防水质量。

（10）防水混凝土终凝后应立即进行养护，养护时间不得少于14d，在养护期间应使混凝土表面保持湿润。拆模时混凝土表面温度与环境之差不得超过15℃，以防止混凝土表面产生裂缝。

（11）防水混凝土的冬期施工，应符合下列规定：

1）混凝土入模温度不应低于5℃。

2）宜采用综合蓄热法、蓄热法、暖棚法等养护方法，并应保持混凝土表面湿润，防止混凝土早期脱水。

3) 采用掺化学外加剂方法施工时,应采取保温保湿措施。

(12) 连续浇筑混凝土量为 500m³ 以下时,应留两组抗渗试块,每增加 250～500m³ 应增留两组。如使用的原材料、配合比或施工方法有变化时,均应另行留置试块。

试块应在浇筑地点制作,其中一组应在标准条件下养护,另一组应与现场相同条件下养护,试块养护期不得少于 28d。

2. 施工质量验收

施工质量验收标准参照《地下防水工程质量验收规范》GB 50208—2011 的规定。

(1) 防水混凝土的原材料、配合比及坍落度必须符合设计要求。

(2) 防水混凝土的抗压强度和抗渗性能必须符合设计要求。

(3) 防水混凝土结构的变形缝、施工缝、后浇带、穿墙管、埋设件等设置和构造必须符合设计要求。

(4) 防水混凝土结构表面应坚实、平整,不得有露筋、蜂窝等缺陷;埋设件位置应准确。

(5) 防水混凝土结构表面的裂缝宽度不应大于 0.2mm,且不得贯通。

(6) 防水混凝土结构厚度不应小于 250mm,其允许偏差应为+8mm,-5mm;主体结构迎水面钢筋保护层厚度不应小于 50mm,其允许偏差为±5mm。

3.6.5 卷材防水层

1. 施工控制要点

(1) 卷材防水层材料质量及规格应满足规范及设计要求。

(2) 卷材及其胶粘剂应具有良好的耐水性、耐久性、耐穿刺性、耐腐蚀性和耐菌性。

(3) 卷材防水层的原材料应有出厂质量证明文件、试验报告,以及现场取样复检报告,其质量必须符合规范及设计要求,并经监理工程师检验认可后,方可用于防水工程施工。

(4) 铺设卷材的基层应坚实、平整、清洁,阴阳角处应做圆弧或折角,并应符合所用卷材的施工要求。不得有空出的尖角、筋头和凹坑或表面起砂现象。当用 2m 长的直尺检查时,直尺与基层表面的空隙不应超过 5mm,且每米长度内不得超过一处,空隙处只允许有平缓变化。

基层表面应清洁干净,无污物、无明显漏水点。相邻表面构成的转角处应做成圆弧,圆弧半径应大于 150mm。

基层处理完毕后须经监理验收认可后方可进行卷材防水层铺设施工。

(5) 铺贴卷材严禁在雨天、雪天、五级风及以上时施工;冷粘法、自粘法施工的环境气温不宜低于 5℃,热熔法、焊接法施工的环境气温不宜低于-10℃,施工过程中下雨或下雪时,应做好已铺卷材的防护工作。

(6) 防水卷材施工前,基面应干净、干燥,并应涂刷基层处理剂,当基面潮湿时,应涂刷湿固化型胶粘剂或潮湿界面隔离剂。基层处理剂配制与施工应符合下列规定:

1) 基层处理剂应与卷材及其粘结材料的材性相容。

2) 基层处理剂喷涂法或涂刷应均匀一致、不应露底,表面干燥后,方可铺贴卷材。

(7) 铺贴卷材防水层应符合下列规定:

1) 应铺设卷材加强层。

2) 结构底板垫层混凝土部位的卷材可采用空铺法或点靴施工,其粘结位置、点粘面积应按设计要求确定,侧墙采用外贴法的卷材及顶板部位的卷材应采用满粘法施工。

3) 卷材与基面、卷材与卷材间的粘结应紧密、牢固铺贴完成的卷材应平整顺直,搭接尺寸应准确,不得产生扭曲和皱折。

4) 卷材搭接处和接头部位应粘贴牢固,接缝口应封严或采用材性相容的密封材料封缝。

5) 铺贴立面卷材防水层时,应采取防止卷材下滑的措施。

6) 铺贴双层卷材时,上下两层和相邻两幅卷材的接缝应错开 1/3～1/2 幅宽,且两层卷材不得相互垂直铺贴。

(8) 弹性体改性沥青防水卷材和改性沥青聚乙烯胎防水卷材采用热熔法施工应加热均匀,不得加热不足或烧穿卷材,搭接缝部位应溢出热熔的改性沥青。

(9) 铺贴自粘聚合物改性沥青防水卷材应符合下列规定:

1) 基层表面应平整、干净、干燥,无尖锐突起物或孔隙。

2) 排除卷材下面的空气,应辊压粘贴牢固,卷材表面不得有扭曲、皱折和起泡现象。

3) 立面卷材铺贴完成后,应将卷材端头固定或嵌入墙体顶部的凹槽内,并应用密封材料封严。

4) 低温施工时,宜对卷材和基面适当加热,然后铺贴卷材。

(10) 铺贴三元乙丙橡胶防水卷材应采用冷粘法施工,并应符合下列规定:

1) 基底胶粘剂应涂刷均匀,不应露底、堆积。

2) 胶粘剂涂刷与卷材铺贴的间隔时间应根据胶粘剂的性能控制。

3) 铺贴卷材时,应辊压粘贴牢固。

4) 搭接部位的粘合面应清理干净,并应采用接缝专用胶粘剂或胶粘带粘结。

(11) 铺贴聚氯乙烯防水卷材,接缝采用焊接法施工时,应符合下列规定:

1) 卷材的搭接缝可采用单焊缝或双焊缝。单焊缝搭接宽度应为 60mm,有效焊接宽度不应小于 30mm,双焊缝搭接宽度应为 80mm,中间应留设 10～20mm 的空腔,有效焊接宽度不宜小于 10mm。

2) 焊接缝的结合面应清理干净,焊接应严密。

3) 应先焊长边搭接缝,后焊短边搭接缝。

(12) 铺贴聚乙烯丙纶复合防水卷材应符合下列规定:

1) 应采用配套的聚合物水泥防水粘结材料。

2) 卷材与基层粘贴应采用满粘法,粘结面积不应小于 90%,刮涂粘结料应均匀,不应露底、堆积。

3) 固化后的粘结料厚度不应小于 1.3mm。

4) 施工完的防水层应及时做保护层。

(13) 高分子自粘胶膜防水卷材宜采用预铺反粘法施工,并应符合下列规定:

1) 卷材宜单层铺设。

2) 在潮湿基面铺设时,基面应平整坚固、无明显积水。

3) 卷材长边应采用自粘边搭接,短边应采用胶粘带搭接,卷材端部搭接区应相互错开。

4) 立面施工时，在自粘边位置距离卷材边缘 10～20mm 内，应每隔 400～600mm 进行机械固定，并应保证固定位置被卷材完全覆盖。

5) 浇筑结构混凝土时不得损伤防水层。

(14) 采用外防外贴法铺贴卷材防水层时，应符合下列规定：

1) 应先铺平面，后铺立面，交接处应交叉搭接。

2) 临时性保护墙宜采用石灰砂浆砌筑，内表面宜做找平层。

3) 从底面折向立面的卷材与永久性保护墙的接触部位，应采用空铺法施工；卷材与临时性保护墙或围护结构模板的接触部位，应将卷材临时贴附在该墙上或模板上，并应将顶端临时固定。

4) 当不设保护墙时，从底面折向立面的卷材接槎部位应采取可靠的保护措施。

5) 混凝土结构完成，铺贴立面卷材时，应先将接槎部位的各层卷材揭开，并应将其表面清理干净，如卷材有局部损伤，应及时进行修补；卷材接槎的搭接长度，高聚物改性沥青类卷材应为 150mm，合成高分子类卷材应为 100mm；当使用两层卷材时，卷材应错槎接缝，上层卷材应盖过下层卷材。

(15) 采用外防内贴法铺贴卷材防水层时，应符合下列规定：

1) 混凝土结构的保护墙内表面应抹厚度为 20mm 的 1：3 水泥砂浆找平层，然后铺贴卷材。

2) 卷材宜先铺立面，后铺平面；铺贴立面时，应先铺转角，后铺大面。

(16) 卷材防水层经检查合格后，应及时做保护层，保护层应符合下列规定：

1) 顶板卷材防水层上的细石混凝土保护层，应符合下列规定：

① 采用机械碾压回填土时，保护层厚度不宜小于 70mm。

② 采用人工回填土时，保护层厚度不宜小于 50mm。

③ 防水层与保护层之间宜设置隔离层。

2) 底板卷材防水层上的细石混凝土保护层厚度不应小于 50mm。

3) 侧墙卷材防水层宜采用软质保护材料或铺抹 20mm 厚 1：2.5 水泥砂浆层。

2. 施工质量验收

施工质量验收标准参照《地下防水工程质量验收规范》GB 50208—2011 的规定。

(1) 卷材防水层所用卷材及其配套材料必须符合设计要求。

(2) 卷材防水层在转角处、变形缝、施工缝、穿墙管等部位做法必须符合设计要求。

(3) 卷材防水层的搭接缝应粘贴或焊接牢固，密封严密，不得有扭曲、皱折、翘边和起泡等缺陷。

(4) 采用外防外贴法铺贴卷材防水层时，立面卷材接槎的搭接宽度，高聚物改性沥青类卷材应为 150mm，合成高分子类卷材应为 100mm，且上层卷材应盖过下层卷材。

(5) 侧墙卷材防水层的保护层与防水层应结合紧密，保护层厚度应符合设计要求。

(6) 卷材搭接宽度的允许偏差应为 −10mm。

3.6.6 涂料防水层

1. 涂料防水层施工控制要点

(1) 无机防水涂料基层表面应干净、平整，无浮浆和明显积水。

（2）有机防水涂料基层表面应基本干燥，不应有气孔、凹凸不平、蜂窝麻面等缺陷。涂料施工前，基层阴阳角应做成圆弧形。

（3）涂料防水层严禁在雨天、露天、五级及以上大风时施工，不得在施工环境温度低于5℃及高于35℃或烈日暴晒时施工。涂膜固化前如有降雨可能时，应及时做好已完涂层的保护工作。

（4）防水涂料的配制应按涂料的技术要求进行。

（5）防水涂料应分层刷涂或喷涂，涂层应均匀，不得漏刷漏涂；接槎宽度不应小于100mm。

（6）铺贴胎体增强材料时，应使胎体层充分浸透防水涂料，不得有露槎及褶皱。

（7）有机防水涂料施工完后应及时做保护层，保护层应符合下列规定：

1）底板、顶板应采用20mm厚的1:2.5水泥砂浆层和40～50mm厚的细石混凝土保护层，防水层与保护层之间宜设置隔离层。

2）侧墙背水面保护层应采用20mm 1:2.5水泥砂浆。

3）侧墙迎水面保护层宜采用软质保护材料或20mm 1:2.5水泥砂浆。

2. 施工质量验收

施工质量验收标准参照《地下防水工程质量验收规范》GB 50208—2011的规定。

（1）涂料防水层所用的材料及配合比必须符合设计要求。

（2）涂料防水层的平均厚度应符合设计要求，最小厚度不得低于设计厚度的90%。

（3）涂料防水层在转角处、变形缝、施工缝、穿墙管等部位做法必须符合设计要求。

（4）涂料防水层应与基层粘结牢固、涂刷均匀，不得流淌、鼓泡、露槎。

（5）涂层间夹铺胎体增强材料时，应使防水涂料浸透胎体覆盖完全，不得有胎体外露现象。

（6）侧墙涂料防水层的保护层与防水层应结合紧密，保护层厚度应符合设计要求。

3.6.7 变形缝防水施工

1. 施工控制要点

（1）变形缝应满足密封防水、适应变形、施工方便、检修容易等。

（2）用于伸缩的变形缝宜少设，可根据不同的工程结构类别、工程地质情况采用后浇带、加强带、诱导缝等替代措施。

（3）变形缝处混凝土结构的厚度不应小于300mm。

（4）用于沉降的变形缝最大允许沉降差值不应大于30mm。

（5）变形缝的宽度宜为20～30mm。

（6）中埋式止水带施工应符合下列规定：

1）止水带埋设位置应准确，其中间空心圆环应与变形缝的中心线重合。

2）止水带应固定，顶、底板内止水带应成盆状安设。

3）中埋式止水带先施工一侧混凝土时，其端模应支撑牢固，并应严防漏浆。

4）止水带的接缝宜为一处，应设在边墙较高位置上，不得设在结构转角处，接头宜采用热压焊接。

5）中埋式止水带在转弯处应做成圆弧形八钢边，橡胶止水带的转角半径不应小于

200mm，转角半径应随止水带的宽度增大而相应加大。

(7) 安设于结构内侧的可卸式止水带施工时应符合下列规定：
1) 所需配件应一次配齐。
2) 转角处应做成45°折角，并应增加紧固件的数量。

(8) 变形缝与施工缝均用外贴式止水带（中埋式）时，其相交部位宜采用十字配件。变形缝用外贴式止水带的转角部位宜采用直角配件。

(9) 密封材料嵌填施工时，应符合下列规定：
1) 缝内两侧基面应平整干净、干燥，并应刷涂与密封材料相容的基层处理剂。
2) 嵌缝底部应设置背衬材料。
3) 嵌填应密实连续、饱满，并应粘结牢固。

(10) 在缝表面粘贴卷材或涂刷涂料前，应在缝上设置隔离层卷材防水层，涂料防水层的施工应符合卷材的施工控制要点。

2. 施工质量验收

施工质量验收标准参照《地下防水工程质量验收规范》GB 50208—2011 的规定。
(1) 变形缝用止水带、填缝材料和密封材料必须符合设计要求。
(2) 变形缝防水构造必须符合设计要求。
(3) 中埋式止水带埋设位置应准确，其中间空心圆环与变形缝的中心线应重合。

3.6.8 施工缝防水施工

1. 施工控制要点

(1) 墙体水平施工缝应留设在高出底板表面不小于300mm的墙体上。拱、板与墙结合的水平施工缝，宜留在拱、板和墙交接处以下 150～300mm 处；垂直施工缝应避开地下水和裂隙水较多的地段，并宜与变形缝相结合。

(2) 在施工缝处继续浇筑混凝土时，已浇筑的混凝土抗压强度不应小于1.2MPa。

(3) 水平施工缝浇筑混凝土前，应将其表面浮浆和杂物清除，然后铺设净浆、涂刷混凝土界面处理剂或水泥基渗透结晶型防水涂料，再铺 30～50mm 厚的 1:1 水泥砂浆，并及时浇筑混凝土。

(4) 垂直施工缝浇筑混凝土前，应将其表面清理干净，再涂刷混凝土界面处理剂或水泥基渗透结晶型防水涂料，并及时浇筑混凝土。

(5) 中埋式止水带及外贴式止水带埋设位置应准确，固定应牢靠。

(6) 遇水膨胀止水带应具有缓膨胀性能；止水条与施工缝基面应密贴，中间不得有空鼓、脱离等现象；止水条应牢固地安装在缝表面或预埋凹槽内；止水条采用搭接连接时，搭接宽度不得小于 30mm。

(7) 遇水膨胀止水胶应采用专用注胶器挤出粘结在施工缝表面，并做到连续、均匀、饱满、无气泡和孔洞，挤出宽度及厚度应符合设计要求；止水胶挤出成型后，固化期内应采取临时保护措施；止水胶固化前不得浇筑混凝土。

(8) 预埋式注浆管应设置在施工缝断面中部，注浆管与施工缝基面应密贴并固定牢靠，固定间距宜为 200～300mm；注浆导管与注浆管的连接应牢固、严密，导管埋入混凝土内的部分应与结构钢筋绑扎牢固，导管的末端应临时封堵严密。

2. 施工质量验收

施工质量验收标准参照《地下防水工程质量验收规范》GB 50208—2011 的规定。

(1) 施工缝用止水带、遇水膨胀止水条或止水胶、水泥基渗透结晶型防水涂料和预埋注浆管必须符合设计要求。

(2) 施工缝防水构造必须符合设计要求。

3.7 盖挖逆作法车站施工

3.7.1 施工准备

(1) 盖挖逆作法施工，必须保持围护墙内土层的地下水位稳定在基底 0.5m 以下。必要时应采取降水措施，并按第 3.3 节要求执行。

(2) 盖挖逆作法先施工围护结构、中间支承柱、顶板土方及结构。

(3) 结构顶板钢筋混凝土结构施工完后，应迅速恢复地面。

3.7.2 围护结构及支承柱

(1) 结构围护墙采用钢筋混凝土灌注桩或地下连续墙时，位置必须正确。

(2) 结构支承柱采用钢管柱或钢筋混凝土灌注柱时，位置必须正确，垂直度符合设计要求，其平面位置以线路中线为准，允许偏差为纵向±25mm、横向±20mm。

(3) 结构的地下连续墙及钢筋混凝土支承柱与楼、底板结构结合处，除设计规定外，应按施工缝进行处理。

(4) 结构围护墙、支承柱所采用的地下连续墙和钢筋混凝土灌注桩（柱），其施工除符合本节规定外，尚应按"3.1.1 地下连续墙"和"3.1.2 钻孔灌注桩"的内容进行施工控制和验收。

3.7.3 土方开挖

(1) 结构顶板及洞内土方开挖，与明挖基坑开挖要求基本相同。

(2) 结构顶板土方倒段施工时，应根据顶板结构施工的先后顺序进行开挖，并减少与地面干扰。

(3) 钢筋混凝土顶、楼、底板和梁的土方开挖时，必须严格控制高程，并应夯填密实、平整，其允许偏差为高程+10mm，0mm；平整度 10mm，并在 1m 范围内不多于一处。如遇有软弱或渣土层时，应采取换填或其他加固措施。

(4) 车站结构内每两个结构层土方，应根据地质和结构断面尺寸分层、分段进行开挖，其开挖断面坡度必须符合设计规定，不得出现反坡。

(5) 车站结构内土方在未完成相应层的结构前，不得继续开挖下层土方。

(6) 车站结构内土方开挖，如围护结构需临时钢支撑时，应按设计位置及时设置，并按设计要求进行拆除。

(7) 围护墙采用支护桩时，桩间土护壁应随土方开挖施工。

3.7.4 车站结构

(1) 盖挖车站结构现浇钢筋混凝土模板，除应按明挖车站要求施工外，尚应符合下列规定：

1) 端头模板支立必须保证顶、楼、底板和中、边墙结构变形缝在同一平面内。
2) 顶、楼板和梁结构不得直接利用地基做模板，如在地基上铺设底模板时，其高程、中线、宽度等偏差应符合明挖车站相关规定。

(2) 盖挖车站结构钢筋，除应按明挖有关要求施工外，尚应符合下列规定：

1) 墙、柱结构预埋件位置应正确，预留钢筋搭接长度符合设计要求，并应采取保护措施。
2) 顶板结构钢筋宜预先加工成骨架。

(3) 车站结构混凝土灌注，除应按明挖车站有关要求施工外，尚应符合下列规定：

1) 车站内宜采用泵送混凝土，结构顶板宜采用早强混凝土。
2) 结构边、中墙和底、楼板宜以变形缝为界单独灌注混凝土，如施工缝留置位置不符合明挖车站规定时，应经设计单位同意后方可留置。
3) 墙、柱与顶、楼板结合部位预留的施工缝，经养护、处理后方可灌注新混凝土。

(4) 结构采用卷材或涂膜防水层时，除应按照明文车站有关要求施工外，尚应符合下列规定：

1) 结构顶、楼、底板与边墙接槎处防水必须按设计规定进行。
2) 变形缝处止水带应封闭严密。

3.7.5 施工质量验收

盖挖逆作发车站结构施工质量验收可参照 3.5 节、3.6 节，本章节不再重复介绍。

3.8 暗挖法车站施工

暗挖法车站施工一般采用大跨度暗挖工艺，如中洞法、CRD 法、PBA 工法等，中洞法和 CRD 法等传统施工工艺与暗挖隧道施工工艺基本相同，有关要求请参照第 6 章节相关要求。本章节主要介绍暗挖车站 PBA 工法（洞桩法）施工。

3.8.1 施工工艺流程

施工工艺流程及施工现场实例图片如图 3-26、图 3-27 所示。

3.8.2 竖井及横通道、导洞开挖施工

横通道竖井及横通道、导洞开挖施工与暗挖隧道基本相同，具体施工控制要点和验收标准参照第 6 章，本章节主要介绍一下暗挖施工的主要注意事项。暗挖施工必须遵循"管超前、严注浆、短开挖、强支护、快封闭、勤量测"的原则，具体如下：

(1) 管超前：采用超前管棚或超前导管注浆加固地层。
(2) 严注浆：在管棚法超前支护后，立即进行压注水泥浆填充砂层孔隙，凝固后砂土

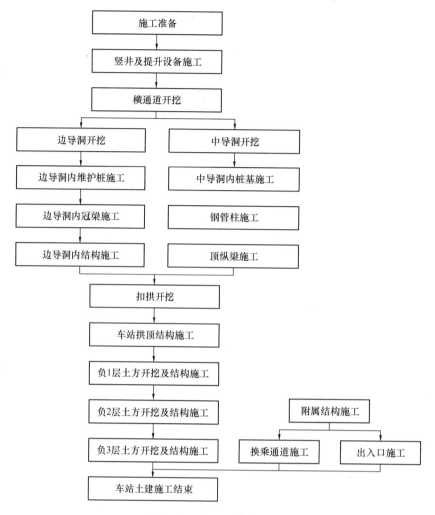

图 3-26 施工工艺流程图

胶结成具有一定强度的"结石体",使周围地层形成一个壳体,增强其自稳能力。每次注浆前对掌子面进行喷混凝土封闭,以防浆液在压力作用下溢出。

(3) 短开挖:每次开挖先进行环状开挖,预留核心土,保证每次开挖的榀距不得大于设计标准,当遇到地质突然变差或含水量加大时甚至要加密榀距,必要时停止开挖。

(4) 强支护:按照初喷混凝土—网构格栅—挂钢筋网—再喷混凝土的次序进行初期支护施工,使初期支护具有足够的强度和刚度,尽量减少其变形量,采取加大拱脚办法以减小地基承受的压力。

(5) 快封闭:初期支护从上到下及早形成环状结构,是减小地层扰动的重要措施。"随开挖,随支护",缩短土体开挖后暴露的时间,使初期支护尽早封闭成环,有效地利用土体有限的自立能力。

(6) 勤量测:坚持以量测资料进行反馈指导施工,是浅埋暗挖法的基点。地面、地中及地下量测资料每日输入电脑进行信息分析反馈,用以指导施工。

图 3-27 施工现场实例图片

（a）小导洞开挖；（b）初期支护完成的小导洞；（c）绑扎完成拱部钢筋；（d）拱部模板台车；
（e）施工完成钢管柱；（f）侧墙施工；（g）中板土方开挖；（h）结构施工；（i）施工完成车站主体

3.8.3 桩及钢管柱施工

洞桩施工分为边桩和中桩，桩的施工与围护结构钻孔灌注桩施工基本相同，本章节主要介绍中桩钢管柱施工。

1. 中桩及钢管柱施工工艺流程

中桩及钢管柱施工工艺流程如图 3-28 所示。

2. 钢管柱施工

（1）施工底纵梁时，采用高精度垂准仪、激光测距仪及前方交汇法，确定钢管柱基础的中心位置，预埋钢管柱定位杆，安装调平基板。

（2）底纵梁上预埋的钢管柱底部法兰的标高和中心要严格测量和控制，在浇筑底纵梁

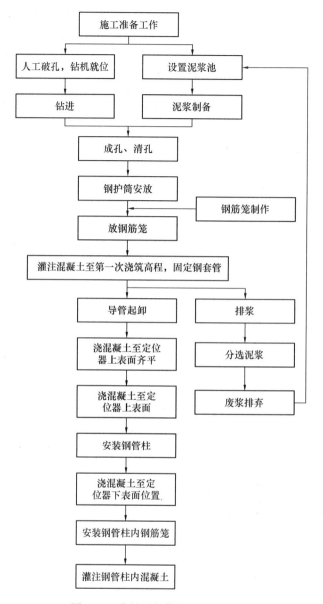

图 3-28 中桩及钢管柱施工流程图

混凝土前要固定牢固。底部法兰预埋螺栓要采用定位钢圈（双法兰）精确固定，以利于钢管柱与预埋法兰连接，避免出现割除螺栓的现象，影响钢管柱安装质量。

(3) 通过投点仪和激光测距仪确认钢管柱的垂直度，看柱基的中心和柱的中心是否重合，能否达到精度要求。

(4) 对钢结构合理分节，在满足导洞内运输和吊装以及保证吊装设备的吊重限制的前提下分节最小。柱的钢管分节吊装，钢管各节之间采用高强螺栓连接。柱下端与底纵梁预留调平基板连接，上端用设在柱上的定位器定位。

(5) 钢管柱安装完毕后要在挖孔桩内用型钢进行初步固定，然后回填砂并间隔回填低强度等级混凝土，保证回填的密实，防止钢管柱浇筑混凝土和后续的顶纵梁及扣拱施工中桩顶发生位移。采用导管灌注泵送混凝土。为确保钢管柱混凝土的密实,在混凝土中添加微膨胀剂,严格控制水灰比,并加强捣固。

(6) 在初支和二衬扣拱施工过程中,要注意左右对称施工,防止偏压过大造成钢管柱和顶纵梁移位。

3.8.4 主体结构施工

主体结构施工与明挖车站主体结构施工要点和验收标准基本相同,本章节不重复介绍。

3.8.5 工程防水施工

工程防水施工与明挖车站结构工程防水施工要点和验收标准基本相同,本章节不重复介绍。

3.9 施工监测

3.9.1 基本规定

1. 基本要求

(1) 城市轨道交通地下工程应在施工阶段对支护结构、周围岩土体及周边环境进行监测。

(2) 地下工程施工期间的工程监测应为验证设计、施工及环境保护等方案的安全性和合理性,优化设计和施工参数,分析和预测工程结构和周边环境的安全状态及其发展趋势,实施信息化,施工等提供资料。

(3) 工程监测应遵循下列工作流程:

1) 收集、分析相关资料,现场踏勘。
2) 编制和审查监测方案。
3) 埋设、验收与保护监测基准点和监测点。
4) 校验仪器设备,标定元器件,测定监测点初始值。
5) 采集监测信息。
6) 处理和分析监测信息。
7) 提交监测日报、警情快报、阶段性监测报告等。
8) 监测工作结束后,提交监测工作总结报告及相应的成果资料。

(4) 工程监测方案编制前应收集并分析水文气象资料、岩土工程勘察报告、周边环境调查报告、安全风险评估报告、设计文件及施工方案等相关资料,并进行现场踏勘。

(5) 工程监测方案应根据工程的施工特点,在分析研究工程风险及影响工程安全的关键部位和关键工序的基础上,有针对性地进行编制。监测方案宜包括下列内容:

1) 工程概况;
2) 建设场地地质条件、周边环境条件及工程风险特点;
3) 监测目的和依据;
4) 监测范围和工程监测等级;
5) 监测对象及项目;

6) 基准点、监测点的布设方法与保护要求，监测点布置图；

7) 监测方法和精度；

8) 检测频率；

9) 监测控制值、预警等级、预警标准及异常情况下的监测措施；

10) 监测信息的采集、分析和处理要求；

11) 监测信息反馈制度；

12) 监测仪器设备、元器件及人员的配备；

13) 质量管理、安全管理及其他管理制度。

（6）监测点的布设位置和数量应满足反映工程结构和周边环境安全状态的要求。

（7）监测点的埋设位置应便于观测，不应影响和妨碍监测对象的正常受力和使用。监测点应埋设稳固，标识清晰，并应采取有效的保护措施。

（8）现场监测应采用仪器量测、现场巡查、远程视频等多种手段相结合的综合方法进行信息采集。对穿越既有轨道交通、重要建（构）筑物等安全风险较大的周边环境，宜采用远程自动化实时监测。

（9）监测信息采集的频率和监测期应根据设计要求、施工方法、施工进度、监测对象特点、地质条件和周边环境条件综合确定，并应满足反映监测对象变化过程的要求。

（10）监测信息应及时进行处理、分析和反馈，发现影响工程及周边环境安全的异常情况时，必须立即报告。

（11）当工程遇到下列情况时，应编制专项监测方案：

1) 穿越或邻近既有轨道交通设施；

2) 穿越重要的建（构）筑物、高速公路、桥梁、机场跑道等；

3) 穿越河流、湖泊等地表水体；

4) 穿越岩溶、断裂带、地裂缝等不良地质条件；

5) 采用新工艺、新工法或有其他特殊要求。

（12）突发风险事件时的应急抢险监测应在原有监测工作的基础上有针对性地加密监测点、提高监测频率或增加监测项目，并宜进行远程自动化实时监测。

（13）城市轨道交通应在运营期间对线路中的隧道、高架桥梁和路基结构及重要附属结构等的变形进行监测。

2. 工程影响分区及监测范围

（1）工程影响分区应根据基坑工程施工对周围岩土体扰动和周边环境影响的程度及范围划分，可分为主要、次要和可能这三个工程影响分区。

（2）基坑工程影响分区宜按表 3-22 的规定进行划分。

基坑工程影响分区　　　　表 3-22

基坑工程影响区	范　　围
主要影响区	基坑周边 $0.7H$ 或 $H\times\tan(45°-\varphi/2)$ 范围内
次要影响区	基坑周边 $0.7H\sim(2.0\sim3.0)H$ 或 $H\times\tan(45°-\varphi/2)\sim(2.0\sim3.0)H$ 范围内
可能影响区	基坑周边 $(2.0\sim3.0)H$ 范围内

注：1. H——基坑设计深度（m）；φ——岩土体内摩擦角（°）。

2. 基坑开挖范围内存在基岩时，H 可为覆盖土层和基岩强风化层厚度之和。

3. 工程影响分区的划分界限取表中 $0.7H$ 或 $H\times\tan(45°-\varphi/2)$ 的较大值。

(3) 工程影响分区的划分界线应根据地质条件、施工方法及措施特点,结合当地的工程经验进行调整。当遇到下列情况时,应调整工程影响分区界线:

1) 基坑周边土体以淤泥、淤泥质土或其他高压缩性土为主时,应增大工程主要影响区和次要影响区。

2) 基坑处于断裂破碎带、岩溶、土洞、强风化岩、全风化岩或残积土等不良地质体或特殊性岩土发育区域,应根据其分布和对工程的危害程度调整工程影响分区界线。

3) 采用锚杆支护、注浆加固、高压旋喷等工程措施时,应根据其对岩土体的扰动程度和影响范围调整工程影响分界线。

4) 采用施工降水措施时,应根据降水影响范围和预计的地面沉降大小调整工程影响分区界线。

5) 施工期间出现严重的涌砂、涌土或管涌以及较严重渗漏水、支护结构过大变形、周边建(构)筑物或地下管线严重变形等异常情况时,宜根据工程实际情况增大工程主要影响区和次要影响区。

(4) 监测范围应根据基坑设计深度、施工工法、支护结构形式、地质条件、周边环境条件等综合确定,并应包括主要影响区和次要影响区。

3. 工程监测等级划分

(1) 工程监测等级宜根据基坑、隧道工程的自身风险等级、周边环境风险等级和地质条件复杂程度进行划分。

(2) 基坑工程的自身风险等级宜根据支护结构发生变形或破坏、岩土体失稳等的可能性和后果的严重程度,采用工程风险评估的方法确定,也可根据基坑设计深度、隧道埋深和断面尺寸等按表 3-23 划分。

坑工程的自身风险等级 表 3-23

工程自身风险等级		等级划分标准
基坑工程	一级	设计深度大于或等于 20m 的基坑
	二级	设计深度大于或等于 10m 且小于 20m 的基坑
	三级	设计深度小于 10m 的基坑

(3) 周边环境风险等级宜根据周边环境发生变形或破坏的可能性和后果的严重程度,采用工程风险评估的方法确定,也可根据周边环境的类型、重要性、与工程的空间位置关系和对工程的危害性按表 3-24 划分。

周边环境风险等级 表 3-24

周边环境风险等级	等级划分标准
一级	主要影响区内存在既有轨道交通设施、重要建(构)筑物、重要桥梁与隧道、河流或湖泊
二级	主要影响区内存在一般建(构)筑物、一般桥梁与隧道、高速公路或重要地下管线; 次要影响区内存在既有轨道交通设施、重要建(构)筑物、重要桥梁与隧道、河流或湖泊
三级	主要影响区内存在城市重要道路、一般地下管线或一般市政设施; 次要影响区内存在一般建(构)筑物、一般桥梁与隧道、高速公路或重要地下管线
四级	次要影响区内存在城市重要道路、一般地下管线或一般市政设施

（4）地质复杂程度可根据场地地形地貌、工程地质条件和水文地质条件按表3-25划分。

地质条件复杂程度　　　　　　　　　　　　　　　　　　表3-25

地质条件复杂程度	等级划分标准
复杂	地形地貌复杂；不良地质作用强烈发育；特殊性岩土需要专门处理；地基、围岩和边坡的岩土性质较差；地下水对工程的影响较大需要进行专门研究和治理
中等	地形地貌较复杂；不良地质作用发育一般；特殊性岩土不需要专门处理；地基、围岩和边坡的岩土性质一般；地下水对工程的影响较小
简单	地形地貌简单；不良地质作用不发育；地基、围岩和边坡的岩土性质较好；地下水对工程无影响

（5）工程监测等级可按表3-26划分，并根据当地经验结合地质条件复杂程度进行调整。

工程监测等级　　　　　　　　　　　　　　　　　　表3-26

工程监测等级 \ 周边环境风险等级 工程自身风险等级	一级	二级	三级	四级
一级	一级	一级	一级	一级
二级	一级	二级	二级	二级
三级	一级	二级	三级	三级

3.9.2 监测项目和要求

1. 一般规定

（1）工程监测对象的选择应在满足工程支护结构安全和周边环境保护要求的条件下，针对不同的施工方法，根据支护结构设计方案、周围岩土体及周边环境条件综合确定。监测对象宜包括下列内容：

1）基坑工程中的支护桩（墙）、立柱、支撑、锚杆、土钉等结构；
2）工程周围岩体、土体、地下水及地表；
3）工程周边建（构）筑物、地下管线、高速公路、城市道路、桥梁、既有轨道交通及其他城市基础设施等环境。

（2）工程监测项目应根据监测对象的特点、工程监测等级、工程影响分区、设计及施工的要求合理确定，并应反映监测对象。

（3）各监测对象和项目应相互配套，满足设计、施工方案的要求，并形成有效、完整的监测体系。

2. 仪器监测

明挖法和盖挖法基坑支护结构和周围岩土体监测项目应根据表3-27选择。

第3章 城市轨道交通工程车站施工质量控制与验收

明挖法和盖挖法基坑支护结构和周围岩土体监测项目　　　表3-27

基坑等级	周边地下管线位移	坑周地表沉降	周围建筑物沉降	周围建筑物倾斜	桩(墙)体水平位移	支撑轴力	地下水位	桩(墙)顶水平、竖向位移	立柱隆沉	土压力	孔隙水压力	坑底隆起	地表沉降	土体深层水平位移
一级	✓	✓	✓	✓	✓	✓	✓	✓	◇	◇	◇	◇	✓	✓
二级	✓	✓	✓	✓	✓	✓	✓	✓	◇	◇	◇	◇	✓	◇
三级	✓	✓	✓	◇	✓	◇	✓	◇	◇	◇	◇	◇	✓	◇

注：✓为必测项目，◇为选测项目，可按设计要求选择。

3. 现场巡查

（1）明挖法和盖挖法基坑施工现场巡查宜包括下列内容：

1）开挖长度、分层高度及坡度，开挖面暴露时间；

2）开挖面岩土体的类型、特征、自稳性，渗漏水量大小及发展情况；

3）降水或回灌等地下水控制效果及设施运转情况；

4）基坑侧壁及周边地表截、排水措施及效果，坑边或基底积水情况；

5）支护桩（墙）后土体裂缝、沉陷，基坑侧壁或基底的涌土、流砂、管涌情况；

6）基坑周边的超载情况；

7）放坡开挖的基坑边坡位移、坡面开裂情况。

（2）支护结构

1）支护桩（墙）的裂缝、侵限情况；

2）冠梁、围檩的连续性，围檩与桩（墙）之间的密贴性，围檩与支撑的防坠落措施；

3）冠梁、围檩、支撑的变形或裂缝情况；

4）支撑架设情况；

5）盖挖法顶板的变形和开裂，顶板与立柱、墙体的连接情况；

6）锚杆、土钉垫板的变形、松动情况；

7）止水帷幕的开裂、渗漏水情况。

（3）周边环境现场巡查宜包括下列内容：

1）建（构）筑物、桥梁墩台或梁体、既有轨道交通结构等的裂缝位置、数量和宽度，混凝土剥落位置、大小和数量，设施的使用状况；

2）地下构筑物积水及渗水情况，地下管线的漏水、漏气情况；

3）周边路面或地表的裂缝、沉陷、隆起、冒浆的位置、范围等情况；

4）河流湖泊的水位变化情况，水面出现漩涡、气泡及其位置、范围、堤坡裂缝宽度、深度、数量及发展趋势等；

5）工程周边开挖、堆载、打桩等可能影响工程安全的生产安全；

6）基准点、监测点、监测元器件的完好状况、保护情况应定期巡视检查。

3.9.3 监测频率

1. 一般规定

（1）监测频率应根据施工方法、施工进度、监测对象、监测项目、地质条件等情况和特点，并结合当地工程经验进行确定。

（2）监测频率应使监测信息及时、系统反应施工工况及检测对象的动态变化，并宜采取定时监测。

（3）对穿越既有轨道交通和重要建（构）筑物等周边环境风险等级为一级的工程，在穿越施工过程中，应提高监测频率，并宜对关键监测项目进行实时监测。

（4）施工降水、岩土体注浆加固等工程措施对周边环境产生影响时，应根据环境的重要性和预测的影响程度确定监测频率。

（5）工程施工期间，现场巡查每天不宜少于一次，并应做巡查记录，在关键工况、特殊天气等情况下应增加巡查次数。

（6）当遇到下列情况时，应提高监测频率：

1）监测数据异常或变化速率较大；

2）存在勘察未发现的不良地质条件，且影响工程安全；

3）地表、建（构）筑物等周边环境发生较大沉降、不均匀沉降；

4）工程出现异常；

5）工程险情或事故后重新组织施工；

6）暴雨或长时间连续降雨；

7）邻近工程施工、超载、振动等周边环境条件较大改变；

8）当出现警情时。

（7）施工阶段工程监测应贯穿工程施工全过程，满足下列条件时，可结束监测工作：

1）基坑回填完成，可结束支护结构的监测工作。

2）支护结构监测结束后，且周围岩土体和周边环境变形趋于稳定时，可结束监测工作。

3）满足设计要求结束监测工作的条件。

2. 监测频率要求

明挖法和暗挖法基坑工程施工中支护结构、周围岩土体和周边环境的监测频率可按表3-28确定。

现场监测频率　　　　表3-28

施工工况 \ 基坑等级	一级	二级	三级
施工前	至少测2次初值	至少测2次初值	至少测2次初值
桩基施工	3d	7d	7d
围护结构施工	1d	2d	7d
地基加固和降水	3d	7d	7d
开挖0～5m	1d	2d	2d
开挖5～10m	1d	1d	1d
开挖10～15m	1d	1d	1d
开挖>15m至浇垫层	0.5d	0.5d	1d
浇好垫层至浇好底板	1d	2d	3d

续表

施工工况 \ 基坑等级	一级	二级	三级
浇好底板后 7d 内	1d	2d	3d
浇好底板后 7～30d 内	2d	7d	15d
浇好底板 30～180d	7d	15d	—

注：1. "d"表示"天"。
2. 本表宜用于制定坑周建（构）筑物变形、邻近管线变形、坑周地表沉降以及基坑挡墙水平位移的监测频率。对其余监测项目的监测频率，尚应根据设计要求和现场实际情况选定。

3.9.4 监测项目控制值和预警

（1）城市轨道交通工程监测应根据工程特点、监测项目控制值、当地施工经验等制定监测预警等级和预警标准。

（2）城市轨道交通地下工程施工图设计文件应明确监测项目的控制值，并应符合下列规定：

1）监测项目控制值应根据不同施工方法特点、周围岩土体特征、周边环境保护要求并结合当地工程经验进行确定，并应满足监测对象的安全状态得到合理、有效控制的要求。

2）支护结构监测项目控制值应根据工程监测等级、支护结构特点及设计计算结果等进行确定。

3）周边环境监测项目控制值应根据环境对象的类型与特点、结构形式、变形特征、已有变形、正常使用条件及国家现行有关的规定，并结合环境对象的重要性、易损性及相关单位的要求进行确定。

4）对重要的、特殊的或风险等级较高的环境对象的监测项目控制值，应在现状调查与检测的基础上，通过分析计算或专项评估进行确定。

5）周围地表沉降等岩土体变形控制值应根据岩土体的特性，结合支护结构工程自身风险等级和周边环境安全风险等级等进行确定。

6）监测等级高、工况条件复杂的工程，宜针对不同的工况条件确定监测项目控制值，按工况条件控制监测对象的状态。

（3）监测项目控制值应按监测项目的性质分为变形监测控制值和力学监测控制值。变形监测控制值应包括变形监测数据的累计变化值和变化速率值；力学监测控制值宜包括力学监测数据的最大值和最小值。

（4）城市轨道交通工程监测应根据监测预警等级和预警标准建立预警管理制度，预警管理制度应包括不同预警等级的警情报送对象、时间、方式和流程等。

（5）城市轨道交通工程施工过程中，当监测数据达到预警标准时，必须进行警情报送。

（6）现场巡查过程中发现下列警情之一时，应根据警情紧急程度、发展趋势和造成后果的严重程度按预警管理制度进行警情报送：

1）基坑、隧道支护结构出现明显变形、较大裂缝、断裂、较严重渗漏水、隧道底鼓，支撑出现明显变位或脱落、锚杆出现松弛或拔出等；

2）基坑、隧道周围岩土体出现涌砂、涌土、管涌，较严重渗漏水、突水，滑移、坍塌，基底较大隆起等；

3）周边地表出现突然明显沉降或较严重的突发裂缝、坍塌；

4）建（构）筑物、桥梁等周边环境出现危害正常使用功能或结构安全的过大沉降、倾斜、裂缝等；

5）周边地下管线变形突然明显增大或出现裂缝、泄漏等；

6）根据当地工程经验判断应进行警情报送的其他情况。

（7）明挖法和盖挖法基坑支护结构和周围岩土体的监测项目控制值由设计单位根据工程地质条件、基坑设计参数、工程监测等级及当地工程经验等确定。

第4章 城市轨道交通工程高架区间施工质量控制与验收

4.1 钻孔桩基础

4.1.1 施工工艺流程

施工工艺流程及施工现场实例图片如图4-1、图4-2所示。

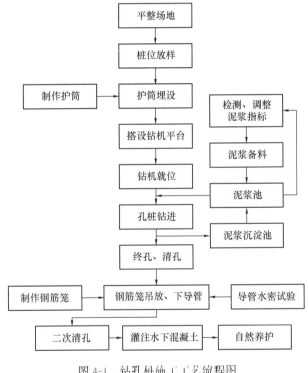

图4-1 钻孔桩施工工艺流程图

4.1.2 施工准备

（1）建筑场地的工程地质资料和水文地质资料；
（2）桥梁桩基工程施工图及图纸会审纪要；
（3）施工场地内和施工影响范围内的建（构）筑物、地下管线和公共设施的调查资料；
（4）主要施工机械及其配套设备的技术性能资料；
（5）施工组织设计；

图 4-2 施工现场实例图片

(a) 测量定位；(b) 埋设护筒；(c) 护筒定位；(d) 钻进施工；(e) 泥浆检测；
(f) 钢筋笼制作；(g) 钢筋笼下放；(h) 导管检测安装；(i) 水下混凝土施工

(6) 原材料及其制品的质检报告；

(7) 有关荷载、施工工艺的试验参考资料。

4.1.3 钻孔施工

1. 施工控制要点

(1) 桩顶高程、成桩中心坐标、孔底沉淀层厚度必须符合设计、规范要求。

(2) 嵌岩桩的桩底岩层强度、嵌岩深度等应符合设计要求，且桩底以下一定的范围内岩层无软弱夹层、溶洞等不良地质，承载力满足设计要求。

(3) 钻孔过程中应经常检查并记录土层变化情况，并与地质剖面图核对。

(4) 钻孔到达设计深度后，应对孔位、孔径、孔深和孔形进行检验，并填写钻孔记录表。

2. 施工质量验收

施工质量验收标准参照《铁路桥涵工程施工质量验收标准》TB 10415—2018（2019.2.1 开始实施），施工允许偏差应符合表 4-1 的规定。

钻孔桩钻孔允许偏差　　　　表 4-1

序号	项目		允许偏差（mm）
1	孔径		不小于设计孔径
2	孔深	摩擦桩	不小于设计孔深
		柱桩	不小于设计孔深，并进入设计土层
3	孔位中心偏心	群桩	≤100
		单排桩	≤50
4	倾斜度		≤1%孔深
5	浇筑混凝土前桩底沉渣厚度	摩擦桩	≤300
		柱桩	≤100

4.1.4 泥浆制备和处理

1. 施工控制要点

（1）在砂类土、碎（卵）石土或黏土夹层中钻孔，宜采用膨润土泥浆护壁；在黏性土中钻孔，当塑性指数大于 15，浮碴能力满足施工要求时，可利用孔内原土造浆护壁；冲击钻机钻孔，可将黏土加工后投入孔中，利用钻头冲击造浆。

（2）对制备的泥浆应检查全部性能指标，钻进时应随时检查泥浆密度和含砂率。

（3）施工中可回收利用的泥浆应进行分离净化处理，符合标准后方可使用。泥浆性能指标严格按照规范要求检测，达到废弃标准后及时废除，补充新制备泥浆，废弃的泥浆的处理不得污染环境。

（4）施工期间，桩内泥浆必须高于地下水位 1.0m 以上，而且不低于护筒顶面 0.5m。在泥浆渗漏时，应及时堵漏和补浆，使桩内泥浆液面保持正常高度。

2. 施工质量验收

施工质量验收标准参照《地下铁道工程施工质量验收标准》GB/T 50299—2018，泥浆的性能指标应符合表 4-2 的规定。

制备泥浆的性能指标　　　　表 4-2

泥浆性能	新配制		循环泥浆		废弃泥浆		检验方法
	黏性土	砂性土	黏性土	砂性土	黏性土	砂性土	
密度（g/cm³）	1.04~1.05	1.06~1.08	<1.10	<1.15	>1.25	>1.35	比重计
黏度（s）	20~24	25~30	<25	<35	>50	>60	漏斗计
含砂率（%）	<3	<4	<4	<7	>8	>11	洗砂瓶
pH 值	8~9	8~9	>8	>8	>14	>14	试纸

4.1.5 钢筋笼制作与安装

1. 施工控制要点

（1）钢筋笼的材料、加工、接头和安装，应符合现行混凝土与砌体相关施工标准的有关规定，钢筋笼主筋与加强箍筋必须全部焊接。

（2）钢筋笼吊装入孔后不影响清孔时，应在清孔前进行吊放。

(3) 吊装时，应严防孔壁坍塌。钢筋笼入孔后应准确、牢固定位，平面位置偏差不大于10cm，底面高程偏差不超过±10cm。

(4) 在钢筋笼上端应均匀设置吊环或固定杆，钢筋笼外侧应对称设置控制钢筋保护层厚度用的垫块。

(5) 钢筋笼需对接时，接头与焊接质量应满足规范要求。

(6) 需采用超声波检测的桩基，声测管应与主筋连接牢固，管口封堵确保管内不漏浆。

(7) 钢筋笼和导管吊放完成、施工接头安装固定自检合格后，通知监理工程师进行验收，得到监理的检验认可后，方可灌注水下混凝土。

2. 施工质量验收

施工质量验收标准参照《铁路桥涵工程施工质量验收标准》TB 10415—2018，钻孔桩的钢筋笼制作、安装质量应符合表4-3的规定。

钻孔桩钢筋骨架的允许偏差和检验方法　　　　表 4-3

序号	项目	允许偏差（mm）	检验方法
1	钢筋骨架在承台底以下长度	±100	尺量检查
2	钢筋骨架直径	±20	
3	主钢筋间距	±0.5d	
4	加强筋间距	±20	尺量检查不少于5处
5	箍筋间距或螺旋筋间距	±20	
6	钢筋骨架垂直度	骨架长度1%	吊线尺量检查

4.1.6 混凝土灌注

1. 施工控制要点

(1) 混凝土浇筑必须符合施工工艺设计要求。

(2) 桩的混凝土强度等级必须符合设计要求，水下混凝土标准养护试件强度必须符合设计强度等级的1.5倍。

(3) 首批混凝土入孔后混凝土的初存量应满足，导管埋入混凝土的深度不得小于1m并不宜大于3m，当桩身较长时，导管埋入混凝土中的深度可适当加大。漏斗底口处必须设置严密、可靠的隔水装置，该装置必须有良好的隔水性能并能顺利排出。

(4) 水下混凝土应连续浇筑，中途不得停顿，并应尽量缩短拆除导管的间断时间，每根桩的浇筑时间不应太长，宜在8h内浇筑完成。

(5) 在浇筑水下混凝土前，应填写检查钻孔桩桩孔和钢筋笼情况的"工程检查证"，在浇筑水下混凝土过程中，应填写"水下混凝土浇筑记录"。

(6) 桩身顶端浮浆应清理，直至露出新鲜混凝土面。

(7) 钻孔桩桩身混凝土应匀质、完整，其检验必须符合相关规范要求。

2. 施工质量验收

施工质量验收标准参照《铁路桥涵工程施工质量验收标准》TB 10415—2018，钻孔桩混凝土施工质量应符合以下规定：

(1) 每根桩应在混凝土的浇筑地点随机抽样制作混凝土试件不得少于2组，监理单位见证取样检测或平行检验数量为总数量的10%、20%，且不少于2组。

（2）所有钻孔桩桩身混凝土质量均应进行低应变动测法检测。

（3）地质条件较差、桩长超过50m的桩应按设计要求进行超声波检测。

（4）对质量有问题的桩，应钻取桩身混凝土鉴定检验。

（5）对大桥和特大桥或结构需要控制的桩的桩底沉渣厚度，按桩总数的3‰~5‰钻孔取样检验。

4.2 明挖基础

4.2.1 施工工艺流程

施工工艺流程及施工现场实例图片如图4-3、图4-4所示。

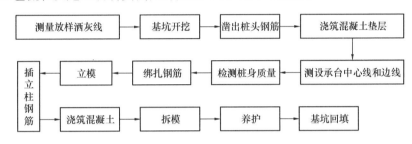

图4-3 明挖基础施工工艺流程图

图4-4 施工现场实例图片

(a) 垫层施工；(b) 测量定位；(c) 钢筋绑扎散热管安装；(d) 模板安装；(e) 混凝土浇筑；(f) 承台覆盖养护

4.2.2 施工准备

(1) 测定基坑中心线、方向和高程。

(2) 按地质、水文资料，结合现场情况，确定开挖坡度、支护方案、开挖范围和防、排水措施。

(3) 基坑可采用垂直开挖、放坡开挖、支撑加固或其他加固的开挖方法。

(4) 有地面水淹没的基坑，可修筑围堰、改河、改沟、建坝排开地面水后，再开挖基坑。

(5) 基坑土方施工应对支护结构、周围环境进行观察和检测，当发现异常情况时应停止施工及时处理，待恢复正常后方可继续施工。

(6) 当基础底面处于软硬不均匀地层时，应由勘察设计部门提出处理方案。

(7) 基坑坑壁坡度应按照确保边坡稳定、施工安全的原则确定。

(8) 基底处理应符合下列规定：

1) 岩层基底应清除岩面松碎石块、淤泥、苔藓，凿出新鲜岩面，表面应清洗干净，应将倾斜岩面凿平或凿成台阶。

2) 碎石类土及砂类土层基底承重面应修理平整，黏性土层基底整修时，应在天然状态下铲平，不得用回填土夯平。

(9) 基础浇筑应在无水情况下施工，混凝土和砌体砂浆终凝前不得浸水。

(10) 基坑回填，必须按照设计要求进行回填压实，无具体要求的不得低于原有标准。

4.2.3 基坑

1. 施工控制要点

(1) 基坑平面位置、坑底尺寸必须满足设计和施工工艺设计要求。

(2) 基坑开挖方式和支护形式必须符合施工工艺设计要求。

(3) 喷射混凝土护壁适用于稳定性好、渗水量少的基坑。喷护的基坑深度应按地质条件决定，但不宜超过10m。

(4) 基底应避免超挖，松动部分应清除。使用机械开挖时，不得破坏基底土的结构，可在设计高程以上保留一定厚度由人工开挖。

(5) 弃土不得妨碍施工。弃土堆坡脚距坑顶缘的距离不宜小于基坑的深度，且宜弃在下游指定地点，不得淤塞河道，影响泄洪。

(6) 在腹水丰富地质情况下应该提前降水，具体要求见表4-4。

各类井点降水的适用范围（cm）　　表4-4

井点名称	土层渗透系数（m/d）	降低水位深度（m）
单层轻型井点	0.1～50	3～6
多层轻型井点	0.1～50	6～12（由井点层数而定）
喷射井点	0.1～1	8～20
电渗井点	<0.1	根据选用的井点确定
管井井点	20～200	3～5
深井井点	10～250	>15

2. 施工质量验收

施工质量验收标准参照《铁路桥涵工程施工质量验收标准》TB 10415—2018，基坑施工质量应符合表 4-5 的规定。

基底标高的允许偏差和检验方法　　　　　　　　　　表 4-5

序号	地质类别	允许偏差（mm）	检验方法
1	土	±50	测量检查
2	石	+50，-200	

4.2.4 基坑回填

1. 施工控制要点

（1）基坑应按设计要求及时回填，应分层夯实。

（2）基坑土方回填前应清除基底的垃圾、树根等杂物，抽除坑穴积水、淤泥，验收基底标高。如在耕植土或松土上填方，应在基底压实后再进行。

（3）对填方土料应按设计要求验收后方可填入。

（4）填方施工过程中应检查排水措施，每层填筑厚度、含水量控制、压实程度、填筑厚度及压实遍数应根据土质、压实系数及所用机具确定。

（5）台后回填所用的材料和混凝土强度应满足设计要求。

（6）台后回填应密实、稳定。若以碎石分层填筑，其压实质量应满足设计要求。

（7）台后回填顶面高程允许偏差为±50mm。

2. 施工质量验收

施工质量验收标准参照《建筑地基基础工程施工质量验收标准》GB 50202—2018，基坑回填施工质量应符合下列规定：

（1）无实验依据的应该符合表 4-6 的规定。

填土施工时的分层厚度及压实遍数　　　　　　　　表 4-6

压实机具	分层厚度（mm）	每层压实遍数
平碾	250～300	6～8
振动压实机	250～350	3～4
柴油打夯机	200～250	3～4
人工打夯	<200	3～4

（2）填方施工结束后，应检查标高、边坡坡度、压实程度等，检验标准应符合表 4-7 的规定。

填土工程质量检验标准（mm）　　　　　　　　表 4-7

| 项目 | 序号 | 检查项目 | 允许偏差或允许值 | | | | | 检验方法 |
| | | | 桩基坑基槽 | 场地平整 | | 管沟 | 地（路）面基础层 | |
				人工	机械			
主控项目	1	标高	-50	±30	±50	-50	-50	水准仪
	2	分层压实系数	设计要求					按规定方法

续表

项目	序号	检查项目	允许偏差或允许值					检验方法
			桩基基坑基槽	场地平整		管沟	地(路)面基础层	
				人工	机械			
一般项目	1	回填土料	20	20	50	20	20	用2m靠尺和楔形塞尺检查
	2	分层厚度及含水量	设计要求					观察或土样分析
	3	表面平整度	20	20	30	20	20	用塞尺或水准仪

4.2.5 桩基承台

1. 施工控制要点

（1）承台混凝土应在无水条件下浇筑，可按地质、地下水位和水深条件，采用排水或防水措施。

（2）绑扎承台钢筋前，应核实承台底面高程及每根基桩埋入承台长度，并应对基底面进行修整。在基底为软弱土层时，应按设计要求采取适当措施，防止承台在灌注混凝土过程中产生不均匀沉降。

（3）承台底面以上到设计高程范围的基桩顶部应显露出新鲜混凝土面。基桩埋入承台长度及桩顶主钢筋锚入承台长度应满足设计要求，钢管桩应焊好桩顶连接件。

（4）采用基桩顶主钢筋伸入承台连接时，承台底层钢筋网在越过桩顶处不得截断。采用基桩顶部直接埋入承台连接时，承台底层钢筋网碰及基桩时，可以调整钢筋间距或在基桩两侧改用束筋越过，确需截断时，宜在截断处增设附加等强度钢筋连续绕过。

（5）承台混凝土应一次连续浇筑，当混凝土与环境温差大于25℃时，应采取降低混凝土水化热和内部温度措施。

（6）在水中修建承台，当设计承台底面位于河床以下时（低承台），可采用钢板桩围堰、双壁钢围堰修建承台。设计承台底面在低水位以上时（高承台），宜采用吊箱围堰修建承台。高承台及墩身混凝土施工完成后，应及时将承台顶面以上临时结构物清除。

（7）高承台结构中，当承台及墩台混凝土浇筑完成后，应将承台顶面以上的钢结构切除，不得危及通航船只的安全和洪水期造成漂浮物堆积。

2. 施工质量验收

施工质量验收标准参照《铁路桥涵工程施工质量验收标准》TB 10415—2018，承台施工质量应符合下列规定：

（1）承台施工前应检查并记录每根基桩在承台底平面的位置和桩身倾斜度。承台底平面桩位偏差应符合表4-8的规定。

承台底平面桩位允许偏差　　　　表4-8

序号	项目		允许偏差（mm）
1	上面盖有帽梁的排架桩	垂直帽梁的轴线	100
		沿帽梁的轴线	150

续表

序号	项目		允许偏差（mm）
2	3～20根桩基中的桩		0.5D
3	桩数多于20根以上桩基中的桩	最外边的桩	250
		中间的桩	250并不大于D/2
		与承台边缘的净距	桩径≤1m时不小于0.5D，且不小于250mm；桩径>1m时不小于0.3D，且不小于500mm

注：D为桩径或短边。

（2）承台混凝土强度应满足设计要求，混凝土表面应平整光滑，不得有蜂窝、麻面和露筋，钢筋保护层厚度不小于设计要求。承台各部位偏差应符合表4-9的规定。

承台各部位允许偏差　　　表4-9

序号	项目	允许偏差（mm）
1	尺寸	±30
2	顶面高程	±20
3	轴线偏位	15
4	前、后、左、右边缘距设计中心线尺寸	±30

4.3 下部结构

4.3.1 施工工艺流程

施工工艺流程及施工现场实例图片如图4-5、图4-6所示。

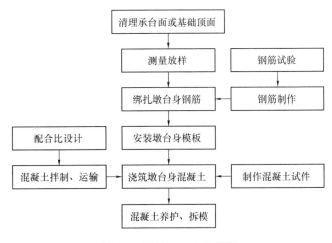

图4-5　墩施工工艺流程图

图 4-6 施工现场实例图片
(a) 墩柱脚手架施工；(b) 墩柱钢筋绑扎；(c) 墩柱模板安装；
(d) 墩柱混凝土浇筑；(e) 墩柱模板拆除；(f) 墩柱养生

4.3.2 施工准备

施工单位在桥梁下部结构施工前必须具备下列资料，并报监理工程师审批：
(1) 桥梁下部结构工程施工图及图纸会审纪要；
(2) 主要施工机械及其配套设备的技术性能资料；
(3) 施工组织设计；
(4) 原材料及其制品的质检报告；
(5) 有关荷载、施工工艺的试验参考资料。

4.3.3 墩台

1. 施工控制要点

(1) 墩台身施工前，应将基础顶面浮浆凿除，冲洗干净，整修连接钢筋。并在基础顶面测定中线、水平，标出墩台底面位置。

(2) 墩台身模板及支架应有足够的强度、刚度与稳定性。模板宜采用大块钢模板。模板接缝应严密，不得漏浆。

(3) 墩台身模板采用整体吊装时，其吊装高度视吊装能力并结合墩台施工分段而定，一般宜为2~4m，并应有足够的整体性与刚度。

(4) 墩台身钢筋的加工安装、混凝土的施工、养护和拆模等应符合现行混凝土与砌体工程施工标准和有关客运专线铁路高性能混凝土技术条件的相关规定。接地钢筋的安装应符合设计要求。

(5) 浇筑混凝土时,应经常检查模板、钢筋、沉降观测点及预埋部件的位置和保护层的尺寸,确保其位置正确不发生变形。

(6) 墩台身混凝土宜一次连续浇筑。当分段浇筑时,施工接缝应符合现行铁路混凝土与砌体工程施工标准的相关规定。

(7) 墩台顶帽施工前后均应复测其跨度及支承垫石高程。施工中应确保支承垫石钢筋网及锚栓孔位置正确,垫石顶面平整,高程符合设计要求。

(8) 墩台施工完毕,应对全桥进行中线、水平及跨度贯通测量,并标出各墩台的中心线、支座十字线、梁端线及锚栓孔位置。暂不架梁的锚栓孔或其他预留孔,应排除积水将孔口封闭。

(9) 墩台施工允许误差,除设计有特殊规定外,应符合表4-10~表4-12的规定。

2. 施工质量验收

施工质量验收标准参照《铁路桥涵工程施工质量验收标准》TB 10415—2018,施工允许偏差应符合表4-10~表4-12的规定。

墩台模板允许误差和检验方法　　　　　　　　　　　　　　表4-10

序号	项目	允许误差(mm)	检验方法
1	前后左右距中心线尺寸	±10	测量检查每边不少于2处
2	表面平整度	5	2m靠尺检查不少于5处
3	相邻模板错台	1	尺量检查不少于5处
4	同一梁端两垫石高差	2	测量检查
5	预埋铁件和预留孔洞位置	5	纵横两向尺量检查

注:检验数量:施工单位每安装段全部检查。

现浇混凝土墩台允许偏差　　　　　　　　　　　　　　表4-11

项目		允许偏差(mm)	检验频率		检验方法
			范围	点数	
墩台身尺寸	长	+15, 0	每个墩台或每个节段	2	用钢尺量
	厚	+10, −8		4	用钢尺量,每侧上、下各1点
顶面高程		±10		4	用水准仪测量
轴线偏位		10		4	用经纬仪测量,纵、横各2点
墙面垂直度		≤0.25%H且不大于25		2	用经纬仪测量或垂线和钢尺量
墙面平整度		8		4	用2m直尺、塞尺量
节段间错台		5		4	用钢尺和塞尺量
预埋件位置		5	每件	4	经纬仪防线,用钢尺量

注:H为墩台高度(mm)。

现浇混凝土柱允许偏差 表 4-12

项目		允许偏差（mm）	检验频率		检验方法
			范围	点数	
断面尺寸	长、宽（直径）	±5	每根柱	2	用钢尺量，长、宽各1点，圆柱量2点
顶面高程		±10		1	用水准仪测量
垂直度		≤0.2%H且不大于15		2	用经纬仪测量或垂线和钢尺量
轴线偏位		8		2	用经纬仪测量
平整度		5		2	用2m直尺、塞尺量
节段间错台		3		4	用钢板尺和塞尺量

注：H 为墩台高度（mm）。

4.3.4 支座安装

1. 施工控制要点

（1）支座到达现场后，必须检查产品合格证、附件清单和有关材质报告单或检验报告。并对支座外观尺寸进行全面检查。

（2）根据线路坡度，按设计要求选用支座类型。

（3）梁体安装就位后，方可拆除橡胶支座上下连接板。

（4）支座安装前，应对墩台锚栓孔进行检查，合格后方可安装。架设箱梁时，箱梁落梁应先落在千斤顶上，再对支座下座板与支承垫石之间、锚栓孔内进行压力注浆，注浆材料的强度不应低于垫石混凝土的设计强度，弹性模量不小于30GPa，厚度不小于10mm。注浆压力不小于1.0MPa。待浆体填实并达到强度后，方可落梁。箱梁就位后，4个支座应受力均匀。

2. 施工质量验收

施工质量验收标准参照《铁路桥涵工程施工质量验收标准》TB 10415—2018，施工允许偏差应符合下列规定：

（1）支座安装后，其允许误差应符合表4-13的规定。

支座安装允许误差 表 4-13

序号	项目		允许误差（mm）
1	支座中心线与墩台十字线的纵向错动量		≤15
2	支座中心线与墩台十字线的横向错动量		≤10
3	支座板每块板边缘高差		≤1
4	支座螺栓中心位置偏差		≤2
5	同一端两支座横向中心线间的相对错位		≤5
6	螺栓		垂直梁底板
7	4个支座顶面相对高差		2
8	同一端两支座纵向中线间的距离	误差与桥梁设计中心线对称	+30，-10
		误差与桥梁设计中心线不对称	+15，-10

（2）支座上下板螺栓的螺母应安装齐全，并涂上黄油，无松动现象，支座与梁底、支座与支承垫石应密贴，无缝隙。

（3）支座锚栓孔应采用压力注浆填实，注浆材料和强度符合设计要求。

4.4 上部结构

4.4.1 施工工艺流程

施工工艺流程及施工现场实例图片如图 4-7～图 4-9 所示。

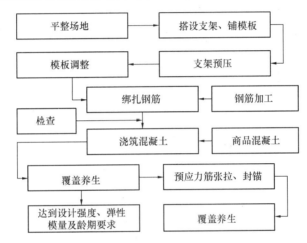

图 4-7 支架现浇简支梁施工工艺流程图

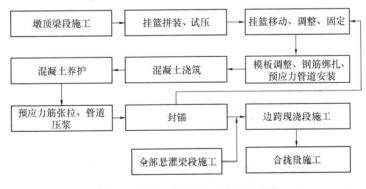

图 4-8 悬臂浇筑梁施工工艺流程图

4.4.2 施工准备

1. 支架现浇

（1）支架的地基承载力应符合要求，必要时，应采取加强处理或其他措施。

（2）应有简便可行的落架拆模措施。

（3）各种支架和模板安装后，宜采取预压方法消除拼装间隙和地基沉降等非弹性变形。

图 4-9 施工现场实例图片

(a) 满堂支架现浇法；(b) 移动模架现浇法；(c) 钢管柱贝雷梁现浇法；
(d) 挂篮现浇法；(e) 梁场预制法；(f) 梁体模板处理；
(g) 梁体支架堆载预压；(h) 梁体钢筋绑扎；(i) 预应力孔道定位安装；
(j) 预应力张拉施工；(k) 预应力孔道压浆；(l) 梁端头封锚

(4) 安装支架时，应根据梁体和支架的弹性、非弹性变形，设置预拱度。

(5) 支架底部应有良好的排水措施，不得被水浸泡。

(6) 浇筑混凝土时应采取防止支架不均匀下沉的措施。

2. 悬臂浇筑

(1) 墩顶及安装挂篮前梁段的托架或支架，应经过设计计算和加载预压。

(2) 预应力混凝土连续梁悬臂浇筑施工前，应采用临时支座将墩顶梁段与桥墩临时固结牢固。

(3) 悬臂浇筑所用挂篮，必须具有足够的强度、刚度和稳定性，结构形式、几何尺寸应适应梁段高度变化及与已浇筑梁段搭接需要和走行要求。

(4) 桥墩两侧悬臂浇筑梁段应对称、平衡施工，实际不平衡偏差不得大于设计要求数值，施工时挂篮应在梁段预应力张拉完成后对称移动。

(5) 悬臂浇筑梁段施工过程中，应进行线型监测，发现超出允许偏差应及时调整纠正。

4.4.3 模板及支架

1. 施工控制要点

(1) 模板及支架应具有足够的强度、刚度和稳定性，能承受所浇混凝土和砌体的重力、侧压力及施工荷载、施工设备和材料等条件进行施工工艺设计，其弹性压缩、预拱度和沉降值应符合设计要求。

(2) 模板及支架必须安置于符合设计要求的可靠基底上，并有足够的支承面积和防排水及防冻措施。

(3) 混凝土浇筑或砌体砌筑前，施工单位应对模板及支架进行交接检验，形成施工记录。

(4) 模板安装必须稳固牢靠，接缝严密，不得漏浆。模板与混凝土的接触面必须清理干净并涂刷隔离剂。浇筑混凝土前，模板内的积水和杂物应清理干净。

2. 施工质量验收

施工质量验收标准参照《铁路混凝土工程施工质量验收标准》TB 10424—2018，施工允许偏差应符合下列规定：

模板安装允许偏差和检查方法除相关专业验收标准有特殊规定外，应符合表4-14的要求。

模板安装允许偏差和检验方法 表4-14

序号	项目		允许偏差	检验方法
1	轴线位置	基础	15	尺量每边不少于2处
		梁、柱、板、墙、拱	5	
2	表面平整度		5	2m靠尺和塞尺不少于3处
3	高程	基础	±20	测量
		梁、柱、板、墙、拱	±5	
4	模板的侧向弯曲	柱	$h/1000$	拉线尺量
		梁、板、墙	$l/1500$	

续表

序号	项目	允许偏差	检验方法
5	梁、柱、板、墙、拱两模板内侧宽度	+10，−5	尺量不少于3处
6	梁底模拱度	+5，−2	拉线尺量
7	相邻两板表面高低	2	尺量

注：1. h 为柱高。
2. l 为梁、板跨度。

4.4.4 钢筋工程

1. 施工控制要点

（1）从事钢筋加工和焊（连）接的操作人员必须经考试合格，持证上岗。钢筋正式焊（连）接前，应进行现场条件下的焊（连）接性能检验，合格后方能正式生产。

（2）钢筋进场时，必须按批抽取试件做力学性能（屈服强度、抗拉强度和伸长率）和工艺性能（冷弯）试验，其质量必须符合《钢筋混凝土用钢 第1部分：热轧光圆钢筋》GB/T 1499.1—2017 和《钢筋混凝土用钢 第2部分：热轧带肋钢筋》GB/T 1499.2—2018 等现行国家标准的规定和设计要求。

（3）钢筋的加工应符合设计要求。当设计未提出要求时，应符合下列规定：

1）受拉热轧光圆钢筋的末端应做180°弯钩，其弯曲直径 d_m 不得小于钢筋直径的2.5倍，钩端应留有不小于钢筋直径3倍的直线段。

2）受拉热轧光圆和带肋钢筋的末端，当设计要求采用直角形弯钩时，直钩的弯曲直径 d_m 不得小于钢筋直径的5倍，钩端应留有不小于钢筋直径3倍的直线段。

3）弯起钢筋应弯成平滑的曲线，其弯曲半径不得小于钢筋直径10倍（光圆钢筋）或12倍（带肋钢筋）。

4）用光圆钢筋制成的箍筋，其末端应做不小于90°的弯钩，有抗震等特殊要求的结构应做135°或180°弯钩；弯钩的弯曲直径应大于受力钢筋直径，且不得小于箍筋直径的2.5倍；弯钩端直线段的长度，一般结构不得小于箍筋直径的5倍，有抗震等特殊要求的结构，不得小于箍筋直径的10倍。

2. 施工质量验收

施工质量验收标准参照《铁路混凝土工程施工质量验收标准》TB 10424—2018，钢筋工程允许偏差应符合表4-15、表4-16的规定。

钢筋加工允许偏差和检验方法　　表4-15

序号	名称	允许偏差（mm）	检验方法
1	受力钢筋全长	±10	尺量
2	弯起钢筋的弯折位置	20	
3	箍筋内净尺寸	±5（桥梁±3）	

钢筋安装及钢筋保护层厚度允许偏差和检验方法　　　　表 4-16

序号	名称		允许偏差（mm）	检验方法
1	受力钢筋排距		±5	尺量两端、中间各 1 处
2	同一排中受力钢筋间距	基础、板、墙	±20	尺量两端、中间各 1 处
		柱、梁	±10	
3	分布钢筋间距		±20	尺量连续 3 处
4	箍筋间距		±10	
5	弯起点位置（加工偏差±20mm 包括在内）		30	尺量
6	钢筋保护区厚度 c（mm）	$c \geqslant 30mm$	+10, 0	尺量两端、中间各 2 处
		$c < 30mm$	+5, 0	

注：表中钢筋保护层厚度的实测偏差不得超出允许偏差范围。

4.4.5 混凝土工程

1. 施工控制要点

（1）混凝土配制拌合前的准备

1）混凝土配制拌合之前，应对所有机械设备、工具、使用材料进行认真检查，确保混凝土的拌制和浇筑正常连续进行。

2）开拌前应按工地试验室提供的配合比调整配料系统，并做好记录。

（2）混凝土的配料和拌制

1）混凝土配合比应考虑强度、弹模、初凝时间、工作温度等因素并通过试验来确定。

2）混凝土拌合物配料应采用自动计量装置，粗、细骨料中的含水量应及时测定，并按实际测定值调整用水量、粗、细骨料用量，禁止拌合物出机后加水。

3）混凝土在拌合时，应按选定的理论配合比换算成施工配合比，计算每盘混凝土实际需要的各种材料量。水、水泥、外加剂的用量应准确到±1%，粗细骨料的用量应准确到±2%（均以质量计）。减水剂可采用粉剂或溶剂型，采用粉剂型时宜在施工前 14～18h 预先配制成所需浓度的溶液，粉剂在溶液中要求全部溶解均匀，不得有沉淀或结块。为充分发挥减水剂的作用，在拌合时其溶液宜用后添法。当采用溶剂型减水剂时，其含水量应计入拌合总用水量。混凝土拌合物中不得掺用加气剂和各种氯盐。

（3）混凝土的运输和浇筑

1）混凝土应随拌随用，混凝土运输应采用泵送或混凝土运输车运送。当采用泵送时，输送管路的起始水平段长度不应小于 15m，除出口处采用软管外，输送管路其他部分不得采用软管或锥形管。输送管路应固定牢固，且不得与模板或钢筋直接接触。泵送过程中，混凝土拌合物应始终连续输送。高温或低温环境下输送管路应分别采用湿帘或保温材料覆盖。其他要求还应符合国家现行《混凝土泵送施工技术规程》JGJ/T 10—2011 的规定。

2）混凝土的浇筑采用连续浇筑、一次成型，浇筑时间不宜超过 6h。

3）浇筑梁体混凝土时，应防止混凝土离析，混凝土下落距离不超过 2m。并应保持预埋管道不发生挠曲或移位，禁止管道口直对腹板槽倾倒混凝土。

127

4) 梁体腹板处的底板混凝土宜采用底板附着式振动器振动。梁体腹板混凝土采用振动棒和附着式振动器振捣。振动棒插振的间距及时间应符合现行《铁路混凝土工程施工技术指南》[铁建设（2010）241号]的有关规定。振动棒禁止触碰胶管或波纹管。

（4）梁体混凝土养护

1) 当采用蒸汽养护时，静停期间应保持棚温不低于5℃，灌注完4h后方可升温，升温速度不应大于10℃/h，恒温时蒸汽温度不宜超过45℃，梁体芯部混凝土温度不宜超过60℃，降温速度不应大于10℃/h。

2) 当采用自然养护时，梁体表面可采用草袋或麻袋覆盖，并在其上覆盖塑料薄膜，梁体洒水次数应能保持混凝土表面充分潮湿。当环境相对湿度小于60%时，自然养护不应少于28d；相对湿度在60%以上时，自然养护不应少于14d。

3) 当环境温度低于5℃时，梁表面应喷涂养护剂，采取保温措施，禁止对混凝土洒水。

2. 施工质量验收

施工质量验收标准参照《铁路混凝土工程施工质量验收标准》TB 10424—2018，混凝土工程允许偏差应符合下列规定：

（1）混凝土原材料每盘称量的偏差应符合表4-17的规定。

原材料每盘称量的允许偏差 表4-17

序号	材料名称	允许偏差	
		工地	工厂或搅拌站
1	水泥和干燥状态的掺合剂	±2%	±1%
2	粗、细骨料	±3%	±2%
3	水、外加剂	±2%	±1%

（2）结构外形尺寸允许偏差和检验方法除相关专业验收标准有特殊规定外，应符合表4-18的规定。

结构外形尺寸允许偏差和检验方法 表4-18

序号	项目		允许偏差（mm）	检验方法
1	轴线位置	基础	20	每边尺量不少于2处
		梁、柱、板、墙	10	
2	表面平整度		8	2m靠尺和塞尺测量不少于3处
3	高程	基础	±30	测量不少于2处
		梁、柱、板、墙	±10	
4	垂直度		$h/1000$，且小于20	吊线尺量
5	截面尺寸		+20，0	尺量不少于3处
6	预留孔洞	中心位置	15	尺量
		尺寸	+15，0	
7	预埋件	中心位置	5	尺量
		外露长度	+10，0	

4.4.6 预应力工程

1. 施工控制要点

(1) 预应力筋进场时,必须按批次抽取试件做拉伸试验、弯曲试验或反复弯曲试验,其质量必须符合《预应力混凝土用钢绞线》GB/T 5224—2014 等现行国家标准和设计要求。

(2) 预应力筋用锚具、夹具和连接器进场时,必须按批次进行外观检查和抽取试件做硬度和静载锚固试验,其质量必须符合现行国家标准《预应力筋用锚具、夹具和连接器》GB/T 14370—2015 的规定和设计要求。

(3) 预留孔道所用的金属螺旋管、橡胶棒(管)等和先张预应力筋隔离套管使用前应进行外观检查,其表面无油污、损伤和孔洞。

(4) 预应力筋的品种、级别、规格、数量必须符合设计要求。

(5) 预应力筋展开后应平顺、不得有弯折;表面不应有裂纹、小刺、机械损伤、氧化铁皮和油污等。

(6) 预应力筋用锚具、夹具和连接器的品种、规格、数量必须符合设计要求。

(7) 后张法预应力筋预张拉或初张拉时,混凝土强度必须符合设计要求。当设计无要求时,预张拉或初张拉时混凝土强度应达到设计强度的 80%。

(8) 预应力筋的实际伸长值与计算伸长值的差值不得大于±6%。

(9) 后张法预应力构件的预应力筋断裂或滑脱数量不得超过预应力筋总数的 5‰,并不得位于结构的同一侧,且每束内断丝不得超过 1 根。

(10) 孔道压浆工艺必须符合设计要求。孔道内水泥浆应饱满密实。

(11) 水泥浆试件应在压浆地点随机抽样制作。水泥浆的抗压强度必须符合设计要求。

(12) 锚具和预应力筋封闭防护前必须按设计要求对锚具和预应力筋做防水处理。锚具和预应力筋封闭防护必须符合设计要求,当设计无要求时应符合下列规定:

1) 凸出式锚固锚具的保护层厚度不宜小于 50mm。
2) 外露预应力筋的保护层厚度不宜小于 30mm。

2. 施工质量验收

施工质量验收标准参照《铁路混凝土工程施工质量验收标准》TB 10424—2018,预应力工程允许偏差应符合下列规定:

(1) 预应力筋下料长度应按设计要求或工艺要求计算确定。其允许偏差和检验方法除相关专业验收标准有特殊规定外,应符合表 4-19 的规定。

预应力筋下料长度的允许偏差和检验方法　　　　表 4-19

序号	项目		允许偏差(mm)	检验方法
1	钢丝	与设计或计算长度差	±10	尺量
		束中各根钢丝长度差	不大于钢丝长度的 1/5000,且不大于 5	
2	钢绞线	与设计或计算长度差	±10	
		束中各根钢丝长度差	5	
3	热轧带肋钢筋		±5	

(2) 预留孔道位置允许偏差和检验方法除相关专业验收标准有特殊规定外，应符合表 4-20 的规定。

预留孔道位置允许偏差和检验方法   表 4-20

序号	项目	允许偏差（mm）	检验方法
1	纵向孔道		尺量两端、跨中、1/4 跨、3/4 跨各 1 处
2	横向孔道	4	尺量两端
3	竖向孔道		尺量两端

(3) 张拉端预应力筋内缩量应符合设计要求；当设计无要求时，张拉端预应力筋内缩量值和检验方法应符合表 4-21 的规定。

张拉端预应力筋内缩量限值和检验方法   表 4-21

序号	锚具类别		内缩量限值（mm）	检验方法
1	支承式锚具（镦头锚具等）	螺母缝隙	1	尺量
2	夹片式锚具	有顶压	5	
3		无顶压	6	

4.5 桥面系及附属工程

4.5.1 施工工艺流程

施工工艺流程及施工现场实例图片如图 4-10、图 4-11 所示。

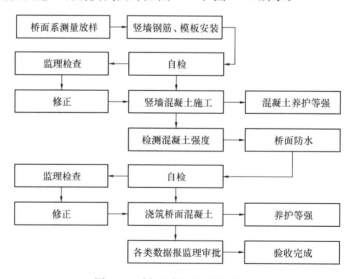

图 4-10 桥面系施工工艺流程图

(a) (b) (c)

图 4-11 施工现场实例图片

(a) 桥面竖墙钢筋绑扎；(b) 桥面伸缩缝施工；(c) 桥面防水层施工

4.5.2 施工准备

(1) 桥面附属工程施工图及图纸会审纪要；
(2) 桥梁主体结构阶段性验收记录；
(3) 附属设施所用材料、设备的质量和规格必须符合设计要求并送检报验。
(4) 施工组织设计。

4.5.3 桥面防水及排水

1. 施工控制要点

(1) 汇水槽、泄水口顶面高程应低于桥面铺装层 10～15mm。

(2) 泄水管下端至少应伸出构筑物底面 100～150mm。泄水管宜通过竖向管道直接引至地面或雨水管线，其竖向管道应采用抱箍、卡环、定位卡等预埋件固定在结构物上。

(3) 桥面应采用柔性防水，不宜单独铺设刚性防水层。桥面防水层使用的涂料、卷材、胶粘剂及辅助材料必须符合环保要求。

(4) 桥面防水层应在现浇桥面结构混凝土或垫层混凝土达到设计要求强度，经验收合格后方可施工。

(5) 桥面防水层应直接铺设在混凝土表面上，不得在二者间加铺砂浆找平层。

(6) 防水基层面应坚实、平整、光滑、干燥，阴、阳角处应按规定半径做成圆弧。施工防水层前应将浮尘及松散物质清除干净，并应涂刷基层处理剂。基层处理剂应使用与卷材或涂料性质配套的材料。涂层应均匀、全面覆盖，待渗入基层且表面干燥后方可施作卷材或涂膜防水层。

(7) 防水卷材和防水涂膜均应具有高延伸率、高抗拉强度、良好的弹塑性、耐高温和低温与抗老化性能。防水卷材及防水涂料应符合国家现行标准和设计要求。

(8) 桥面采用热铺沥青混合料作磨耗层时，应使用可耐 140～160℃高温的高聚物改性沥青等防水卷材及防水涂料。

(9) 桥面防水层应采用满贴法，防水层总厚度和卷材或胎体层数应符合设计要求，缘石、地袱、变形缝、汇水槽和泄水口等部位应按设计和防水规范细部要求做局部加强处理。防水层与汇水槽、泄水口之间必须粘结牢固、封闭严密。

（10）防水层完成后应加强成品保护，防止压破、刺穿、划痕损坏防水层，并及时经验收合格后铺设桥面铺装层。

（11）防水层严禁在雨天、雪天和5级（含）以上大风天气施工。气温低于−5℃时不宜施工。

2. 施工质量验收

施工质量验收标准参照《铁路桥涵工程施工质量验收标准》TB 10415—2018，施工允许偏差应符合下列规定：

（1）桥面排水设施的设置应符合设计要求，泄水管应畅通无阻。

（2）桥面泄水口应低于桥面铺装层 10~15mm。

（3）泄水管安装应牢固可靠，与铺装层及防水层之间应结合密实，无渗漏现象，金属泄水管应进行防腐处理。

（4）桥面泄水口位置允许偏差应符合表 4-22 的规定。

桥面泄水口位置允许偏差　　　　表 4-22

项目	允许偏差（mm）	检验频率		检验方法
		范围	点数	
高程	0，−10	每孔	1	用水准仪测量
间距	±100		1	用钢尺量

（5）防水材料的品种、规格、性能、质量应符合设计要求和相关标准规定。

（6）防水层、粘结层与基层之间应密贴，结合牢固。

（7）混凝土桥面防水层粘结质量和施工允许偏差应符合表 4-23 的规定。

混凝土桥面防水层粘结质量和施工允许偏差　　　　表 4-23

项目	允许偏差（mm）	检验频率		检验方法
		范围	点数	
卷材接槎搭接宽度	不小于规定	每 20 延米	1	用钢尺量
防水涂膜厚度	符合设计要求；设计未规定时±0.1	每 200m²	4	用测厚仪检测
粘结强度（MPa）	不小于设计要求，且≥0.3（常温），≥0.2（气温≥35℃）	每 200m²	4	拉拔仪（拉拔速度：10mm/min）
抗剪强度（MPa）	不小于设计要求，且≥0.4（常温），≥0.3（气温≥35℃）	1组	3	剪切仪（剪切速度：10mm/min）
剥离强度（N/mm）	不小于设计要求，且≥0.3（常温），≥0.2（气温≥35℃）	1组	3	90°剥离仪（剪切速度：100mm/min）

（8）防水材料铺装或涂刷外观质量和细部做法应符合下列要求：

1）卷材防水层表面平整，不得有空鼓、脱层、裂缝、翘边、油包、气泡和皱褶等现象。

2）涂料防水层的厚度应均匀一致，不得有漏涂处。

3）防水层与泄水口、汇水槽接合部位应密封，不得有漏封处。

4.5.4 伸缩装置

1. 施工控制要点

（1）伸缩装置安装前应检查修正梁端预留缝的间隙，缝宽应符合设计要求，上下必须贯通，不得堵塞。伸缩装置应锚固可靠，浇筑锚固段（过渡段）混凝土时应采取措施防止堵塞梁端伸缩缝隙。

（2）伸缩装置安装前应对照设计要求、产品说明，对成品进行验收，合格后方可使用。安装伸缩装置时应按安装时气温确定安装定位值，保证设计伸缩量。

（3）伸缩装置宜采用后嵌法安装，即先铺桥面层，再切割出预留槽安装伸缩装置。

（4）伸缩装置安装时其间隙量定位值应由厂家根据施工时气温在工厂完成，用定位卡固定。如需在现场调整间隙量应在厂家专业人员指导下进行，调整定位和固定后应及时安装。

（5）伸缩装置应使用专用车辆运输，按厂家标明的吊点进行吊装，防止变形。现场堆放场地应平整，并避免雨淋暴晒和防尘。

（6）安装前应按设计和产品说明书要求检查锚固筋规格和间距、预留槽尺寸，确认符合设计要求，并清理预留槽。

（7）分段安装的长伸缩装置需现场焊接时，宜由厂家专业人员施焊。

（8）伸缩装置中心线与梁段间隙中心线应对正重合。伸缩装置顶面各点高程应与桥面横断面高程对应一致。

（9）伸缩装置的边梁和支承箱应焊接锚固，并应在作业中采取防止变形措施。

（10）过渡段混凝土与伸缩装置相接处应粘固密封条。

（11）混凝土达到设计强度后，方可拆除定位卡。

2. 施工质量验收

施工质量验收标准参照《铁路桥涵工程施工质量验收标准》TB 10415—2018，施工允许偏差应符合下列规定：

（1）伸缩装置的形式和规格必须符合设计要求，缝宽应根据设计规定和安装时的气温进行调整。

（2）伸缩装置安装时焊接质量和焊缝长度应符合设计要求和规范规定，焊缝必须牢固，严禁用点焊连接。大型伸缩装置与钢梁连接处的焊缝应做超声波检测。

（3）伸缩装置锚固部位的混凝土强度应符合设计要求，表面应平整，与路面衔接应平顺。

（4）伸缩装置安装允许偏差应符合表 4-24 的规定。

伸缩装置安装允许偏差　　　　表 4-24

项目	允许偏差（mm）	检验频率 范围	检验频率 点数	检验方法
顺桥平整度	符合道路标准	每条缝	每车道 1 点	按道路检验标准检测
相邻板差	2	每条缝	每车道 1 点	用钢板尺和塞尺量
缝宽	符合设计要求	每条缝	每车道 1 点	用钢尺量，任意选点
与桥面高差	2	每条缝	每车道 1 点	用钢板尺和塞尺量
长度	符合设计要求	每条缝	2	用钢尺量

(5) 伸缩装置应无渗漏、无变形,伸缩缝应无阻塞。

4.5.5 声屏障

1. 施工控制要点

(1) 声屏障的加工模数宜由桥梁两伸缩缝之间长度而定。
(2) 声屏障必须与钢筋混凝土预埋件牢固连接。
(3) 声屏障应连续安装,不得留有间隙,在桥梁伸缩缝部位应按设计要求处理。
(4) 安装时应选择桥梁伸缩缝一侧的端部为控制点,依序安装。
(5) 5级(含)以上大风时不得进行声屏障安装。

2. 施工质量验收

施工质量验收标准参照《铁路桥涵工程施工质量验收标准》TB 10415—2018,施工允许偏差应符合下列规定:

声屏障安装允许偏差应符合表 4-25 的规定。

声屏障安装允许偏差　　　　表 4-25

项目	允许偏差(mm)	检验频率		检验方法
		范围	点数	
中线偏差	10	每柱(抽查30%)	1	用经纬仪和钢尺量
顶面高程	±20	每柱(抽查30%)	1	用水准仪测量
金属立柱中距	±10	每处(抽查30%)	1	用钢尺量
金属立柱垂直度	3	每柱(抽查30%)	2	用垂线和钢尺量,顺、横桥各1点
屏体厚度	±2	每处(抽查15%)	1	用游标卡尺量
屏体宽度、高度	±10	每处(抽查15%)	1	用钢尺量

声屏障的降噪效果应符合设计要求,检查数量和检查方法:按环保或设计要求方法检测。

第5章 城市轨道交通工程盾构隧道施工质量控制与验收

5.1 土压平衡盾构施工技术

5.1.1 始发（到达）地层加固

1. 旋喷注浆

参考3.2节地基加固内容。

2. 搅拌桩

参考3.2节地基加固内容。

3. 冷冻法

（1）施工控制要点

1）利用冻结孔冻结加固地层，使盾构机外围及开洞口范围内土体冻结成强度高和不透水的板块，为破洞门提供条件。经过积极冻结后，通过测温孔观测计算，确定冻结满足洞门凿除条件后，开始破除洞口槽壁，拔出冻结管，盾构始发、接收。

2）所有冻结孔、测温孔在施工时需要有可靠的孔口防喷装置，确保施工安全及减少地层水土流失。

3）为保证盾构进洞的安全、可靠，应预先开始冻结孔的施工及积极冻结。通过检测确认冻结壁厚度、平均温度达到设计要求，再进行槽壁破除和盾构始发、接收施工。

4）加强地面监测，在加固区上方地表及周边管线、建筑物等处设监测点，监测施工过程中的沉降变化情况。

5）利用管片上注浆孔进行后期融沉和跟踪注浆，减少融沉。

（2）施工质量验收

施工质量验收标准没有国标，参照上海地方标准《旁通道冻结法技术规程》DG/TJ 08—902—2006，冻结质量控制与验收指标如下：

1）当通过测温孔测温确定冻结壁厚度、平均温度达到设计要求，冻结壁与连续墙完全胶接，交界处测点平均温度小于−5℃时可以开始槽壁凿除。

2）泄压孔水压应高升至超过初始水压0.1MPa以上，打开泄压孔无水持续流出（少量滴水除外），泄压孔压力上涨超过7d。

3）如泄压孔水压无升高，应查明有冻结壁不交圈之外的原因，并且要求打开泄压孔后24h以上无水流出，积极冻结时间不少于设计要求。

4）根据测温孔实测温度计算的冻结壁厚度、冻结壁平均温度和冻结壁与隧道管片界面温度均应满足设计要求。

5.1.2 管片生产

1. 施工工艺流程及施工工艺现场图片

施工工艺流程及施工工艺现场图片如图 5-1、图 5-2 所示。

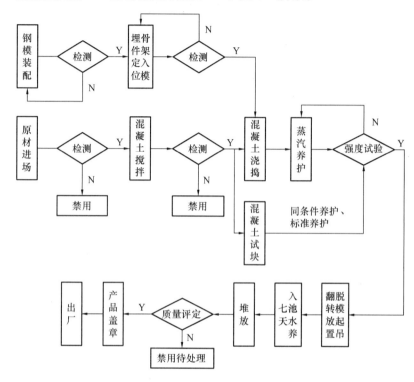

图 5-1 管片生产工艺流程图

2. 施工准备

（1）管片生产应具有健全的质量管理体系、质量控制和检验制度，并应制定安全生产和绿色生产制度。

（2）管片生产操作人员应进行技术培训，合格后方可上岗。特殊工种应持证上岗。

（3）管片生产设备和设施满足生产要求，并定期对主要设备进行检定或测试。

（4）管片生产施工组织设计或技术方案编制完成。

3. 管片生产

（1）施工控制要点

1）模具及支座应具有足够的承载能力、刚度、稳定性，其中模具本身还需有良好的密封性能。

2）当出现下列情况之一时，应对模具进行检验，检验结果应满足钢筋混凝土管片的质量控制要求：

① 模具每周转 100 次；

② 模具受到重击或严重碰撞；

③ 钢筋混凝土管片几何尺寸不合格；

第5章 城市轨道交通工程盾构隧道施工质量控制与验收

图 5-2 施工现场实例图片
(a) 管片钢筋制作；(b) 管片混凝土浇筑；(c) 管片蒸汽养护；(d) 管片水养护；
(e) 管片抗拔试验；(f) 管片抗弯试验；(g) 管片抗渗试验；(h) 管片三环试拼装

④ 模具停用超过3个月，投入生产前。

3）合模与开模应符合下列规定：

① 合模前应清理模具各部位，内表面不应有杂物和浮锈。

② 模具内表面应均匀涂刷薄层隔离剂，模板夹角处不应漏涂，且应无积聚、流淌现象，钢筋骨架和预埋件严禁接触隔离剂。

③ 螺栓孔预埋件、注浆孔预埋件以及其他预埋件和模具接触面应密封良好。

④ 合模与开模应按使用说明书规定操作，并应保护模具和管片。

⑤ 合模后应核对快速组装标记，模具接缝处不应漏浆。

4）根据设计图纸，核对钢筋品种、级别、规格和位置是否符合设计要求。

5)混凝土达到初凝时,可打开面板进行抹面作业,消除收缩裂纹,提高表面光洁度。混凝土抹面分为:粗抹面、中抹面和精抹面。

6)管片脱模时的混凝土强度,当采用吸盘脱模时应不低于15MPa,当采用其他方式脱模时不低于20MPa。管片出厂时的混凝土强度不低于设计强度。

7)蒸养完成后管片要在罩内降温足够的时间后才可脱模。并控制蒸汽温度,定时测定罩内温度。管片出模后冷却至自然温度即吊入水池养护,保证管片的整体养护质量。

(2)施工质量验收

施工质量验收标准参照《预制混凝土衬砌管片》GB/T 22082—2008及《盾构法隧道施工及验收规范》GB 50446—2017。

1)模具验收

① 模具材料应满足质量要求,焊条材质应与被焊物的材质相适应。

② 模具安装后应进行初验,符合设计要求后可试生产,并应在试生产的管片中随机抽取3环进行水平拼装检验,合格后方可通过验收。

③ 每套模具应有原始出厂数据。

④ 每批模具宜配备检测工具。

2)钢筋加工

① 弧形钢筋加工时应防止平面翘曲,成型后表面不得有裂纹,并应验证成型尺寸。

② 当设计允许受力钢筋设置接头时,可采用对焊连接或机械连接,接头质量应符合现行行业标准《钢筋焊接及验收规程》JGJ 18—2012或《钢筋机械连接技术规程》JGJ 107—2016的规定。

③ 钢筋加工允许偏差和检验方法应符合表5-1的规定。

钢筋加工允许偏差和检验方法 表5-1

序号	检验项目	允许偏差(mm)	检验工具	检验数量
1	主筋和构造筋长度	±10	钢卷尺	每班同设备生产15环同类型钢骨架,应抽检不少于5根
2	主筋折弯点位置	±10		
3	箍筋外廓尺寸	±5		

④ 钢筋骨架允许偏差和检验方法应符合表5-2的规定。

钢筋骨架允许偏差和检验方法 表5-2

序号	检验项目		允许偏差(mm)	检验工具	检验数量
1	钢筋骨架	长	+5,-10	钢卷尺	按日生产量的3%进行抽检,每日抽检数量不少于3件,且每件的每个检验项目检查4点
		宽	+5,-10		
		高	+5,-10		
2	主筋	间距	±5		
		层距	±5		
3	箍筋间距		±10		
4	分布筋间距		±5		

3)钢筋混凝土管片

① 钢筋混凝土管片几何尺寸和主筋保护层厚度允许偏差应符合表 5-3 的规定。

钢筋混凝土管片几何尺寸和主筋保护层厚度允许偏差　　表 5-3

序号	项目	允许偏差（mm）
1	宽度	±1
2	弧长	±1
3	厚度	+3，-1
4	主筋保护层厚度	设计要求或+5，-3

② 钢筋混凝土管片水平拼装检验允许偏差应符合表 5-4 的规定。

钢筋混凝土管片水平拼装检验允许偏差　　表 5-4

序号	项目	允许偏差（mm）
1	环向缝间隙	≤2
2	纵向缝间隙	≤2
3	成环后内径	±2
4	成环后外径	+6，-2

③ 每生产 15 环管片应抽检 1 环管片进行几何尺寸和主筋保护层厚度检验。
④ 每生产 200 环管片应进行水平拼装检验 1 次。
⑤ 混凝土强度等级、成品的结构性能和抗渗等级等性能应符合设计要求。
⑥ 中心注浆孔预埋件应进行抗拉拔试验，试验结果应符合设计要求；当设计无要求时，抗拉拔力不应低于管片自重的 7 倍。

5.1.3 盾构始发

1. 施工工艺流程及施工工艺现场照片

施工工艺流程及施工工艺现场照片如图 5-3、图 5-4 所示。

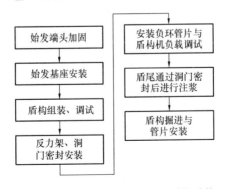

图 5-3　盾构始发流程图（土压平衡盾构）

图 5-4 施工现场实例图片

(a) 端头三轴搅拌桩加固；(b) 端头高压旋喷桩加固；(c) TRD 工法加固；
(d) MJS 工法加固；(e) RJP 工法加固；(f) 水平冻结法加固；
(g) 盾构始发基座安装；(h) 盾构机下井组装；(i) 洞门密封安装；
(j) 盾构始发反力架；(k) 负环管片安装；(l) 盾构机始发掘进

2. 施工准备

(1) 盾构始发施工专项方案已组织专家论证并已补充完善。

(2) 盾构始发方案安全、技术交底（含勘察、设计及管线交底情况）已完成。

(3) 工作井验收资料（其标高、轴线、结构强度等各项技术参数）符合设计和规范要求，并能满足盾构施工各阶段受力要求，端头井结构尺寸和洞门中心已复核且符合设计要求。

(4) 设计要求的加固防水措施（端头加固、降水、冷冻等）已经完成，对洞门段土体的加固体强度、抗渗指标已经过现场试验确定，满足设计并有检测报告。

(5) 处于砂性土或有承压水层时，已采取降水、堵漏等防止涌水、涌砂措施，且资料齐全。

(6) 盾构始发已经设计验算资料（结构强度须满足要求）。

(7) 洞门处围护结构混凝土凿除和洞圈密封装置安装的外观检查合格，通过监理验收合格。

(8) 洞门探孔及监测资料无发现异常情况，满足始发/接收要求。

(9) 突发性事故的应急预案已编制，应急救援人员、设备、物资已落实，并已开展应急演练。

(10) 盾构机现场验收照《盾构法隧道施工及验收规范》GB 50446—2017，盾构机各系统验收合格并已进行整机空载调试。

(11) 盾构始发前主要管理人员、专业人员配置（注浆工、拼装工、电工、机修工、盾构机司机）已报监理审核并已到位。

(12) 大型设备（门吊等）已拼装到位并已经专业检测机构检测合格，并经监理验收合格，已报安全监督机构备案。

(13) 始发后盾构系统（后盾管片、支撑体系、后靠等）安装完好，已报监理验收合格。

(14) 盾构施工涉及的材料已报监理验收合格。

(15) 区间监测单位资质，监测人员资格与监测仪器已报监理验收合格。

(16) 测量、监测方案已编制并经监理审批，测点已组织验收并已测取初始值数据；监控视频相关硬件已安装，视频能正常上传至监控平台。

(17) 对相邻建（构）筑物、道路、地下管线等设施已组织交底，并已落实相应的监护措施。

(18) 双路供电（应急电源）已落实。

(19) 有害气体（如有）监测及防护措施已落实。

3. 反力架安装

(1) 施工控制要点

1) 根据"0"环管片位置反算反力架位置，并进行定位后安装。

2) 反力架须具有足够的刚度和强度，应进行结构安全验算。

3) 为了保证盾构推进时反力架横向稳定，用型钢对反力架的支撑进行横向固定。

(2) 施工质量验收

国内暂无相关验收规范，根据施工经验，提供参考验收标准如下：

1) 反力架左右偏差控制在±10mm 之内，高程偏差控制在±5mm 之内。

2) 始发架水平轴线的垂直方向与反力架的夹角＜±2‰，盾构姿态与设计轴线竖直趋势偏差＜2‰，水平趋势偏差＜±3‰。

4. 盾构机组装调试

(1) 施工控制要点

1) 空载调试

盾构机组装完毕后即可进行空载调试。空载调试的目的主要是检查设备是否能正常运转。调试内容为：配电系统、液压系统、推进系统、润滑系统、注脂系统、冷却系统、控制系统、导向系统、注浆系统、碴土改良系统、驱动系统等运行是否正常以及校正各种仪表。

2) 负载调试

空载调试完成并证明盾构机满足初步要求后，即可进行盾构机的负载调试。负载调试的目的是检查各种管线及密封设备的负载能力，对空载调试不能完成的项目进一步完善，以使盾构机的各个工作系统和辅助系统达到满足正常要求的工作状态。

(2) 施工质量验收

施工质量验收标准参照《盾构法隧道施工及验收规范》GB 50446—2017。

应按盾构主要功能及使用要求制定现场验收大纲进行验收。

5. 洞门密封装置安装

(1) 施工控制要点

1) 安装前对洞门中心标高进行测量复核，确保钢环安装位置的准确性。

2) 加工制作盾构钢环。按工程结构图纸制作盾构钢环，直径应满足始发和接收的要求。

3) 由于运输和安装的需要，钢环分成四块等份制作，即每分块90°圆弧，每块重约0.35t，钢环外侧及边缘设锚筋与内衬墙钢筋焊接成整体。盾构环钢中心必须与隧道中心相吻合。

4) 盾构钢环安装

由于车站围护结构内支撑的影响，端头井处内衬墙须采用分段分层浇筑，因此，盾构钢环的安装要分两次进行，首先安装钢环下半环，待内衬墙下半层钢筋混凝土施工完毕后，再安装上半环。

5) 盾构钢环安装施工工艺流程

洞门中心测量定位→钢环轮廓测量定位→围护结构上三角定位钢板焊接→下半环钢环下井拼装定位→测量复核检查→下半环两块钢环接缝焊接→下半层内衬墙施工→上半环钢环下井拼装定位→测量整环复核检查→上、下半环接缝焊接连接→安装完成。

6) 安装完毕后在钢环预留螺栓孔内涂满黄油。

(2) 施工质量验收

国内暂无相关验收规范，根据施工经验，提供参考验收标准如下：

1) 钢环的中心与隧道中心要吻合。

2) 钢环的直径允许偏差20mm。

3) 焊缝饱满、平整不翘曲。

6. 洞门密封装置安装

(1) 清理洞门螺栓孔，必要时对螺栓孔进行攻丝。

(2) 安装帘布橡胶板时注意朝向，从上往下安装，安装时不能使用尖锐工具或者钢丝对帘布板进行固定或者拉扯。

(3) 铰链板安装时注意折页方向，安装前确认折页长度能否顺利压紧帘布板。

(4) 安装完成后对螺栓进行整体紧固。

(5) 盾构始发前在帘布板边缘涂抹黄油。

7. 洞门凿除

(1) 盾构调试完成，在确保盾构运转状态良好并通过验收的情况下开始凿除洞门。

(2) 洞门凿除前，在洞门中心及周边布置9个观察孔，分布成米字形，以测定土体加固和渗水情况。

(3) 采用人工凿除。洞门凿除时，先凿除地下连续墙保护层混凝土，割除内排钢筋，然后由上至下依次凿除洞门范围内混凝土，最后一排钢筋最后切割，切割完毕后，清理保护层混凝土块，盾构机迅速靠上洞门土体，以防土体因暴露时间过长引起塌方、涌水现象。

(4) 洞门凿除要连续施工，尽量缩短作业时间，以减少正面土体的流失量。

8. 负环管片拼装

(1) 负环管片一般采用与正线隧道规格尺寸相同的混凝土管片或者钢管片。

(2) 第一环负环拼装时，做好点位测量。

(3) 第一环负环管片上半环拼装时做好防坠落措施。

(4) 负环管片在脱出盾尾的过程中，为保证负环管片的位置安装正确，在管片与托架间采用垫塞方木楔或钢楔来实现，间距50cm安设一块。

5.1.4 盾构掘进

1. 施工工艺流程及施工工艺现场照片

施工工艺流程及施工工艺现场照片如图5-5、图5-6所示。

2. 施工准备

(1) 应根据盾构机类型采取相应的开挖面稳定方法，确保前方土体稳定。

(2) 盾构掘进轴线按设计要求进行控制，每掘进一环应对盾构姿态、衬砌位置进行测量。

(3) 在掘进中逐步纠偏，并采用小角度纠偏方式。

(4) 根据地层情况、设计轴线、埋深、盾构机类型等因素确定推进千斤顶的编组。

(5) 根据地质、埋深、地面的建筑设施及地面的隆沉值等情况，及时调整盾构的施工参数和掘进速度。

(6) 掘进中遇有停止推进且间歇时间较长时，应采取维持开挖面稳定的措施。

(7) 在拼装管片或盾构掘进停歇时，应采取防止盾构后退的措施。

(8) 推进中盾构旋转角度偏大时，应采取纠正的措施。

(9) 根据盾构选型、施工现场环境，合理选择土方输送方式和机械设备。

(10) 盾构掘进每次达到1/3管道长度时，对已建管道部分的贯通测量不少于一次；

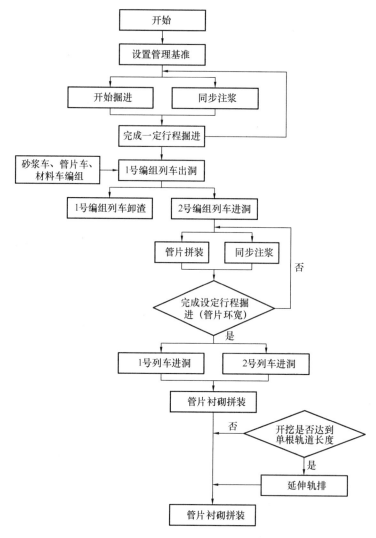

图 5-5 盾构掘进流程图(土压平衡盾构机)

曲线管道还应增加贯通测量次数。

(11)应根据盾构类型和施工要求做好各项施工、掘进、设备和装置运行的管理工作。

3. 管片防水材料粘贴

(1)施工控制要点

1)管片清理应保证止水槽部位表面无附着物、无灰尘,不允许清理时对管片造成损伤,清理后表面光滑整洁。

2)材料准备要按技术指令合理准备粘贴施工工具及管片防水材料等,使用的材料应选购专业厂商生产的性能优良的防水弹性密封垫、胶粘剂,并对进场的材料进行严格的检验,确保其质量的合格。

3)每环管片止水条的粘贴在安装前12～24h内完成。在粘贴止水条的同时进行管片传力衬垫的粘贴。待粘基面无尘、无油、无污、干燥,以保证粘贴质量。

第5章 城市轨道交通工程盾构隧道施工质量控制与验收

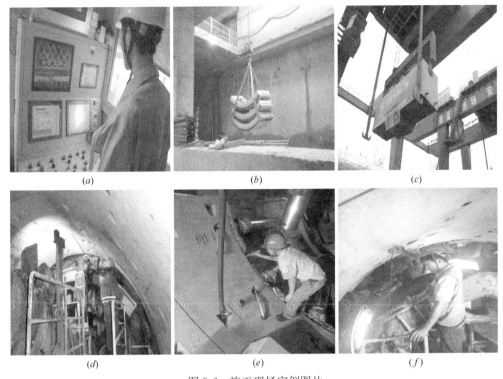

图 5-6 施工现场实例图片
(a)盾构机操作；(b)管片垂直吊运；(c)渣土垂直吊运；(d)管片拼装；(e)盾尾间隙测量；(f)超前量测量

4）用刷子在管片环纵接触面、预留粘贴止水条的沟槽及止水条上涂抹胶粘剂，涂抹要均匀，不允许漏刷现象出现。

5）涂完胶粘剂后凉置一段时间（一般 10～15min，随气温、湿度而异），待手指接触不粘时，再将加工好的框形止水条套入密封沟槽内。

6）将止水条套入管片预留沟槽中时，统一将止水条的外边缘与管片预留沟槽的外弧边靠紧，套入止水条时先将角部固定好，再向角部两边推压。保证管片拼装质量，减少错台，保证其密封止水效果。

7）用橡胶榔头依次敲紧止水条，使止水条在管片上，注意不要敲破止水条，粘贴后的止水条应牢固、平整、严密、位置准确，不得有鼓起、超长与缺口等现象。

8）以类似的方法粘贴环、纵缝衬垫，环缝的软木衬垫粘贴在管片背对千斤顶侧环面，粘贴衬垫时应注意预留螺栓孔。粘贴好的衬垫不得出现脱胶、翘边、歪斜等现象。

9）管片角部为防水的薄弱环节，角部密封垫铺设到位，并在管片角部设加强密封薄片；止水条及软木衬垫粘贴好后，按设计在管片角部粘贴自黏性橡胶薄板，加强角部防水。粘贴时，仅需覆盖一半止水条表面。

10）连接螺栓弹性密封垫圈按数量随管片螺栓配套下井，井下进行管片安装时套装在连接螺栓垫圈下。

11）天气潮湿或雨天要注意对粘贴好的止水条进行保护，表面覆盖防水设施。

12）管片下井及运输时不得对贴好的防水材料造成损伤。

（2）施工质量验收

施工质量验收标准参照《盾构法隧道施工及验收规范》GB 50446—2017，管片防水满足以下标准：

1）接缝防水

① 防水材料应按照设计要求选择，施工前应分批进行抽检。

② 防水密封条粘贴应符合下列规定：

A. 应按管片型号选用。

B. 变形缝、柔性接头等接缝防水的处理应符合设计要求。

C. 密封条在密封槽内应套箍和粘贴牢固，不得有起鼓、超长或缺口现象，且不得歪斜、扭曲。

③ 当采用遇水膨胀橡胶密封垫时，应清理管片槽缝，并按规定进行嵌缝作业，填塞应平整、密实。

2）特殊部位防水

① 当采用注浆孔注浆时，注浆后应对注浆孔进行密封防水处理。

② 注浆孔及螺栓孔处密封圈应定位准确，并应与密封槽相贴合。

③ 隧道与工作井、联络通道等附属构筑物的接缝处，应按设计要求进行防水处理。

4. 盾构掘进作业

（1）施工控制要点

1）影响掘进的主要参数：掘进模式；土仓压力；刀盘扭矩；刀盘转速；推进系统中各组油缸的压力；掘进速度；螺旋输送机转速、扭矩、仓门开口大小；铰接油缸的行程；渣土改良剂，包括泡沫、膨润土、水的添加量等。

2）各掘进参数的相对关系：在掘进中对土压其主要调节作用的参数为刀盘转速、油缸推力、螺旋输送机转速。刀盘转速及油缸推力可以调节刀盘对掌子面的切削速度，从而调节切削的渣土量，螺旋输送机转速可以调节出渣速度，通过刀盘转速、油缸推力及螺旋输送机转速的调节来控制渣土，同时又影响刀盘扭矩、掘进速度及土仓压力变化。在掘进中我们需要根据地质情况对这些参数进行综合调节从而对土仓压力进行调节，改变掘进模式来适应相应的地质。

3）掘进参数选择

掘进参数的选择主要包括：刀盘转速、土仓压力、油缸推力及螺旋输送机转速等参数的选择。不同的地层，掘进参数选择不同。掘进时要随时注意刀盘扭矩、螺旋输送机扭矩、掘进速度、土仓压力、铰接的变化、渣土状况和盾构机姿态等，根据相应的状况及时调整掘进参数，确保刀盘和刀具不超载，掘进方向不超限。

① 硬岩地层掘进

盾构机在硬岩地层掘进时，可以在半敞开或敞开模式下进行。掘进时不易引起地表沉降，所以可保持较小的土仓压力进行掘进。

掘进中刀盘扭矩大、掘进速度明显减慢，盾构机有较大滚动和振动现象以及连续响声，渣土中会有较多石块出现。

在此地层中应采用高刀盘转速、低推进速度进行掘进，掘进时要向刀盘和螺旋输送机内多加泡沫，向土仓内加适量的水，对刀盘和螺旋机进行冷却、润滑，从而降低刀具和螺旋机的磨损速度。为防止刀具的超载，不能为了提高掘进速度而盲目地加大油缸推力。

硬岩掘进时，盾构机长时间高负荷运转，所以要保证冷却水足够的流量和良好的洞内通风，以冷却盾构机液压系统、电气设备和降低洞内作业温度。

② 软弱地层掘进

盾构机在软弱地层掘进时，必须使土仓压力与掌子面压力平衡，避免在掘进时由于掌子面压力过大造成坍塌致使地表沉降。

掘进时应向刀盘多加泡沫和水（砂层加膨润土浆液），多搅拌，改善渣土的流塑性，防止在刀盘形成泥饼，裹住刀具使之不能转动而造成偏磨，掘进中随时注意刀盘扭矩和掘进速度的变化，当掘进速度明显降低，而刀盘扭矩却增加时，很有可能是刀盘上形成了泥饼，应立即采取措施处理，刀盘加泡沫加水旋转搅拌洗去泥饼，在地质条件允许的情况下，可开仓用水冲洗刀盘，快速去除泥饼。

气压作业前，开挖仓内气压必须通过计算和试验确定。

软弱地层掘进时，应控制好土仓压力和每环的出渣量，防止地表下沉，掘进速度不可过快，以保证同步注浆量。掘进时下部油缸推力要比上部的大30~50bar，防止由于自重引起的盾构低头。

③ 软硬不均匀地层掘进

软硬不均匀地层是指盾构机掘进断面的地质不均匀，掌子面的上中下左右岩石强度变化大，既有软弱地层的不稳定性，又有硬岩地层的强度，考虑到地表可能发生沉降的因素，此地质下盾构机掘进须采用土压平衡模式。

掘进中刀盘的扭矩变化大，盾构机有较大的滚动、振动现象及间断的响声，掘进方向较难控制，渣土中会有较大的石块出现。

在此地层中应采用低刀盘转速、低推进速度掘进，因为掌子面地质不均匀，掘进时刀盘各部位会受力不均，容易使部分刀具受力过大而不能转动，最终导致偏磨，还有当掘进速度过快时，刀具的贯入度也增大，容易使刀盘扭矩突然上升超过设定值而卡死，甚至造成刀圈崩裂脱落。

由于硬岩部分强度高，不易切削，为保护刀具需降低掘进速度，长时间地掘进对软弱地层部分的稳定性很不利，因此需保持土仓较高的土压。

④ 含砂富水地层掘进

地层自稳性差，含大量砂粒、砾石，遇水容易坍塌。应采用压力平衡模式掘进。

盾构掘进过程中向土仓内及刀盘面板注入泡沫膨润土浆液等添加材料，改善渣土性能，提高渣土的流动性和可塑性，防止涌水流砂和发生喷涌现象，并利于螺旋输送机排渣，每环掘进结束前要保证土仓内的渣土量，保证土仓压力值，减少地下水渗入，让下一环开始掘进时不会因土仓内水太多而发生喷涌。

掘进中要严格控制出渣量，要加大盾尾油脂的注入量和调整好盾构机姿态（盾尾间隙），防止水带砂土从盾尾或铰接密封处进入隧道。

⑤ 硬岩破碎地层掘进

地层岩石强度较大，但整体结构性差，岩层节理裂隙发育，透水能力强，宜采用半敞开模式进行掘进。

掘进时刀盘扭矩变化大，有较大的振动和响声，对刀具的损伤较大，可能出现刀圈的崩损和脱落。

掘进中要适当降低刀盘转速和掘进速度，防止刀具因超载而损坏，多加泡沫改善渣土性状，减小刀具磨损，提高渣土的流塑性，加强盾尾密封油脂的注入，确保盾尾密封效果。加强铰接处的密封检查，及时调节密封压块螺栓，保证其密封效果，随时观察出渣口渣土的情况，在地质条件允许的情况下，适当增加检查刀具的频率。

⑥过江河地段掘进

过江河前，要对设备进行全面的检查和保养，保证设备的完好，特别是盾尾密封、铰接密封、刀具的完好。

掘进时要尽量降低对地层的扰动，防止土仓与江（河）水的直接连通，加泡沫或高分子聚合物增加对地层的止水性，加强盾尾油脂的注入，确保盾尾密封效果，调整同步注浆配合比，缩短浆液凝固时间，提高浆液的凝固速度。

（2）施工质量验收

施工质量验收以掘进过程中周边环境影响满足《城市轨道交通工程监测技术规范》GB 50911—2013中的各建（构）筑物等限定值为标准，同时盾构成型隧道轴线和高程满足《盾构法隧道施工及验收规范》GB 50446—2017中的允许偏差（表5-5）。

隧道轴线和高程允许偏差和检验方法 表5-5

项　　目	允许偏差（mm）	检验方法	检查频率
隧道轴线平面位置	±50	用全站仪测中线	1点/环
隧道轴线高程	±50	用水准仪测高程	1点/环

5. 特殊地段盾构掘进

（1）施工控制要点

盾构穿越特殊地段必须详细查明和分析地质状况和隧道周边环境状况。

1）盾构穿越特殊地层

盾构机在穿越浅覆土层地段、地质条件复杂地段（软硬不均互层地段）和砂卵石地段、江河等地段时，需采取适当措施保证施工安全快速通过。

2）盾构穿越建（构）筑物

盾构机在穿越重要房屋、构筑物等时，为确保避免造成地面沉降超限，危及建筑物安全，必须遵照"安全、连续、快速"的指导思想，确立"模式正确、参数合理、防范失水、快速掘进、注浆充分、严密监测、快速反馈"的施工原则。

3）特殊线路段施工

包括小半径曲线、大坡度地段、平行盾构隧道径距小于盾构直径70%的小径距地段等。

（2）施工质量验收

施工质量验收标准参照《盾构法隧道施工及验收规范》GB 50446—2017，施工满足以下标准：

1）浅覆土层地段施工

① 控制掘进参数，减少施工对环境的影响。

② 控制盾构姿态，防止发生突变。

2）小半径曲线地段施工

① 控制推进反力引起的管片变形、移动、渗水等。

② 使用超挖装置时，应合理控制超挖量。
③ 壁后注浆应选择体积变化小、早期强度高、速凝型的注浆材料。
④ 增加施工监测频率。
⑤ 采取措施防止后配套车架脱轨或倾覆。
⑥ 防止管片错台和严重开裂。
⑦ 提前调整分组油缸推力，关注左右侧分组油缸行程差，避免大幅度调向。

3）大坡度地段施工
① 牵引机车需采取防溜措施。
② 上坡时应加大盾构下半部分推力，对后方台车应采取防止脱滑措施。
③ 壁后注浆应采取收缩率小、早期强度高的浆液。

4）小径距隧道施工
① 施工前，分析施工对已建隧道的影响或平行隧道掘进时的相互影响，采取相应的施工措施。
② 施工时应控制掘进速度、土仓压力、出渣量、注浆压力等，减少对临近隧道的影响。
③ 对先行和既有隧道加强监测。
④ 可采取加固隧道间的土体、先行隧道内支设钢支撑等辅助设施控制地层和隧道变形。

5）地下管线与地下障碍物地段施工
① 应详细查明地下管线类型、位置、允许变形值等，制定专项施工方案。
② 对受施工影响有较大的变形量的管线，应提前进行加固或改移。
③ 及时调整掘进速度和出渣量，减少对地面的扰动。
④ 施工前应查明障碍物，并制定处理方案。
⑤ 从地面处理障碍物时，处理后应进行回填，确保盾构机能安全通过。
⑥ 在开挖面拆除障碍物时，可选择带压作业或加固地层的施工方法，控制地层开挖量，确保开挖面稳定，并应配合应急预案。

6）建（构）筑物地段施工
① 施工前，应对建（构）筑物地段进行详细调查，评估施工对建（构）筑物的影响，并采取相应措施，控制地表变形。
② 根据建（构）筑物基础与结构的类型、现状，可采取加固或托换措施。
③ 加强监测，及时调整掘进参数。

7）江河地段施工
① 应详细查明工程地质和水文地质条件及河床状况，设定适当的开挖面压力，加强开挖面管理与掘进参数的控制，防止冒浆和地层坍塌。
② 必须配足配水设备和设施。
③ 壁后注浆应采用速凝早强的注浆材料，加强二次注浆。
④ 长距离穿过江河前，应对盾构密封系统进行全面检查和处理。
⑤ 采取措施防止盾构掘进对堤岸的影响。
⑥ 派专人乘船观察盾构掘进线路动态。
⑦ 提前对刀具进行检查、更换，对设备进行认真维修保养，确保过江过河掘进过程中万无一失，并制定相应应急预案。

8) 地质条件复杂地层和砂卵石地段

① 地质条件复杂地层（软硬不均互层），应优先选择复合式盾构。

② 综合考虑所穿过地段地质条件，合理选择刀盘形式和刀具配置方式、数量。

③ 选择适当地点，及时更换刀具或改变其配制，以适应前方地层的掘进。

④ 根据开挖面地质预测信息，调整掘进参数、壁后注浆参数和土压，保证开挖面的稳定和掘进速度。

⑤ 采用土压平衡盾构通过砂卵石地段时，应进行渣土改良。

⑥ 采用泥水平衡盾构通过砂卵石地段时，应根据砾石含量和粒径确定破碎方法和泥浆配合比。

⑦ 遇大孤石影响掘进时，应采取明挖、深孔爆破等措施排除。

6. 同步注浆

（1）施工控制要点

1）同步注浆与盾构掘进同时进行，通过同步注浆系统及盾尾的注浆管，在盾构向前推进管片背后空隙形成的同时进行。同步注浆在管片背后空隙形成的极短的时间内将其充填密实，从而使周围岩体获得及时的支撑，可有效地防止岩体的塌陷，控制地表的沉降。

2）同步注浆采用盾尾壁后注浆方式。盾构掘进的同时，注浆泵将储浆槽中的浆液泵出，通过四条（或六条）独立的输浆管道，以及盾尾壳体内的 4 根（或 6 根）同步注浆管，对管片外表面与地层之间的间隙进行注浆。在每条输浆管道上都有一个压力传感器，每个注浆点都有监控设备监视每环的注浆量和注浆压力。

3）同步注浆浆液按照设计配合比拌制，浆液的相对密度、稠度、和易性、杂物最大粒径、凝结时间、凝结后强度、浆体固化收缩率均应满足工程要求，浆液在搅拌站拌合好以后，由砂浆运输车运至注浆站，通过软管抽送至砂浆存储罐内，连接好注浆管路，并设定压力、流量进行注浆。在每个注浆孔出口设置分压器，以便对各注浆压力和注浆量进行监测与控制，实现对管片背后对称均匀压注。

4）同步注浆参数

① 注浆量

盾构机注浆量按冲程计，浆液泵每注一次为一冲程。注浆量的确定以盾尾间隙量为基础，结合地层、线路适当考虑注浆系数，以达到充填密实。注浆系数主要由土质系数、超挖系数决定。土质系数取决于地层性质，一般取值为 1.1~1.5；在完整性好、自稳能力强的地层中，浆液不易渗透到周围土体中去，可取较小土质系数甚至不用考虑；但在裂隙发育的岩质地层或以砂、砾石为主的大渗透系数地层，浆液极易渗透到周围土体中，因此此类地层应取较大的土质系数，可取 1.5~2；在以黏土、粉砂为主的小渗透系数地层，浆液在注入压力下也会对土体产生劈裂渗透，故也应取 1.1~1.3 的土质系数。超挖系数是正常情况下盾尾建筑空隙的修正系数，一般只在曲线施工中产生，直线段盾构机体与隧道设计轴线有较大夹角时也会产生，其值一般较小可不予考虑，具体数值可通过计算得出。

注浆量须经计算确定，但由于盾构纠偏、浆液收缩、浆液流入地层裂隙等情况，实际注浆量一般比理论计算量要多，超注量要根据具体地层情况确定。

② 注浆压力

注浆压力最佳值应在综合考虑地质条件、管片强度、设备性能、浆液特性和土仓压力的基础上确定，要求理论注浆压力（压入口处）应略大于地层土压和水压之和，以达到对环向空隙有效充填而非劈裂注浆，以免扰动管片周围的原状土而引起地面甚至隧道的沉降或造成跑浆现象。

③ 同步注浆结束标准

双控标准：注浆压力达到设计压力，注浆量达到理论注浆量的90%以上。

注浆效果检查主要采用分析法，结合管片、地表及周围建筑物变形量测结果进行综合分析判断。

5）较长时间停机时，须在注浆管路内注满膨润土浆液以防止注浆管路堵塞。

（2）施工质量验收

施工质量验收标准参照《盾构法隧道施工及验收规范》GB 50446—2017，注浆效果满足以下标准：

管片与地层间隙应填充密实，并应确保衬砌环稳定，不得漏水。

7. 管片拼装

（1）施工控制要点

1）应严格控制千斤顶的压力和伸缩量，并应保持盾构姿态稳定，首先安装最下方一块管片，及时连接纵向螺栓。

2）由下到上左右对称安装剩余管片，随每块管片的安装将环向、纵向螺栓连接好并进行紧固，管片连接螺栓紧固质量应符合设计要求，拼装时应防止管片及防水密封条损坏。

3）封顶块安装时，先搭接4/5，再径向插入，边调整位置边缓慢纵向顶推。

4）整环管片全部安装完后，用风动扳手紧固所有螺栓。在管片脱出盾尾后，及时用风动扳手对所有管片环纵向螺栓进行复紧。复紧后上紧所有吊装孔封堵塞。

5）对已拼装成环的衬砌环应进行椭圆度抽查，确保拼装精度。

6）在曲线段拼装管片时，应使各种管片在环向定位准确，隧道轴线应符合设计要求。

7）在特殊位置拼装管片时，应根据特殊管片的设计位置，预先调整盾构姿态和盾尾间隙，管片拼装应符合设计要求。

（2）施工质量验收

施工质量验收标准参照《盾构法隧道施工及验收规范》GB 50446—2017，管片拼装质量满足以下标准：

1）管片拼装应严格按拼装设计要求进行，管片不得有内外贯穿裂缝和宽度大于0.2mm的裂缝及混凝土剥落现象。

2）管片防水密封质量应符合设计要求，不得缺损，粘结应牢固、平整，防水垫圈不得遗漏。

3）螺栓质量及拧紧程度必须符合设计要求。

4）管片拼装过程中应对隧道轴线和高程进行控制，其允许偏差和检验方法应符合表5-6的规定。

隧道轴线和高程允许偏差和检验方法　　　　　　　　　　　　表5-6

项　　目	允许偏差（mm）	检验方法	检查频率
隧道轴线平面位置	±50	用经纬仪测中线	1点/环
隧道轴线高程	±50	用水准仪测高程	1点/环

5) 施工中管片拼装允许偏差和检验方法应符合表 5-7 的规定。

管片拼装允许偏差和检验方法 表 5-7

项　　目	允许偏差（mm）	检验方法	检查频率
衬砌环直径椭圆度	±5‰	尺量后计算	4点/环
相邻管片的径向错台	5	用尺量	4点/环
相邻环片环面错台	6	用尺量	1点/环

注：1. D 指隧道的外直径，单位为毫米。
    2. 粘贴管片防水密封条前应将管片密封槽清理干净，粘贴后的防水密封条应牢固、平整和严密，位置应正确，不得有起鼓、超长和缺口现象。
    3. 螺栓孔橡胶密封圈安装应符合设计要求，不应遗漏，且不宜外露。
    4. 管片嵌缝防水应符合设计要求。当无设计要求时，应符合现行国家标准《地下工程防水技术规范》GB 50108—2008 的规定。

8. 盾构机刀具更换

盾构刀具更换根据地层自稳情况，一般方法有：常压开仓换刀和气压开仓换刀两种。

（1）刀具检查

检查刀盘刀具的目的：一是检查刀盘和刀具，必要时更换刀具；二是直观准确地检查掌子面的地质情况，为下一步施工提供准确的技术参数。检查内容如下：

1) 刀盘检查：检查刀盘磨损情况；检查主轴承及其密封油脂情况；检查刀盘面板是否有裂纹或变形。

2) 刀具外观检查：检查所有刀具螺栓是否有脱落或松动现象；检查滚刀挡圈是否断裂或脱落；检查滚刀刀圈是否完好，有无裂纹、断裂及弦磨现象；检查滚刀刀体是否漏油或轴承有无损坏；检查撕裂刀、齿刀、刮刀有无断齿、松动、严重磨损或脱落现象。

3) 刀圈磨损量的测量：在滚刀刀圈没有断裂和损坏的前提下，正确测量滚刀刀圈的磨损量是掌握刀具状况进行刀具更换的依据。

4) 渣土鉴别与渣温控制：施工中随时根据渣土温度、渣土卵石的含量判断所掘地层的岩性。渣温的控制是指通过对渣土温度的感知了解刀具的工作环境，指导渣土改良，对刀具进行保护。

（2）刀具更换的原则和计划

正确及时地更换刀具，可以减少刀具的非正常损坏及意外停机换刀时间，达到提高设备利用率、降低刀具损耗的目的。刀具更换遵循以下原则：

"磨损量"原则：刀具磨损量达到 15mm 即可进行换刀。

"合理"原则：刀具类型与地质的适应性，刀具更换计划的合理性。

"批量"原则：为保证刀具破岩的效率，减少刀具更换频率，有计划地进行批量换刀，具体为边刀批量、正滚刀批量、中心刀批量、刮刀切刀批量。

"快速"原则：为保证换刀人员和机械设备的安全，采用快速有效的换刀。

刀具是切削土体的主要工具，其磨损程度将直接影响到盾构机的掘进效率。在砂、砂卵石、岩层中掘进时，刀具磨损会比较快，因此要准备充足的刀具作为备用，在穿越过程中，要按计划定期开仓检查刀具。依据施工经验，预计每掘进一定距离时须检查并换刀一次。停机换刀时避开软土地层和地表有建筑物处。可能遇到前方地质较差时，需对掌子面加固后方能换刀。

(3) 刀具更换的程序

刀具更换的程序如下:

1) 停止掘进,做好检查和换刀的各项准备工作。

2) 采用压气作业,检查人员通过气压仓进入土仓。

3) 检查刀具,对刀盘清洗后,逐个检查刀具损坏及磨损情况,并做好记录。

4) 根据刀具磨损情况,确定换刀的类型和编号。

5) 换刀原则:在不稳定地层,采取拆一把换一把的原则,以便地层变化较大时可及时恢复掘进,对于稳定地层可一次性拆除多把。

6) 试转和复紧:在刀具更换完成并经工程师检查后,可清理土仓,关闭仓门。试转刀盘若干圈后,再安排人员进入土仓复紧刀具,确认上紧后,退出土仓,关闭仓门,恢复掘进。开始阶段将刀盘转速和千斤顶推力要由小到大逐渐增加,避免对刀具的损坏。

(4) 辅助措施

对于开仓作业,除了在无水、稳定性好的地层下,其余地层均需要做辅助措施以保证开仓安全。常用的辅助措施主要有压气、注浆加固、降水等。

1) 压气:在盾构机制造时配置人员密封仓和相应的压气设备(空压机和管路),压气系统的基本构成是空气经空压机压缩后送入调压装置,再由调压装置送入人闸中。在后续拖车上布置有一台无油空压机与人闸直接相连,在后续拖车后部还将布置一台相同容量的柴油驱动空压机,以便洞内电力突然中断时及时启动供气。根据隧道埋深及地质情况,压气作业压力约为 $1.0 \sim 2.0 \text{kgf/cm}^2$ ($9.8 \sim 19.6 \text{Pa}$)。

带压作业主要步骤:

准备换刀工具、材料并检查压气时要用的相关设备。

排出土仓内的渣土,当土压降至较低时(0.5bar 以下),向土仓加入压缩气体,同时土仓内加入膨润土,转动刀盘,继续出渣,一段时间后停止加入膨润土。当螺旋机后闸门有较连续且较大压力的气体喷出即可停止出土,然后等待 0.5h 左右看土仓内的气压是否能够保持稳定,即气压上下浮动不能超过 0.1bar。如果土仓内的气压无法上升到预定值,且空压机排压较低,或者气压上下浮动过大,都说明土仓漏气,须检查地面、铰接、盾尾是否漏气。

土仓内气压稳定后,换刀人员进入人闸,相关材料工具也要运进去。准备好后,向人闸内加压,加压程序要按照有关带压作业规范的要求进行。

当人闸的气压与土仓的气压基本一致时,打开平衡阀,换刀人员打开土仓门进入土仓开始作业。

2) 注浆加固:在盾构机前体周边预留多个超前孔,可进行超前注浆,对刀盘前方土体形成固结圈,使其有较好的自稳性。另外,如果地面条件允许,可在地面上对地层进行深层注浆加固。

3) 降水:对于渗透系数大、降水后自稳性好的地层,可通过地面降水井对地层进行降水,从而保证地层稳定。

5.1.5 盾构接收

1. 施工工艺流程及施工工艺现场照片

施工工艺流程及施工工艺现场照片如图 5-7、图 5-8 所示。

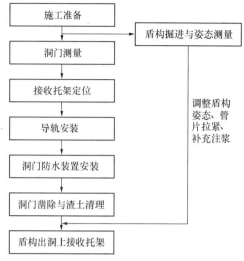

图 5-7 盾构到达施工流程图

图 5-8 施工现场实例图片

（a）接收托架安装；（b）盾构机出洞上接收托架；（c）水土接收；（d）钢套筒接收

2. 施工准备

（1）盾构到达是指盾构沿设计线路，自盾构区间隧道贯通前100m掘进至区间隧道贯通后，然后从预先施工完毕的洞口处进入接收井内的整个施工过程，以盾构主机推出洞门上接收托架为止。

(2) 盾构接收前施工专项方案需组织专家论证并已补充完善。

(3) 盾构接收方案安全、技术交底（含勘察、设计及管线交底情况）已完成。

(4) 工作井验收资料（其标高、轴线、结构强度等各项技术参数）符合设计和规范要求，并能满足盾构施工各阶段受力要求，端头井结构尺寸和洞门中心已复核且符合设计要求。

(5) 设计要求的加固防水措施（端头加固、降水、冷冻等）已经完成，对洞门段土体的加固体强度、抗渗指标已经过现场试验确定，满足设计并有检测报告。

(6) 处于砂性土或有承压水层时，已采取降水、堵漏等防止涌水、涌砂措施，且资料齐全。

(7) 盾构接收架已经设计验算资料（结构强度须满足要求）。

(8) 洞门处围护结构混凝土凿除和洞圈密封装置安装的外观检查合格，通过监理验收合格。

(9) 洞门探孔及监测资料无发现异常情况，满足始发/接收要求。

(10) 突发性事故的应急预案已编制，应急救援人员、设备、物资已落实，并已开展应急演练。

(11) 对相邻建（构）筑物、道路、地下管线等设施已组织交底，并已落实相应的监护措施。

(12) 双路供电（应急电源）已落实。

3. 接收托架安装

(1) 盾构接收托架准备与安装分两步进行：

第一步：洞门凿除完成前，按照预计盾构贯通姿态对接收托架进行定位。定位后，做好加固材料准备。

第二步：待盾构贯通后根据盾构实际姿态再次对接收托架进行准确定位。定好位后对接收托架进行加固（可与清碴同步进行）。

(2) 接收托架定位要求为：1) 根据盾构姿态确定托架中心线，保证托架中心线与盾构中心线一致。2) 托架以 2.5‰ 上坡（盾构前进方向）确定高程，托架靠近到达洞门端高程根据盾构高程确定。接收托架四周焊接加工好的牛腿，并用 M20 的膨胀螺栓固定在主体结构底板上，保证盾构接收时接收托架的稳定性。

4. 盾构钢套筒安装

(1) 施工控制要点

1) 钢套筒接收施工工艺流程

钢套筒接收施工工艺流程如图 5-9 所示。

2) 加固土体强度达到设计要求有良好的自稳能力，加固效果必须保证连续墙破除是无漏水、漏砂。

3) 钢筒安装连接精度、强度、密闭性良好。

4) 盾构机正式掘进加固土体前，到达洞门最后一层钢筋及保护层的凿除（包括钢筒内清理及砂浆垫层的浇筑）必须全部施工完毕，并且钢套筒安装、检验满足要求的同时，回填和易性较好的泥土。

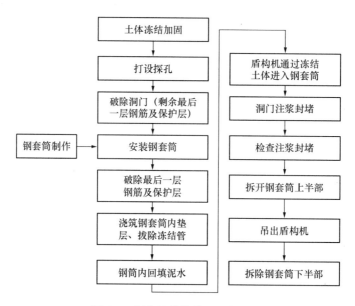

图 5-9 钢套筒接收施工工艺流程

5) 盾构机盾尾完全脱离洞门内衬墙结构盾体全部进入钢套筒后与钢套筒拆除前的洞门安全性检验措施、应急措施必须考虑充分。

6) 由于该到达工艺不同于以往常规盾构到达且施工限界较多,盾构机到达前姿态控制要求高、到达后钢套筒及其附属结构的拆解和盾构机的解体必须细化考虑。

7) 靠近洞门位置设计 5 环增设注浆孔的管片,便于盾构接收过程中施作环箍和封堵洞门注浆。

8) 为了检查钢套筒的承载能力及密封性能,套筒安装完成后,必须对现场安装后的钢套筒进行水压力试验,水压力不小于 3bar。

9) 要严格控制盾构机测量精度和钢套筒安装精度,防止盾构机出洞过程中刀盘与钢套筒接触。

10) 为防止盾构机在钢套筒内掘进时出现栽头情况,在钢套筒底部 90°的范围内浇筑 20cm 厚的砂浆垫层,支撑住盾体,有效地防止盾体栽头。

11) 刀盘进入钢套筒后应不间断跟踪监测盾构机姿态以及钢筒情况,防止栽头和钢筒的移动。

12) 在每段钢套筒底部等间距预留 3 个带球阀注排浆管,共 9 个等间距布置,一旦盾构机有栽头趋势,即可在下部注双液浆回顶。

(2) 施工质量验收

国内暂无相关验收规范,根据施工经验,提供参考验收标准如下:

钢套筒安装完成后,向钢套筒内填充泥砂,在填充过程中适当加水,保证砂的密实,然后加水至完全充满钢套筒。填料完成后,即可进行钢套筒检测试压和验收。

1) 渗漏检测

从加水孔向钢套筒内加水,如果压力能够达到 3bar,则停止加水,并维持压力稳定。如无法通过水压达到 3bar,则利用空压机加气,直至压力达到 3bar 为止,对各个连接部分进行检查,包括洞门连接板、钢套筒环向与纵向连接位置、后端盖板的连接处有无漏水,检查反力架支撑的各个焊缝位置有无脱焊情况。

2)钢套筒位移检测

对钢套筒应进行位移检测,在试水、加压测试前,在钢套筒与洞门环板连接的部位分区安装应变片,在钢套筒表面安装百分表,在加压过程中,一旦发现应变超标或位移过大,必须立即进行泄压、分析原因并采取解决措施。根据设计计算,位移量控制最严格的位置是洞门环板与钢套筒的连接位置,允许变形量在1.5~2mm。另一位置是后盖椭球体的中心圆点位置,此处受压力最大,必须监测其变形量,最大允许变形量为5mm。

5. 洞门环梁施工

(1)加固土体强度达到设计要求有良好的自稳能力,加固效果必须保证连续墙破除是无漏水、漏砂。洞门施工在隧道全部贯通后进行,施工前应将洞门与隧道衬砌环状间隙用钢板封闭(此项工作已于盾构到达时完成),并从近洞口1~3环内的衬砌压浆孔内向洞圈和管片间充填早凝水泥浆,确保洞圈无渗漏。待浆液凝固达到强度后,拆除洞门封闭钢板,凿至洞门圈内混凝土表面完全出露,并清理干净。

(2)根据标高、轴线控制点进行钢筋安装、绑扎,钢筋与结构预埋件应焊接牢固,钢筋搭接焊长度≥10d(双面焊≥5d)。由于钢筋笼较高,要求在安装绑扎钢筋时,必须设置临时撑及支架。

(3)钢筋绑扎和止水条安装完毕后及时进行自检,合格后会同现场监理进行隐蔽工程验收,并办好隐蔽工程验收手续。

(4)洞口处模板须定制专用弧形模板,确保几何尺寸正确。模板安装尺寸应准确,接缝应平齐、无间隙,确保不漏浆,并支撑牢固。二腰与顶部要预留混凝土浇灌口。

5.1.6 盾构管片修补

1. 施工工艺流程

施工工艺流程如图5-10所示。

2. 施工准备

(1)盾构在掘进过程中,由于管片拼装误差、操作不当和止水条失效等原因,造成管片在出盾壳以后,出现裂缝、崩角、破损以及自管片注浆孔位置以及管片接缝位置渗水或漏水等现象。依据设计要求,对所有的管片裂缝、崩角、破损进行修补,对拼缝、点状渗漏进行防水堵漏处理。

(2)对已安装的存在裂缝、崩角、破损的管片,采用特制的水泥砂浆或

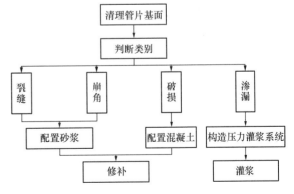

图5-10 管片修补施工工艺流程图

细石混凝土进行缺陷修补,保证管片的完整性、美观性。对存在接缝漏水的管片,采用灌注水泥浆或化学浆液进行防水堵漏,从而进一步增强隧道的防水性,保证管片安装后的隧道的整体质量。

管片裂缝：指管片出现宽度在 0.1～0.20mm 的裂缝，深度大于 0.5～2.0mm 而未贯通的裂缝。

管片崩角：指安装后的管片角部出现小于 50mm×50mm×50mm 的掉角或脱落。

管片破损：指安装后管片因各种原因出现大于崩角尺寸的混凝土破损或脱落。

管片修补：用特制砂浆或细石混凝土对管片破损缺陷部位进行修补，使其满足质量要求。

（3）管片修补作业内容包括：对缺陷处的清理、配置水泥砂浆、对缺陷处进行修补、对修补面进行美化。

管片堵漏作业内容包括：处理基面、配置二次注浆设备、灌注水泥浆或化学浆液、铲除灌浆过程中凸出平面部分、清洁处理基面。

3. 管片修补

（1）施工控制要点

1）管片裂缝修补

管片的细小裂缝用 108 号胶水搅拌水泥填平，所有填补料应和裂缝表面紧密结合，并且结合完好；对于深度＞2mm、宽度＞3mm 的裂缝，要进行二次填补，操作时待第一次填补的材料干缩后，再进行第二次填补。

2）崩角修补

① 把崩角处的残余混凝土清理干净，崩角边缘尽量清理顺直。

② 把管片上的破损面用钢丝刷清理干净，并用清水冲洗干净。

③ 在进行修补前必须保证破损表面干燥。

④ 拌制砂浆。砂浆配合比根据管片颜色综合考虑进行配置，砂浆搅拌必须均匀。

⑤ 修补时必须分层进行，一次填补厚度不得超过 40mm，逐层填补后进行抹平、修边。

⑥ 当崩角较大时，刚修补的砂浆要脱落或变形，需在填补砂浆前立靠模。

⑦ 待修补砂浆干硬后（约修补后 3d），用抛光机磨平表面。

⑧ 用 108 号胶拌合水泥浆制成的水泥浆液进行表面涂涮，同时，应注意水泥的掺合量，把涂刷后的修补表面颜色做得相匹配。

3）破损修补

① 破损处的修补准备工作同崩角处的修补。

② 修补前一定用 V 形卡定好靠模。

③ 用细石混凝土分层分块地进行破损处混凝土的回填修补。混凝土配合比为：52.5 级水泥：砂：米石（5～15mm）：水＝1：1.5：5.0：0.4。

④ 待修补砂浆干硬后（约修补后 3d），用砂轮机磨平表面。

（2）施工质量验收

施工质量验收标准参照《预制混凝土衬砌管片》GB/T 22082—2008 执行。

1）当管片表面出现缺棱掉角、混凝土剥落以及宽度 0.1～0.2mm 非贯穿性裂缝时，必须进行管片修补。

2）管片修补时，修补材料的抗拉强度和抗压强度均不低于管片设计强度。

3）修补后的管片质量应符合标准中成型管片质量要求。

4. 管片堵漏

（1）施工控制要点

1) 管片点状部位渗漏：采用压力注浆法，灌注改性环氧浆液，环氧树脂胶泥缝外封闭处理。

2) 管片拼缝渗漏：使用钢丝刷刷洗拼缝，清除其中的尘土污物，采用压力注浆法，灌注超细水泥浆及改性环氧浆液，环氧树脂胶泥缝外封闭处理。

3) 在另一个位置出现新渗漏的处理措施同2)施工方法。

（2）施工质量验收

国内暂无相关验收规范，根据施工经验，提供参考验收标准如下：

管片堵漏后隧道防水质量达到地下工程二级防水等级标准。

5. 钢环加固

（1）施工控制要点

1) 在进行管片的处理前使用洗涤剂对管片进行清理，管片上的杂物均需先清理干净再进行下一步工作。

2) 针对渗漏水较大的地方（存在滴漏现象或者渗漏水长度超过1m处），采用压注单液水泥浆的方式进行堵漏。

3) 管片修补根据不同破损情况采用不同的方法。

4) 钢环加工：一般情况下，钢圈按照6块进行加工。加工时根据设计图纸，预先加工出M16不锈钢螺栓锚固用$\phi 19mm$孔，灌注环氧树脂用$\phi 28.5mm$孔，再进行卷曲加工。卷曲加工完成后，必须进行卷曲度检验，确保每块钢板的曲率半径符合图纸设计要求，对经检验不符合要求的，必须重新进行加工，否则不能采用。

5) 钢环安装

① 安装前现场管片修补、堵漏，手孔封闭等工作全部完成，无漏水、渗水现象。

② 首先对安装部位管片表面用手砂轮机配钢丝刷进行清理，确保管片内表面平整无凸起。用干抹布擦干管片表面水渍，再用空压机进行吹干，保证安装部位干燥。

③ 根据待安装区域的管片拼装点位情况，预先在管片上标记出安装中心线、每块钢板位置及安装找正基准，并在相邻环管片上标记清楚安装环每块管片吊装孔的准确位置。

④ 安装隧道底部的两块钢板，钢板接头处点焊牢固，然后用捯链牵引，使装好的钢板沿管片内壁向高处滑动，然后再在隧道底部依次进行其余钢板的安装（注意当最高处钢板高度达到隧道腰部水平线以上时，要及时利用丝杆进行支撑，确保安全并防止钢板变形）。当安装至还剩最后一块钢板时，利用丝杆将钢板与管片间隙调至最小，用膨胀螺栓将钢板与背后管片固定。

⑤ 整环安装完成后，对每环钢环内块与块之间的带钝边V形焊缝进行坡口焊，焊接时必须采取有效措施，避免钢板变形。

6) 将钢环内表面彻底清理打磨平整，为表面防腐处理做好准备工作。

7) 钢内衬后部注满环氧树脂。

8) 环氧灌注施工完毕并达到等强时间后，将钢环内表面彻底清理干净，对由于安装施工和环氧灌注施工防腐层被破坏的部位进行聚脲防腐处理。

（2）施工质量验收

国内暂无相关验收规范，根据施工经验，提供参考验收标准如下：

1) 钢板在机械加工完成后,必须按照设计要求,对所有表面进行防腐处理,具体要求为:采用聚脲涂料,均匀牢固,厚度不得小于1.5mm。

2) 螺杆最小锚固深度100mm,锚孔深度允许偏差为±10mm,垂直度允许偏差为5°,螺杆选用不锈钢材质。

3) 一环灌注完成后,利用工具敲击检查是否整环灌注饱满,如有不饱满,进行补注,至整环注满为止。

5.1.7 二次注浆

1. 施工工艺流程及施工工艺现场照片

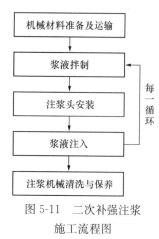

图 5-11 二次补强注浆施工流程图

施工工艺流程及施工工艺现场照片如图 5-11、图 5-12 所示。

2. 施工准备

受不同地层中掘进参数、同步注浆装备及管理等因素影响,造成盾构隧道管片背后充填不密实,容易诱发涌砂、工后管片错台、漏水、地面沉降超限等问题,应进行盾构隧道内二次注浆,以控制工后沉降,提高防水效果等。

(1) 进行详细的浆材配合比试验,选定合适的注浆材料、添加剂及浆液配合比,保证所选浆材配合比、强度、耐久性等物理力学指标满足设计的工程要求;注浆前检查压力表完好,不允许超压注浆。

(2) 制定详细的注浆施工设计和工艺流程及注浆质量控制程序,严格按要求实施注浆、检查、记录、分析,及时做出注浆压力—注浆量—时间曲线,分析注浆效果,反馈指导下次注浆,并及时报告业主和现场工程师。

(a) (b)

图 5-12 施工工艺现场照片
(a) 隧道内浆液拌制;(b) 注浆施工

(3) 根据洞内管片衬砌变形和地面及周围构筑物变形监测结果,及时进行信息反馈,修正注浆参数和施工方法,发现情况及时解决。

(4) 做好注浆设备的维修保养、注浆材料供应,以保证注浆作业顺利、连续、不中断进行。

(5) 做好注浆孔的密封，保证其不渗漏水。

(6) 严格控制水泥浆的水灰比、注浆压力、注浆量。注浆压力的设定原则一般为地下水静止水压力与静止土压力之和的 1.1~1.2 倍；注浆过程中，应注意冲击数与压力值的变化，由此判断是否堵管或堵管的位置，如果压力值骤然升高，盾尾堵管的可能性较大，如果压力值不变，冲击数不发生变化，可能是盾尾与泵之间或泵与砂浆罐之间堵管。堵管应及时清理，避免因时间过长造成难以清理的现象。

3. 注浆

(1) 控制要点

1) 开孔原则：管片开孔二次注浆遵循隔环开孔原则，若相邻两环之间连续出现沉降过大、漏水现象，则不必遵循隔环开孔的原则。

2) 开孔安阀：根据地层情况及处理目的不同，开孔方式有两种：一是只打穿吊装孔，安装球阀，在管片背后注浆；二是打穿吊装孔后，装小导管，再安装球阀，对较深层土体注浆。

3) 注入材料及浆液配合比

二次注浆材料可根据地质地层、隧道埋深及地下水情况选择，一般为水泥浆液或者水玻璃水泥浆液。

① 水泥浆液（单液浆）：宜用 42.5 级以上的硅酸盐水泥。水灰比根据漏水、沉降情况而定，一般采用 1.5:1、1:1、0.75:1、0.5:1 等几种。灌注过程中，应经常搅拌，为提高浆液的早期强度，可掺入各种早强剂或其他外掺剂。

② 双液浆（水玻璃水泥浆液）：水玻璃水泥浆液宜使用模数 2.4~2.8 的水玻璃，浓度 35~40Be 左右，与水泥配合比为 1:1.15、1:1.5 等（具体根据现场注浆凝固时间配置）。一般在管片注浆孔位置采用三通注入。

③ 拌制后浆液必须满足工程使用要求，要求如下：

A. 注浆作业的全过程不易产生离析。

B. 具有较好的流动性，易于注浆施工。

C. 注浆后浆液固化的体积变化小，即凝固收缩率小。

D. 有较好的不透水性能。

E. 注浆后能很快超过土层的强度。

4) 注入压力

注浆压力一般视地质情况和覆土深度而定，压力一般控制在 0.15~0.25MPa，避免对土体产生大的扰动。每 0.5m³ 混合浆液中应掺加约 2.5kg 膨润土，以起润滑作用。

5) 注浆方法和方式

① 在硬岩地段盾构注浆宜采用同步注浆和二次注浆相结合的背后注浆方式，浆液配合比要在保证砂浆稠度、离析率、固结率、强度等指标的基础上确定，其胶凝时间宜延长并控制在 5~12h，地下水发育时，浆液的胶凝时间宜调短。

② 在自稳能力较差的强风化、全风化岩地层和黏土层，盾构注浆单液浆和双液浆都可选，胶凝时间适当缩短为 4~7h，同步注浆压力为 0.15~0.2MPa，局部管片出现漏水、沉降过大处需进行二次注浆，压力调整为 0.15~0.25MPa，必要时采取地层加固辅助施

工措施。

③在富含水地层中注浆要求能迅速阻水，快速充填。故要求浆液凝固时间短，黏性大，保水性强，不离析，胶凝时间宜控制在4~6h。

④在盾构始发和到达段，总体上要求缩短浆液胶凝时间，以便在填充地层的同时能尽早获得浆液固结体强度，保证开挖面安全并防止从洞口处漏浆。

⑤二次注浆距盾尾越近，则固定管环位置越准确，但是，距离过近会造成双液浆进入盾尾刷和同步注浆排浆口，破坏盾尾刷密封和阻断同步注浆管道。施工中，双液注浆孔位置宜选择在推出盾尾4~6环范围内的管片孔中进行。

⑥当地下水特别丰富时，需要对地下水进行封堵。同时为了及早建立起浆液的高黏度，以便在浆液向空隙中充填的同时将地下水疏干（将地下水赶入地层深处），获得最佳充填效果。这时需要将注浆液的胶凝时间调至4~15min，必要时采用水泥水玻璃双液浆。

6）控制管片上浮

用二次注双液浆可在管片与围岩之间形成结块，在同步注浆的浆液未凝固之前，双液浆凝固的结块镶嵌在管片和围岩之间，这样就基本控制了管片的上浮。双液浆选用水泥浆和水玻璃，压力≤2.5MPa，浆液凝固时间调整在20s左右。

7）防水堵漏

根据隧道里漏水情况选择合适的浆液和注浆压力很重要，在硬岩段和单个大漏水点处一般选用双液浆，浆液凝固时间控制在60~120s；在软土层选用单液浆，或凝固时间在5~10min的可塑型浆液，用水灰比1:1的水泥浆，注浆压力≤2.5MPa。

(2) 施工质量控制

国内暂无相关验收规范，根据施工经验，提供参考验收标准如下：

1) 注浆结束标准：注浆压力达到设计压力后，停止注入；注浆压力未达到设计压力，但注浆量达到设计注浆量；根据监测情况判断是否需要继续注浆。

2) 对拱顶部分也可采用超声波探测法进行检查，对未满足要求的进行补充注浆。

3) 控制地表沉降在-3~+1cm范围内，减少隧道管片工后漏水。

5.1.8 联络通道

1. 施工工艺流程及施工工艺现场照片

施工工艺流程及施工工艺现场照片如图5-13、图5-14所示。

2. 施工准备

(1) 联络通道采用在盾构隧道内开口并进行矿山法开挖，复合式衬砌。

(2) 施工步骤：联络通道地层加固（超前管棚注浆、地面注浆加固或冻结法施工）→联络通道处管片支撑加固→钢管片拆除→联络通道开挖支护→联络通道防水施工→联络通道二次衬砌施工。

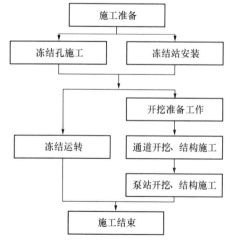

图5-13 盾构隧道联络通道施工工艺流程图

第5章 城市轨道交通工程盾构隧道施工质量控制与验收

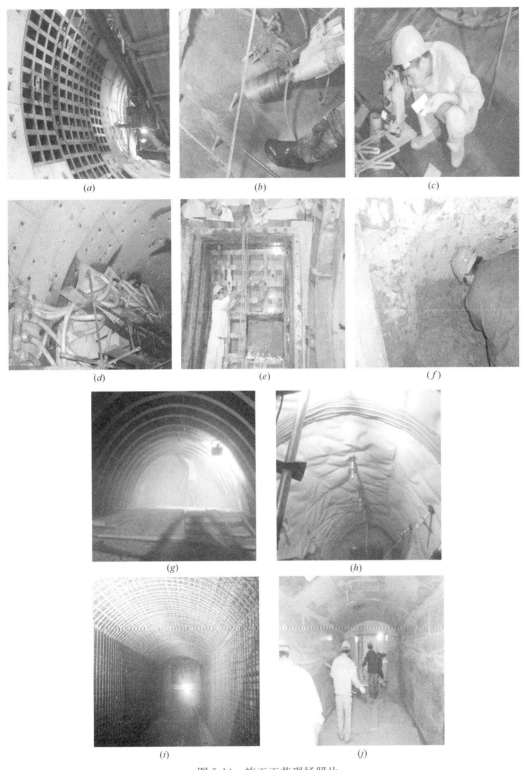

图 5-14 施工工艺现场照片
(a) 联络通道钢环拼装；(b) 联络通道冻结孔开孔；(c) 联络通道冻结孔测斜；(d) 冻结施工；
(e) 联络通道钢管片拔除；(f) 联络通道开挖进尺；(g) 联络通道初期支护；(h) 联络通道防
水施工；(i) 联络通道钢筋施工；(j) 成型联络通道

（3）联络通道开挖前施工专项方案需组织专家论证并已补充完善。

（4）联络通道施工安全、技术交底（含勘察及设计交底情况）已完成。

（5）对相邻近建（构）筑物、道路、地下管线等设施已组织交底，并已落实相应的监护措施。

（6）如采用冻结法，冷冻机组设备已经过检测机构检测合格，并经监理验收合格，报安全监督机构备案。

（7）冻结孔施工质量（冻结孔位、孔深孔偏斜、成孔间距、冻结管长度、冻结管耐压等）经监理验收合格。

（8）冻结系统运转与冻土墙壁形成质量（盐水温度冻土墙交圈时间、冻土墙达到设计厚度时间等）满足设计要求。

（9）监测方案（含施工及第三方）已组织专家论证、测点已验收并已采取初始值；监控视频相关硬件已安装、视频能正常上传至监控平台。

（10）钢管片处已安装安全应急门。

（11）双路供电（应急电源）已落实。

（12）已编制突发性事故的应急预案，应急救援人员、设备、物资已落实，并已开展应急演练。

3. 地层加固

（1）施工控制要点

1）地层冻结加固应在设计的时间内保证土方开挖和结构施工的安全，并使周围环境和建（构）筑物不受损害。

2）冻结壁宜作为临时承载结构，当要求承载时间较长时，宜设立初期支护符合承载体系。

3）当冻结壁表面直接与大气接触，或通过导热物体与大气产生热交换时，应在冻结壁或导热物体表面采取保温措施。

4）在冻结壁形成期间，冻结壁内或冻结壁外200m区域内透水砂层中不宜采取降水措施。必须降水施工时，冻结设计应充分考虑降水产生的不利影响。

（2）施工质量验收

施工质量验收标准没有国标，参照上海地方标准《旁通道冻结法技术规程》DG/TJ 08—902—2006，冻结质量控制与验收指标如下：

1）泄压孔水压应升高至超过初始水压0.1MPa以上，打开泄压孔无水持续流出（少量滴水除外），泄压孔压力上涨超过7d。

2）如泄压孔水压无升高，应查明有冻结壁不交圈之外的原因，并且要求打开泄压孔后24h以上无水流出，积极冻结时间不少于设计要求。

3）根据测温孔实测温度计算的冻结壁厚度、冻结壁平均温度和冻结壁与隧道管片界面温度均应满足设计要求。

4. 钻孔施工

（1）施工控制要点

1）冻结孔施工顺序：先施工透孔，根据穿透孔的偏差，进一步调整有关的钻进参数。然后根据联络通道施工的孔位，采用由上向下的顺序进行施工，这样可防止因下层冻结孔的施工引起上部地层扰动，减小钻孔施工时的事故发生率。

2) 冻结孔的定位：依据施工基准点，按冻结孔施工图进行冻结孔孔位放线，孔位布置首先要依据管片配筋图和钢管片加强筋的位置，在避开主筋、管缝、螺栓及钢管片肋板的前提下可适当调整，不大于100mm。

3) 冻结孔开孔及孔口密封装置：开孔适用φ130mm金刚石取芯钻头进行钻孔，深度约300mm，控制不得钻穿管片。用钢楔楔断岩心，取出后，打入加工好的孔口管，并用至少4个固定点固定在管片上，然后安装孔口密封装置。

（2）施工质量验收

施工质量验收标准没有国标，参照上海地方标准《旁通道冻结法技术规程》DG/TJ 08—902—2006，钻孔质量验收指标如下：

1) 应按设计要求和有关标准、规范要求对冻结孔实际开孔孔位，冻结管下入地层深度，冻结管和供液管的材质、规格、接头方式，冻结管和供液管深度，冻结管耐压，以及冻结孔成孔间距经验收合格后，方可使用。

2) 冻结孔偏斜精度要求可按表5-8选定。

5. 开挖及支护

（1）施工控制要点

1) 初期支护可采用由喷射混凝土、型钢支架、木背板和砂浆充填层组成的结构形式。

冻结孔偏斜精度要求　　　　表5-8

冻结孔类型	水平或倾斜冻结孔			竖直冻结孔	
冻结孔深度 H（m）	≤10	10～30	30～60	≤40	40～100
冻结孔最大偏斜 R_p（mm）	150	150～350	350～600	150～250	250～400

2) 初期支护钢支架可采用18～22号工字钢等型钢制作，钢支架内侧净尺寸宜按旁通道结构轮廓外放20～30mm计算；喷射混凝土强度设计等级宜采用C15～C20，厚度与钢支架型钢高度一致；木背板厚度可取30～50mm；充填层可采用中粗砂或水泥砂浆，厚度以30mm为宜。

3) 冻结法加固施工中，初期支护的承载力应经过计算，初期支护应能承受25%～50%以上的冻结壁荷载，在以下情况下初期支护宜按承受全部冻结壁荷载设计：

① 通道位置有砂土层。

② 通道长度大于15m或通道开挖需要15d以上。

③ 通道开挖去附近3m内有特殊变形控制要求的重要建构物。

④ 初期支护的承载力计算方法应符合有关结构设计规范的规定。

4) 可采取全断面开挖方式，开挖面土体难以自立时可以放坡。

5) 掘进长度宜取500～800mm，并宜与初期支护的钢支架间距一致。

（2）施工质量验收

施工质量验收标准没有国标，参照上海地方标准《旁通道冻结法技术规程》DG/TJ 08—902—2006，开挖与支护质量控制与验收指标如下：

1) 土方开挖质量控制与验收

① 开挖面横断面方向尺寸应满足设计要求，且单侧超挖不得大于30mm。

② 最大空帮距（没有支护的冻结壁暴露段长）不宜大于掘进段长600mm。重要建筑

物应适当减小最大空帮距。

③ 冻结壁暴露时间应控制在 24h 内。

④ 冻结壁暴露面最大收敛位移不得大于 20mm。

⑤ 通道开挖中心线偏差应不大于 20mm。

2) 初期支护质量控制与验收

① 钢支架制作应符合有关钢结构施工质量验收规范的规定。

② 钢支架安装的垂直度偏差应不大于 20mm,标高偏差应不大于±20mm,支架轴线偏差应不大于 20mm,相邻支架间距偏差应不大于 30mm,同一架支架横梁两端水平 20mm,相邻支架间拉杆应连接牢固。

③ 木背板厚度误差应不小于 5mm,背板间隙应不大于 10mm,背板搭接钢支撑长度应不小于 30mm。

④ 喷射混凝土强度等级应符合设计要求,厚度误差不大于±10mm。

⑤ 木背板背后充填应密实,不留空洞。

⑥ 支架安装外表整齐美观。

6. 二次衬砌

(1) 施工控制要点

1) 结构及防水层应严格按照设计和有关施工规范施工。

2) 应根据施工工序安排和混凝土需要二次倒运的情况,确定混凝土初凝时间。

3) 应采取措施确保通道拱部混凝土浇筑密实。

4) 应在浇筑完通道段衬砌混凝土且混凝土强度达到设计值的 60% 以上后开挖集水井。

5) 应考虑低温环境交底可能对混凝土强度增长的影响。

(2) 施工质量验收

施工质量验收标准没有国标,参照上海地方标准《旁通道冻结法技术规程》DG/TJ 08—902—2006,二次衬砌质量控制与验收指标如下:

1) 联络通道结构及防水层应严格按照设计要求和有关施工规范施工。

2) 应根据施工工序安排和混凝土需要二次倒运的情况,确定混凝土初凝时间。

3) 应采取措施确保通道拱部混凝土浇筑密实。

4) 应在浇筑完通道段衬砌混凝土且混凝土强度达到设计值的 60% 以上后开挖集水井。

5) 应考虑环境温度较低可能对混凝土强度增长的影响。

5.1.9 管片接缝嵌缝、手孔封堵

1. 施工工艺流程

施工工艺流程如图 5-15 所示。

2. 接缝嵌缝封堵

(1) 嵌缝方式一

1) 环、纵缝清理

① 对管片渗漏处,先进行封堵。

第5章 城市轨道交通工程盾构隧道施工质量控制与验收

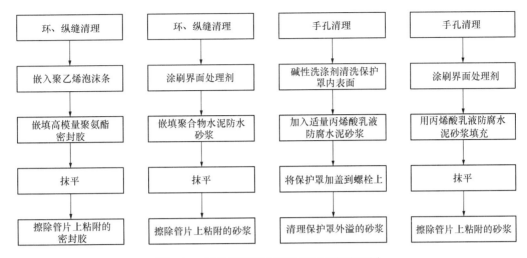

图 5-15 盾构隧道手孔嵌缝施工工艺流程图

② 用钢丝刷清理缝内泥浆，嵌缝槽内不得有积水或残存杂物。

2）嵌填及抹平

① 嵌填聚乙烯泡沫条，保证泡沫条嵌填到最底部，无翘起现象。

② 将高模量聚氨酯密封胶进行嵌填和抹平，施工时要注意挤出速度和倾斜角度做到挤出均匀，填充密实，防止气泡与孔洞形成。

③ 若管片接缝间存在高差，则要两端抹平，不要出现明显的台阶。

（2）嵌缝方式二

1）环、纵缝清理

① 对管片渗漏处，先进行封堵。

② 用钢丝刷清理缝内泥浆，嵌缝槽内不得有积水或残存杂物。

2）嵌填及抹平

① 在环、纵缝处涂刷界面处理剂，保证涂刷均匀，无遗漏。

② 将聚合物水泥防水砂浆进行嵌填和抹平，施工时要注意挤出速度和倾斜角度，做到挤出均匀，填充密实，防止气泡与孔洞形成。

③ 若管片接缝间存在高差，则要两端抹平，不要出现明显的台阶。

3. 手孔封堵

（1）施工控制要点

1）隧道上半环螺栓加套保护塑料罩

① 手孔清理

A. 清除手孔内泥浆，清理后的手孔内应干净无浮灰。

B. 螺栓复紧，清除连接螺栓表面浮锈。

② 加盖螺栓保护罩

A. 在塑料保护罩内加入适量的丙烯酸乳液防腐蚀水泥砂浆，保证套上螺栓后砂浆充满整个螺栓保护罩，最后擦除溢出保护罩的砂浆，确保管片干净整洁。塑料保护罩使用前，应用碱性洗涤剂清洗保护罩内表面，以利于彻底清除保护罩隔离剂。

丙烯酸乳液防腐蚀水泥砂浆为 NBS 水泥改性剂—丙烯酸酯共聚乳液、细砂（石英砂或河砂）、不低于 52.5 级的硅酸盐水泥或普通硅酸盐水泥和水配比而成，具体配合比为：灰砂比 1∶1～1∶2；灰乳比 1∶0.15～1∶0.3；水灰比 40%左右。

B. 施工前需要使用移动式作业平台，并通过验收合格后开始施工。上半环手孔封堵作业中，水泥中可掺入一半的量的快硬水泥代替普通水泥，以加快封堵材料的固结时间。

2）隧道下半环手孔封堵

① 手孔清理

A. 清除手孔内泥浆，清理后的手孔内应干净无浮灰。

B. 螺栓复紧，清除连接螺栓表面浮锈，涂刷界面处理剂。

② 封堵及抹平

丙烯酸乳液防腐蚀水泥砂浆填充应密实，保证混凝土与螺纹紧密连接，最后进行收面抹平，确保与管片面平齐，最后擦除螺栓孔周围粘附的砂浆。

（2）施工质量验收

施工质量验收标准没有国标，一般以符合设计要求为验收标准。

5.2 泥水平衡盾构施工技术

5.2.1 盾构掘进作业

1. 施工工艺流程

施工工艺流程如图 5-16 所示。

2. 施工准备

（1）盾构始发施工专项方案已组织专家论证并已补充完善。

（2）盾构始发方案安全、技术交底（含勘察、设计及管线交底情况）已完成。

（3）工作井验收资料（其标高、轴线、结构强度等各项技术参数）符合设计和规范要求，并能满足盾构施工各阶段受力要求，端头井结构尺寸和洞门中心已复核且符合设计要求。

（4）设计要求的加固防水措施（端头加固、降水、冷冻等）已经完成，对洞门段土体的加固体强度、抗渗指标已经过现场试验确定，满足设计并有检测报告。

（5）处于砂性土或有承压水层时，已采取降水、堵漏等防止涌水、涌砂措施，且资料齐全。

（6）盾构始发架已经设计验算（结构强度须满足要求）。

（7）洞门处围护结构混凝土凿除和洞圈密封装置安装的外观检查合格，通过监理验收合格。

（8）洞门探孔及监测资料无发现异常情况，满足始发/接收要求。

（9）突发性事故的应急预案已编制，应急救援人员、设备、物资已落实，并已开展应急演练。

（10）盾构机现场验收参照《盾构法隧道施工及验收规范》GB 50446—2017，盾构机各系统验收合格并已进行整机空载调试，后配套系统准备到位，泥浆循环系统能够正常

第5章 城市轨道交通工程盾构隧道施工质量控制与验收

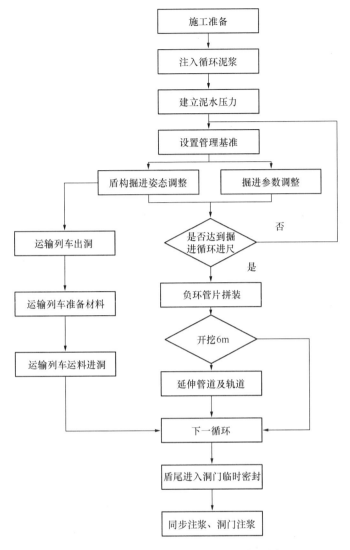

图 5-16 盾构掘进作业施工工艺流程图

运行。

(11) 盾构始发前主要管理人员、专业人员配置（注浆工、拼装工、电工、机修工、盾构机司机）已报监理审核并已到位。

(12) 大型设备（门吊等）已拼装到位并已经专业检测机构检测合格，并经监理验收合格，已报安全监督机构备案。

(13) 始发后盾构系统（后盾管片、支撑体系、后靠等）安装完好，已报监理验收合格。

(14) 盾构施工涉及的材料已报监理验收合格。

(15) 区间监测单位资质，监测人员资格与监测仪器已报监理验收合格。

(16) 测量、监测方案已编制并经监理审批，测点已组织验收并已测取初始值数据；监控视频相关硬件已安装，视频能正常上传至监控平台。

（17）对相邻建（构）筑物、道路、地下管线等设施已组织交底，并已落实相应的监护措施。

（18）双路供电（应急电源）已落实。

（19）有害气体（如有）监测及防护措施已落实。

3. 始发段掘进

（1）控制要点

1）列车编组完成，材料准备到位，机械设备正常，人员配置足够，监控测量到位。

2）推进时，注意观察反力系统支撑点的车站、盾构井主体结构的变化；在始发掘进段需通过管路注入膨润土或泡沫剂改良碴土。

3）原则是"低速度、低贯入度、小推力"。泥水压力：根据计算值设置泥水压力，当洞门临时密封封水不理想时，可在刀盘推出加固区前适当降低泥水压力。推力：考虑反力架所能承受的推力，由 0 开始逐步增加，建议不超过设计值的 80%刀盘转速：盾构刀盘距掌子面 20cm 时，开始转动，转速由 0 开始逐步增加，建议不超过 1rpm。

4）始发段掘进严禁调整掘进方向，避免盾构姿态调整造成洞门密封失效。

负环管片采用通缝形式拼装，便于将来拆除；0～+13 环管片采用正常的错缝形式拼装。拼装好的管片及时进行螺栓连接，脱出盾尾的管片及时进行支撑，保证管片的圆整度。

5）+3 环管片安装完成后，开始进行注浆，注浆先采用同步注浆系统进行，计算好理论注浆量，尽量将管片背后空隙填充饱满，之后可通过+1 环管片吊装孔，向管片背后补注双液浆，浆液采用水泥加水玻璃形式。

（2）使用质量验收

施工质量验收同土压平衡盾构施工验收标准。

4. 正常段掘进

（1）控制要点

1）根据不同的地质条件、地下水情况、外部环境、地面沉降要求等因素选择泥水平衡模式或"D"模式（即气垫模式）进行掘进。

2）贯入度和掘进速度：根据岩层强度、推力、刀具的磨损状况和刀盘转速等合理确定。推力：根据盾构的特性、岩层硬度、推进速度、刀具磨损、泥水土压力大小设定、各类摩擦情况确定，但最终作用在每把滚刀上的力不能超过刀具所规定的正面压力和侧面推力。压力设定：通过选择合理的掘进速度和泥水循环达到仓内压力的平衡，压力可通过计算和实际情况进行验证，以保证合适的水土压力。刀盘转速：根据岩层硬度、推力、刀具的磨损状况、贯入度和掘进速度等确定。

3）盾构姿态控制是一项系统的控制工作，涉及的内容非常多，影响的因素也较为复杂，在掘进过程中要求盾构的姿态误差控制在±30mm 以内，趋势控制在±5mm 以内。

（2）使用质量验收

施工质量验收同土压平衡盾构施工验收标准。

5.2.2 碴土管理

1. 施工工艺流程

施工工艺流程如图 5-17 所示。

2. 施工准备

（1）施工人员、材料准备，根据施工现场实际情况，编制实际可行的泥水处理系统施工方案。

（2）各类机具设备符合方案实施需求，设备性能满足要求。

3. 泥水处理系统

泥水处理系统主要由泥水控制室、沉淀池、贮浆槽、新浆拌制槽、调整槽、剩余槽、清水槽和泥水分离除砂器及清洁器等组成，起着处理由盾构开挖面排出的泥水和制造新鲜泥水的作用。

经泥水处理站分离成土砂和泥水，将大颗粒的土砂排弃而回收含有小颗粒的泥水，后者进入调整槽并按施工要求加入新浆（必要时可直接加CMS浆液）进行调整，再输送至盾构工作面，实现泥水循环。

该系统配置了一套泥水处理的操作程序，对盾构排出的泥水自动进行分离、再生。如此循环往复、连续不断地为盾构掘进输送新鲜泥水。

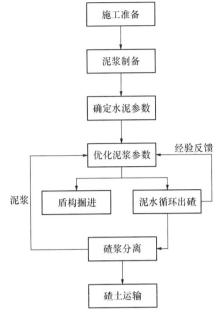

图 5-17 碴土管理施工工艺流程图

严格按照设备图纸进行安装（吊车配合）。市区施工必须安装隔声棚，减轻噪声污染。设备安装完毕后，严格按操作规程进行调试、试运行，合格后方可正式运行。

加强安全生产教育，所有施工人员必须经过岗位培训、特殊岗位持证上岗，拒绝违章和冒险作业，穿戴好必要的防护用品。严格控制重点危险源。进入施工现场所有人员必须佩戴安全帽，严禁违章作业。遇有恶劣天气禁止吊装作业。临边观察、高空作业时一定扣挂好安全带。采取边焊接边探伤的方式严格控制焊接质量。

4. 泥水平衡盾构掘进碴土管理

（1）根据掌子面地层的地质情况，添加足量的清水、膨润土和添加剂，充分搅拌混合，试验测定后，根据以往施工经验和试验结论，确定适宜当前地层掘进的泥浆黏度和相对密度等泥浆参数，制备足量的泥浆，根据掘进情况进一步调整泥浆参数。

（2）保证土仓和气仓压力、气仓液位的稳定，泥浆环流流量、输浆泵压力稳定，出碴连续，各项掘进参数满足技术交底要求。

（3）通过刀盘转速等掘进参数、泥浆相对密度等泥浆参数，保证碴土粒径能够轻松通过格栅。及时检查泥浆管壁厚，当泥浆管厚度不满足施工要求或者被磨穿漏浆时，及时进行泥浆管补焊加厚工作，必要时更换泥浆管。当碴土输送距离过长时，及时增加泥浆输送接力中继泵。

（4）掘进中认真查看碴土性状、出碴情况，防止出碴量过少或者过大。

（5）根据地层地质选取合适的掘进参数，保持气压仓液位稳定。泥浆环流需保证出浆流量大于进浆流量，流量差由掘进速度和出碴、刀盘直径、管片环宽来确定，掘进速度越快则要求泥浆流量越大，若遇到砾石、硬岩或孤石时须经常使用碎石机对较硬碴土进行破碎。

5.3 盾构施工监测

5.3.1 基本规定

(1) 施工监测范围应包括周边环境、隧道结构和岩土体。

(2) 施工监测方案和应急预案应根据设计要求,并结合施工环境、工程地质和水文地质条件、掘进速度等制定。

(3) 施工监测方案应根据监测对象变形量和变形速率等进行调整,对突发的变形异常情况应及时启动应急预案。

(4) 地面和隧道内监测点宜在同一断面布设。盾构通过后,处于同一断面内的监测数据应同步采集,并应收集同期盾构掘进参数。

(5) 施工监测仪器和设备应满足测量精度、抗干扰性和可靠性等要求。

(6) 施工监测项目应符合表5-9的规定。当穿越水域、建(构)筑物及其他有特殊要求地段时,应根据设计要求确定。

施工监测项目　　　　　　　　　　　　　　　表5-9

类　别	监　测　项　目
必测项目	施工区域地表隆沉、沿线建(构)筑物和地下管线变形
	隧道结构变形
选测项目	岩土体深层水平位移和分层竖向位移
	衬砌环内力
	地层与管片的接触应力

(7) 竖向位移监测可采用水准测量方法,水准基点应埋设在变形影响范围外,且不得少于3个。

(8) 水平位移监测可采用边角测量或 GNSS 等方法,并应建立水平位移监测控制网,水平位移监测控制点宜采用具有强制对中装置的观测墩和照准装置。

(9) 当采用物理传感器监测时,传感器埋设应符合仪器埋设规定和监测方案的规定。

(10) 当竖向位移监测采用静力水准测量方法时,静力水准的埋设、连接、观测、数据处理等应符合国家现行相关标准要求,测量精度应与水准测量要求相同。

(11) 监测点应埋设在能反映变形、便于观测、易于保存的位置。

(12) 监测方法和测量精度应符合现行国家标准《城市轨道交通工程监测技术规范》GB 50911—2013 和《城市轨道交通工程测量规范》GB/T 50308—2017 的规定。

(13) 工作井及附属结构的监测应符合现行国家标准《城市轨道交通工程监测技术规范》GB 50911—2013 的规定。

(14) 施工监测方法具体参见施工测量及暗挖隧道等内容,本次主要将规范要求罗列。

5.3.2 施工周边环境监测

(1) 施工周边环境监测对象应包括邻近建(构)筑物、地表和地下管线等,监测项目应符合表5-10的规定。

施工周边环境监测项目 表 5-10

监测对象	监测项目
建（构）筑物	高层、超高层、古建筑、危房等建筑、桥梁、市政设施、轨道交通线路等变形
地表	地面道路、地表等变形
地下管线	燃气、热力、供水、排水等主要管线变形

（2）地表沉降观测点布设应符合现行国家标准《城市轨道交通工程监测技术规范》GB 50911—2013 的规定；特殊地段的地表沉降观测断面和观测点的设置应编制专项方案。

（3）邻近建（构）筑物变形监测应根据结构状况、重要程度和影响范围有选择地进行变形监测；监测点的布设应反映邻近建（构）筑物的不均匀沉降及倾斜等情况。

（4）邻近地下管线的监测点应直接设置在管线上。对无法直接观测的管线应采取周边土体分层沉降代替管线沉降监测。

（5）初始值应从盾构掘进将影响该监测区域前 10d 开始，到监测对象稳定时结束。

（6）当穿越地面建（构）筑物和地下管线等时，除应对穿越建（构）筑物监测外，宜对邻近土体进行变形监测。

5.3.3 隧道结构监测

（1）隧道结构监测内容应包括隧道结构竖向位移和水平位移。必要时，应进行净空收敛和应力监测。

（2）应力监测元器件应预埋在管片内相应位置，并应在管片拼装前进行测试。

（3）应力监测宜采用应力计。

（4）隧道结构监测初始值宜在管片壁后注浆凝固后 12h 内测量。

5.3.4 监测频率

（1）监测频率应根据监测对象的变形量和变形速率确定，并应能及时、系统地反映施工情况及监测对象的动态变化。

（2）盾构隧道施工中的周边环境、周围岩土体和隧道结构的监测频率可按表 5-11 确定。

监测频率表 表 5-11

监测部位	监测对象	开挖面与监测点或监测断面的距离	监测频率
掘进面前方	周围岩土体和周边环境	5D<L≤8D	1 次/3~5d
		3D<L≤5D	1 次/2d
		L≤3D	1 次/d
掘进面后方	隧道结构、周围岩土体和周边环境	L≤3D	1~2 次/d
		3D<L≤8D	1 次/1~2d
		L>8D	1 次/3~7d

注：1. D 为隧道开挖直径（m），L 为掘进面与监测点或监测断面的水平距离（m）。
2. 隧道结构位移、净空收敛在衬砌环脱出盾尾且能通视时进行监测。
3. 监测数据趋于稳定，监测频率宜为 1 次/15~30d。

(3) 对穿越既有轨道交通、重要建（构）筑物等周边环境风险等级较高的工程，应提高监测频率，宜对关键监测项目进行实时监测。

(4) 施工期间应由专人进行现场巡查，每天不宜少于1次，并应进行记录，特殊情况应增加巡查次数。

5.3.5 监测控制值和预警

(1) 监测预警标准和预警等级应根据工程特点、监测项目控制值及当地施工经验等确定。

(2) 监测项目控制值应符合现行国家标准《城市轨道交通工程监测技术规范》GB 50911—2013的规定。

(3) 当监测数据达到预警标准或实测变形值大于允许变形的2/3时，应进行警情报送。

(4) 预警管理制度应根据监测预警等级和预警标准制定，预警管理制度应包括不同预警等级的警情报送对象、时间、方式和流程。

(5) 当现场巡查过程中发现下列警情之一时，应根据警情紧急程度、发展趋势和造成后果的严重程度按预警管理制度进行警情报送：

1) 周边地表出现突然明显沉降（隆起）或较严重的突发裂缝、明塌；
2) 建（构）筑物等周边环境出现危害正常使用功能或结构出现过大变形、沉降、倾斜或裂缝等；
3) 周边地下管线变形明显增长或出现裂缝、泄漏等；
4) 隧道结构出现明显变形、较大裂缝、较严重漏水；
5) 根据工程经验判断可能出现的其他警情。

5.3.6 监测成果及信息反馈

(1) 监测数据采集、计算和处理宜实现计算机管理，并应建立数据库。

(2) 监测数据应结合施工经验和现场环境状况定期进行分析，并应绘制变形时态曲线图。

(3) 时态曲线回归分析宜选择与实测数据拟合较好的函数，并应对变形趋势进行预测。

(4) 监测成果应包括现场监测资料、计算分析资料、各种曲线图表和文字报告等，资料应完整、清晰。

(5) 监测完成后应及时向有关单位提供阶段性监测成果。

(6) 工程竣工或监测工作完成后应提供监测技术总结报告。

第 6 章 城市轨道交通工程暗挖隧道施工质量控制与验收

6.1 洞口工程

6.1.1 截水天沟

1. 施工工艺流程

施工工艺流程如图 6-1 所示。

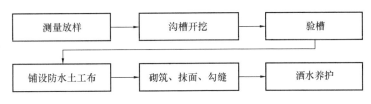

图 6-1 截水天沟施工工艺流程图

2. 施工准备

(1) 边、仰坡开挖前完成，防止地表水下渗，影响结构安全。

(2) 排水沟槽截面尺寸和坡度符合设计要求。

(3) 截水沟及时施作，若不能及时施工必须采用喷混凝土进行临时封闭，并在雨季来临前完成截水沟施工。

3. 施工控制要点

(1) 截水沟做在边、仰坡开挖线 10m 范围之外，截水沟基坑采用人工开挖，如遇坚硬石质，采用空压机、风镐开挖，保证截水沟的几何尺寸满足设计要求，开挖基坑时要保证沟宽、沟底的几何尺寸，同时要清除沟底、沟邦边的松渣。

(2) 截水沟利用模具现浇或者砌筑施工，截面严格按照设计要求施工。

(3) 根据洞口附近的基准点，按照设计施工图纸进行开挖放样，做好截水沟中心线桩及相应的检查恢复桩。洞口环形截水沟应在明洞拉槽开挖及仰坡开挖前结合现场情况事先做。

(4) 截水沟布设要顺应原地貌的地势，修整平缓顺直，上游进口与原地面衔接紧密，满足截流坡面水的要求，不出现溢水或渗漏，下游出水口引入排水系统，开挖出的截水沟及时用三七灰土换填夯实，防止地表水沿沟下渗。

(5) 严禁在土质风化严重的坡面采用裸露排水，以防水流下渗造成坡体坍塌。截水沟挖出的土，可以在原地面与截水沟之间修做成土台并进行夯实，台顶做成 4% 的内倾向截水沟的横坡。

4. 施工质量验收

参照《铁路隧道工程施工质量验收标准》TB 10417—2018 应符合以下规定：

隧道门排水沟、截水沟的开挖位置、深度、坡度应符合设计要求。

检查数量：施工单位每个洞口检查不少于10点。

检验方法：施工单位观察、水准测量、尺量。

6.1.2 边、仰坡

1. 施工工艺流程

施工工艺流程如图6-2所示。

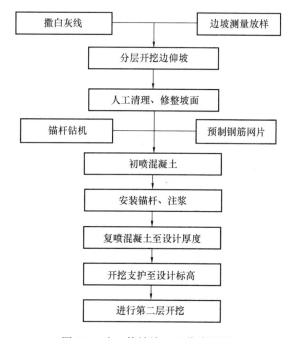

图6-2 边、仰坡施工工艺流程图

2. 施工准备

（1）开挖前，进行施工测量，做好原地面记录，结合与对比设计图纸，制定施工方案。

（2）检查边、仰坡以上的山体稳定情况，清除悬石，处理危石，施工期间不间断监测与相应防护。

（3）对设计有加固措施的进行加固处理。

（4）核对隧道洞口位置，严重不符时，提请设计变更。

3. 施工控制要点

（1）洞口土方采用机械施工时，边、仰坡应预留30cm的整修层，用人工刷坡并及时夯实整平成型，防止超挖，保证边、仰坡平顺，坡率符合设计要求。

（2）洞口土石方应自上而下分层开挖，严禁掏底开挖或上下重叠开挖，结合正洞开挖方法，预留进洞台阶，形成进洞面及边、仰坡，边、仰坡防护和处理措施应同时考虑防止洞口段产生整体滑动。

边、仰坡开挖时尽量减少原坡面的破坏和对周围环境的影响，刷坡到位后应采用植草或喷射混凝土进行防护。当洞口位于软弱、松散地层时应根据地质条件和地下水情况进行地表加固。洞口段地层位于堆积层、断层破碎带、砂砾（卵）土、砂土地层时采用地表注浆进行预加固。有地下水地段，临时止水可采用水泥—水玻璃浆液。

(3) 开挖后坡面应稳定、平整、美观。

6.1.3 明洞工程

1. 施工工艺流程

施工工艺流程如图 6-3 所示。

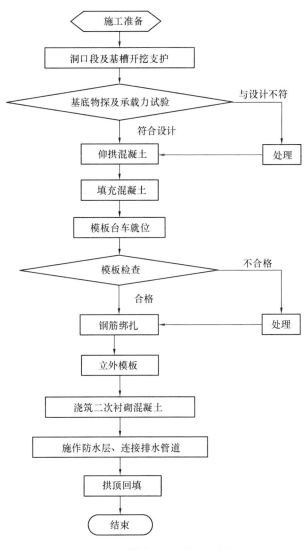

图 6-3 明洞施工工艺流程图

2. 施工准备

(1) 熟悉施工图纸，做好各项技术交底。

(2) 做好现场劳动力组织，准备施工机械，并保证施工机械的完好率，使其能满足施工要求。

(3) 预备好施工使用的各项材料,使其满足施工要求。

(4) 清理场地,将洞门口范围内边坡、仰坡以上可能滑塌的表土、危石应清除,不留后患。

3. 施工控制要点

(1) 基底开挖及承载力检测:1) 明洞地段的土石方开挖时,应采取控制爆破措施,避免大爆破影响边、仰坡的稳定。2) 基础应设置在稳定的地基上,并满足承载力的要求。

(2) 模板工程:1) 衬砌模板台车必须按照隧道内净空尺寸进行设计制造,钢结构及钢模必须具有足够的强度、刚度和稳定性,能承受所浇筑混凝土的重力、侧压力及施工荷载。2) 模板安装必须稳固牢靠,接缝严密,不得漏浆。模板与混凝土面必须清理干净并涂刷隔离剂。浇筑混凝土前,模板内的积水和杂物应清理干净。

(3) 钢筋工程:1) 钢筋规格、品种、型号符合设计要求,满足力学要求。2) 钢筋加工,接头预留及安装必须符合相关设计与规范要求。

(4) 混凝土浇筑及防排水:明洞墙、拱混凝土应整体浇筑,混凝土强度达到设计的70%以上,方可拆模,外模拆除后应及时施做防水层及排水盲管,并与隧道的防水层和排水盲管顺接,保证排水畅通。

(5) 回填:拱顶回填分层厚度不大于0.3m,两侧回填土面的高差不得大于0.5m,采用机械回填时,应在人工夯填超过拱顶1m以上后进行。

4. 施工质量验收

参照《铁路隧道工程施工质量验收标准》TB 10417—2018 应符合以下规定:

(1) 隧道明洞混凝土应符合表6-1的规定。

隧道明洞混凝土验收标准 表6-1

项次	检查项目	规定值或允许偏差	检查方法和频率
1	混凝土强度(MPa)	在合格标准内	按规范要求
2	混凝土厚度(mm)	不小于设计	尺量或地质雷达:每20m检查1个断面,每个断面自拱顶每3m检查1点
3	混凝土平整度(mm)	20	2m直尺:每10m每侧检查2处

(2) 隧道明洞防水层应符合表6-2的规定。

隧道明洞防水层验收标准 表6-2

项次	检查项目	规定值或允许偏差	检查方法和频率
1	搭接长度(mm)	≥100	尺量:每环测3处
2	卷材向隧道延伸长度(mm)	≥500	尺量:检查5处
3	卷材于基底的横向长度(mm)	≥500	尺量:检查5处
4	沥青防水层每层厚度(mm)	2	尺量:检查10点

(3) 隧道明洞回填应符合表6-3的规定。

隧道明洞回填验收标准　　　　　表 6-3

项次	检查项目	规定值或允许偏差	检查方法和频率
1	回填层厚（mm）	≤300	尺量：回填1层检查1次，每次每侧检查5点
2	两侧回填高差（mm）	≤500	水准仪：每层测3次
3	坡度	不大于设计	尺量：检查3处
4	回填压实质量	压实质量符合设计要求	查施工记录

6.1.4 洞门工程

1. 施工工艺流程

施工工艺流程如图 6-4、图 6-5 所示。

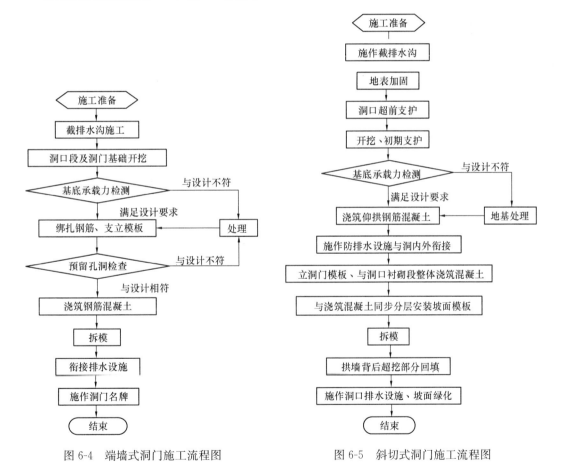

图 6-4 端墙式洞门施工流程图　　　图 6-5 斜切式洞门施工流程图

2. 施工控制要点

（1）端墙式洞门施工

1）端墙应在土石方开挖后及时完成，基础超挖部分应用与基础同级混凝土和基础同步浇筑，端墙及挡、翼墙的开挖轮廓面应符合设计要求。

2）端墙及挡、翼墙基础的基底承载力必须满足设计要求，承载力可采用静力触探试验或标准贯入试验检测。

3）端墙及挡、翼墙基础位于软硬不均的地基上时，除按设计要求处理外，还应在软弱地基分界处设沉降缝。

4）端墙与洞口衬砌连接方式应符合设计要求。

5）端墙的泄水孔应与洞外排水系统及时连通。

6）隧道洞门端墙和挡、翼墙，挡土墙的反滤层、泄水孔、施工缝设置应符合设计要求。

7）隧道洞门的截、排水设施应与洞门工程同步施工，当端墙顶部水沟置于填土上时，填土必须夯填密实，必要时应加以铺砌。

（2）斜切式洞门施工

1）斜切式洞门坡面较平缓的，应尽量与自然地形坡度相一致，为避免开挖边、仰坡时局部坍塌破坏原地貌，宜采用非爆破方法开挖。

2）洞门混凝土达到设计强度后，及时回填边、仰坡超挖部分，恢复自然地形坡面。

（3）浇筑混凝土洞门的模板及拆模

1）模板及支（拱）架应根据洞门结构形式、荷载大小、地基土类别、施工设备和材料供应等条件设计。

2）斜切式洞门斜坡面内外模板和挡头板应专门设计和制作，配套使用。

3）模板及支（拱）架应具有足够的强度、刚度和稳定性，能承受所浇筑混凝土的重力、侧压力及施工荷载。

4）模板及支架安装必须稳固牢靠，模板及支架与脚手架之间不得相互连接。模板接缝必须严密不漏浆。

5）模板与混凝土的接触面必须清理干净并涂刷隔离剂。

6）混凝土浇筑前，模板内的积水和杂物应清理干净。

7）拆除模板及支（拱）架的条件：当洞门结构跨度大于8m时，混凝土强度必须达到其设计强度标准值的100%；当洞门结构跨度小于等于8m时，混凝土强度必须达到其设计强度标准值的70%。

3. 施工质量验收

参照《铁路隧道工程施工质量验收标准》TB 10417—2018应符合以下规定：

（1）混凝土强度等级必须符合设计要求，混凝土强度试件应在混凝土的浇筑地点随机抽样制作。

试件的取样与留置必须符合下列规定：

1）每拌制100盘且不超过100m³的同一配合比混凝土，取样不得少于1次。

2）每工作班拌制的同一配合比混凝土不足100盘时，取样不得少于1次。

3）每次取样应至少留置一组标准养护试件，同条件养护试件的留置组数应根据实际需要确定。

检查数量：施工单位全部检查。监理单位见证取样检测或平行检验的次数分别为施工单位检查次数的20%和10%，但至少1次。

（2）洞门端墙、翼墙结构外形尺寸允许偏差应符合表6-4的规定。

洞门端墙、翼墙结构外形尺寸允许偏差标准　　　　表 6-4

序号	项　目	允许偏差（mm）	检 验 方 法	检查数量
1	基础轴线偏差	15	测量，每边不少于 2 处	施工单位全部检查
2	表面平整度	5	2m 靠尺，不少于 3 处	
3	高程	±10	测量，不少于 2 处	
4	结构厚度	−10	钻孔检查或尺量，不少于 2 处	

6.2 超前支护

6.2.1 管棚

1. 施工工艺流程

施工工艺流程如图 6-6 所示。

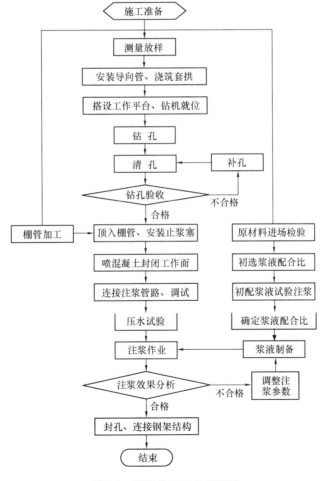

图 6-6 管棚施工工艺流程图

2. 施工准备

（1）精密导线网复测完毕并确定成果可用后，测量组根据隧道纵断面设计线、隧道洞轴线及明暗洞开挖轮廓线，放出隧道开挖轮廓线。

（2）测量组检查开挖断面合格后，放出洞口钢拱架的具体位置、里程、高度，并布置好桩点，做好测量交底。

（3）水泥、砂、石、水及外掺剂的质量须符合设计和规范要求。

（4）管棚钢管、钢架、导向管、注浆材料等施工材料均须符合设计和规范要求。

3. 施工控制要点

（1）施作护拱

1）混凝土护拱作为管棚的导向墙，在开挖廓线以外拱部161°范围内施作，断面尺寸为1.0m×1.0m，护拱内埋设钢筋支撑，钢筋与管棚孔口管连接成整体。导向墙环向长度可根据具体工点实际情况确定，要保证其基础稳定性。

2）孔口管作为管棚的导向管，它安设的平面位置、倾角、外插角的准确度直接影响管棚的质量。用全站仪在工字钢架上定出其平面位置；用水准尺配合坡度板设定孔口管的倾角；用前后差距法设定孔口管的外插角。孔口管应牢固焊接在工字钢上，防止浇筑混凝土时产生位移。

（2）搭钻孔平台安装钻机

1）钻机平台用钢管脚手架搭设，搭设平台应一次性搭好，钻孔由1～2台钻机由高孔位向低孔位进行。

2）平台要支撑于稳固的地基上，脚手架连接要牢固、稳定，防止在施钻时钻机产生不均匀下沉、摆动、位移而影响钻孔质量。

3）钻机定位：钻机要求与已设定好的孔口管方向平行，必须精确核定钻机位置。用经纬仪、挂线、钻杆导向相结合的方法，反复调整，确保钻机钻杆轴线与孔口管轴线相吻合。

（3）钻孔

1）为了便于安装钢管，钻头直径宜比管径大20mm左右。

2）岩质较好的可以一次成孔。钻进时产生塌孔、卡钻时，需补注浆后再钻进。

3）钻机开钻时，应低速低压，待成孔10m后可根据地质情况逐渐调整钻速及风压。

4）钻进过程中经常用测斜仪测定其位置，并根据钻机钻进的状态判断成孔质量，及时处理钻进过程中出现的事故。

5）钻进过程中确保动力器、扶正器、合金钻头按同心圆钻进。

6）认真做好钻进过程的原始记录，及时对孔口岩屑进行地质判断、描述，作为洞身开挖时的地质预测预报参考资料，从而指导洞身开挖。

（4）清孔验孔

1）用地质岩芯钻杆配合钻头进行反复扫孔，清除浮渣，确保孔径、孔深符合要求，防止堵孔。

2）用高压风从孔底向孔口清理钻渣。

3）用经纬仪、测斜仪等检测孔深、倾角、外插角。

（5）安装管棚钢管

1）钢管在专用的管床上加工好丝扣，导管四周钻设孔径10～16mm的注浆孔（靠孔口 1.0m 处的棚管不钻孔），孔间距 15～20cm，呈梅花形布置。管头焊成圆锥形，便于入孔。

2）棚管顶进采用装载机和管棚机钻进相结合的工艺，即先钻大于棚管直径的引导孔，然后用装载机在人工配合下顶进钢管。

3）接长钢管应满足受力要求，相邻钢管的接头应前后错开。同一横断面内的接头数不大于50%，相邻钢管接头至少错开1m。

(6) 注浆

1）安装好有孔钢花管、放入钢筋笼后即对孔内注浆，浆液由 ZJ-400 高速制浆机拌制。

2）注浆材料：注浆材料为水泥浆。

3）采用注浆机将砂浆注入管棚钢管内，初压 0.5～1.0MPa，终压 2MPa，持压 15min 后停止注浆。

注浆量应满足设计要求，一般为钻孔圆柱体的1.5倍；若注浆量超限，未达到压力要求，应调整浆液浓度继续注浆，确保钻孔周围岩体与钢管周围孔隙充填饱满。注浆时先灌注"单"号孔，再灌注"双"号孔。

4. 施工质量验收

(1) 主控项目

1）管棚所用钢管进场必须按批抽取试件做力学性能（屈服强度、抗拉强度和伸长率）和工艺性能（冷弯）试验，其质量必须符合国家有关规定及设计要求。

检查数量：以同牌号、同炉罐号、同规格、同交货状态的钢管，每60t为一批，不足60t按一批计。施工单位每批抽检一次；监理单位按施工单位抽检次数的10%进行见证取样检测，至少一次。

检验方法：施工单位检查每批质量证明文件并进行相关性能试验；监理单位检查全部质量证明文件和试验报告，并进行见证取样检测或平行试验。

2）管棚所用钢管的品种和规格必须符合设计要求。

检查数量：施工单位、监理单位全部检查。

检验方法：观察，钢尺检查。

3）管棚搭接长度应符合设计要求。

检查数量：施工单位、监理单位全部检查。

检验方法：尺量。

4）注浆浆液的配合比应符合设计要求。

检查数量：施工单位、监理单位全部检查。

检验方法：施工单位进行配合比选定试验；监理单位检查配合比选定单，并进行见证试验。

5）注浆压力应符合设计要求，注浆浆液应充满钢管及其周围的空隙。

检查数量：施工单位全部检查；监理单位按施工单位检查数量的20%见证检查。

检验方法：施工单位查施工记录的注浆量和注浆压力，观察；监理单位见证检查。

(2) 一般项目

管棚钻孔的允许偏差应符合表6-5的规定。

管棚钻孔允许偏差　　　　　表 6-5

序　号	项　目	允　许　偏　差
1	方向角	1°
2	孔口距	±150mm
3	孔深	±50mm

检查数量：施工单位全部检查。

检验方法：仪器测量、尺量。

6.2.2 超前导管

1. 施工工艺流程

施工工艺流程如图 6-7 所示。

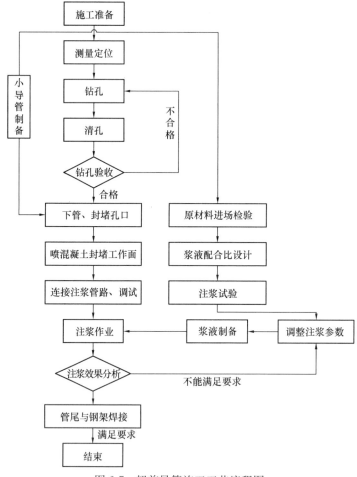

图 6-7 超前导管施工工艺流程图

2. 施工准备

参照管棚施工准备。

3. 施工控制要点

（1）制作小导管：小导管前端做成尖锥形，尾部焊接 $\phi 8$ 钢筋加劲箍，管壁上每隔

20~30cm呈梅花形钻眼，眼孔直径为6mm，尾部长度不小于30cm作为不钻孔的止浆段。小导管构造见图6-8。

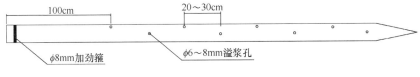

图6-8 小导管构造图

（2）小导管安装：1）测量放样，在设计孔位上做好标记，用凿岩机或煤电钻钻孔，孔径较设计导管管径大3~5mm。2）成孔后，将小导管按设计要求插入孔中，或用凿岩机直接将小导管穿过钢架顶入，外露20cm焊于开挖面后方的钢架上，与钢架共同组成预支护体系。3）小导管安设后，用锚固剂封堵孔口及周围裂隙，必要时在小导管附近及工作面喷射混凝土，以防止工作面坍塌。

（3）注浆：采用注浆泵压注水泥浆。注浆前先喷射混凝土5~10cm厚封闭掌子面，形成止浆盘。注浆前先冲洗管内沉积物，由下至上顺序进行。当压力达到设计注浆终压并稳定10~15min，注浆量达到设计注浆量的80%以上时，可结束该孔注浆。注浆施工中认真填写注浆记录，随时分析和改进作业，并注意观察施工支护工作面的状态。注浆参数应根据注浆试验结果及现场情况调整。

4. 施工质量验收

（1）主控项目

1）超前小导管所用钢管进场必须按批抽取试件做力学性能（屈服强度、抗拉强度和伸长率）和工艺性能（冷弯）试验，其质量必须符合国家有关规定及设计要求。

检查数量和检验方法参照管棚施工质量验收。

2）超前小导管所用的钢管的品种和规格必须符合设计要求。

检查数量：施工单位、监理单位全部检查。

检验方法：观察、尺量。

3）超前小导管与支撑结构的连接应符合设计要求。

检查数量：施工单位、监理单位全部检查。

检验方法：观察。

4）超前小导管的纵向搭接长度应符合设计要求。

检查数量：施工单位、监理单位全部检查。

检验方法：观察。

5）注浆浆液的配合比应符合设计要求。

检查数量：施工单位、监理单位全部检查。

检验方法：施工单位进行配合比选定试验；监理单位检查配合比选定单，并进行见证试验。

6）超前小导管注浆压力应符合设计要求，注浆浆液应充满钢管及其周围的空隙。

检查数量：施工单位全部检查；监理单位按施工单位检查数量的20%见证检查。

检验方法：施工单位查施工记录的注浆量和注浆压力，观察；监理单位见证检查。

（2）一般项目

超前小导管施工允许偏差应符合表 6-6 的规定。

超前小导管施工允许偏差   表 6-6

序 号	项 目	允 许 偏 差
1	方向角	2°
2	孔口距	±50mm
3	孔深	+50mm，0mm

检查数量：施工单位每环抽查 3 根。

检验方法：仪器测量、尺量。

6.3 洞身开挖

6.3.1 超前地质预报

1. 超前地质预报流程

超前地质预报流程如图 6-9 所示。

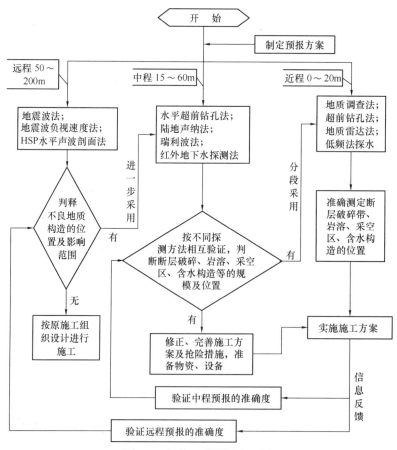

图 6-9 超前地质预报流程图

2. 地质预报的分级管理与方案设计

（1）超前地质预报应实行分级管理，根据地质灾害对隧道施工安全的危害程度，对工程进行地质灾害分级，采取不同地质预报方案。

（2）根据地质灾害对隧道施工安全的危害程度，地质灾害分为以下四级，其影响因素见表6-7。

综合超前地质预报工作分级影响因素 表6-7

施工地质分级		A 严重	B 较严重	C 一般	D 轻微
地质复杂程度（含物探异常）	岩溶发育程度	极强，厚层块状灰岩，大型溶洞、暗河，岩溶密度每平方公里>15个，最大泉流量>50L/s，钻孔岩溶率>10%	强烈，中厚层灰岩夹白云岩，地表溶洞落水洞密集，地下以管道水为主，岩溶密度每平方公里5~15个，最大泉流量10~50L/s，钻孔岩溶率5%~10%	中等，中薄层灰岩，地表出现溶洞，溶洞密度每平方公里1~5个，最大泉流量5~10L/s，钻孔岩溶率2%~5%	微弱，不纯灰岩与碎屑岩互层，地表地下以溶隙为主，最大泉流量<5L/s，钻孔岩溶率<2%
	涌水涌泥程度	特大（日出水10万t以上）、大型突水（日出水1万~10万t）、突泥，高水压	中小型突水（日出水1000~1万t）、突泥	小型涌水（日出水100~1000t）、涌泥	日出水小于100t涌突水可能性极小
	断层稳定程度	大型断层破碎带、自稳能力差、富水，可能引起大型失稳坍塌	中型断层带，软弱、中~弱富水，可能引起中型坍塌	中小型断层，弱富水，可能引起小型坍塌	中小型断层，无水，掉块
	地应力影响程度	高应力，严重岩爆（拉森斯判据<0.083，即岩石点荷载强度与围岩最大切向应力的比值），大变形	高应力，中等岩爆（拉森斯判据0.083~0.15），中~弱变形	弱岩爆（拉森斯判据0.15~0.20），轻微变形	无岩爆（拉森斯判据>0.20），无变形
	瓦斯影响程度	瓦斯突出：煤的破坏类型为Ⅲ（强烈破坏煤）、Ⅳ（粉碎煤）、Ⅴ（全粉煤）类，瓦斯放散初速度≥10mL/s，煤的坚固系数≤0.5，瓦斯压力≥0.74MPa	高瓦斯：全工区的瓦斯涌出量≥0.5m³/min	低瓦斯：全工区的瓦斯涌出量<0.5m³/min	无
（地质因素）对隧道施工影响程度		危及施工安全，可能造成重大安全事故	存在安全隐患	可能存在安全问题	局部可能存在安全问题
诱发环境问题的程度		可能造成重大环境灾害	施工、防治不当，可能诱发一般环境问题	特殊情况下可能出现一般环境问题	无

A级：存在重大地质灾害隐患的地段，如大型暗河系统，可溶岩与非可溶岩接触带，软弱、破碎、富水、导水性良好的地层和大型断层破碎带，特殊地质地段，重大物探异常地段，可能产生大型、特大型突水突泥地段，诱发重大环境地质灾害的地段，高地应力、瓦斯、天然气问题严重的地段以及人为坑洞等。

B级：存在中、小型突水突泥隐患的地段，物探有较大异常的地段，断裂带等。

C级：水文地质条件较好的碳酸盐岩及碎屑岩地段、小型断层破碎带，发生突水突泥的可能性较小。

D级：非可溶岩地段，发生突水突泥的可能性极小。

（3）地质复杂隧道的预测预报应坚持隧道洞内探测与洞外地质勘探相结合、地质方法与物探方法相结合、辅助导坑与主洞探测相结合，开展多层次、多手段的综合超前地质预报，并贯穿于施工全过程。不同地质灾害的预报方式可采用：

A级预报：采用地质分析法、地震波反射法、声波反射法、地质雷达、红外探测、超前水平钻探等手段进行综合预报。

B级预报：采用地质分析法、地震波反射法或声波反射法，辅以红外探测、地质雷达，进行必要的超前水平钻孔。当发现局部地段工程地质条件复杂时，按A级要求实施。

C级预报：以地质分析法为主。对重要的地质（层）界面、断层或物探异常地段可采用地震波反射法或声波反射法进行探测，必要时采用红外探测和超前水平钻孔。

D级预报：采用地质分析法。

（4）复杂隧道超前地质预报应编制实施细则，内容包括超前地质预报实施方案、分段预报内容、方法及技术要点，并编制气象、重要泉点、暗河流量、地下水位等观测计划和观测技术要求。

6.3.2 开挖

1. 全断面法

（1）施工工艺流程及施工工序示意如图6-10、图6-11所示。

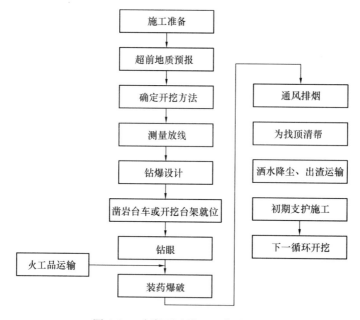

图6-10 全断面法施工工艺流程图

（2）施工控制要点

1）全断面法开挖空间大，工序少，应采用大型配套机械化作业，各道工序尽可能平行交叉作业，缩短循环时间。

2）全断面法开挖量大，爆破引起的震动较大，应严格控制一次同时起爆的炸药量，按钻爆设计要求控制炮眼间距、深度和角度，钻眼完毕，按炮眼布置图进行检查并做好记

第6章 城市轨道交通工程暗挖隧道施工质量控制与验收

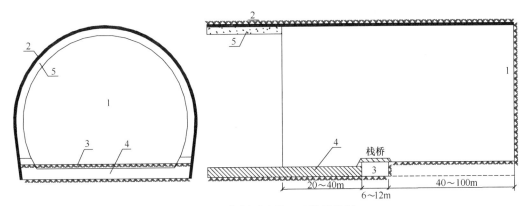

图 6-11 全断面法施工工序示意图

1—全断面开挖；2—初期支护；3—隧道底部开挖（捡底）；4—底板（仰拱）浇筑；5—拱墙二次衬砌

录，对不符合要求的炮眼应重钻，经检查合格后方可装药。

3）钻眼时，周边眼及掏槽眼应定人定岗，并严格控制周边眼外插角。每循环爆破后，应认真查看爆破效果，并根据超欠挖及炮眼痕迹保留率不断优化钻爆参数，改善爆破效果，减少超欠挖。

4）应确定合理的循环进尺，确保两个循环的接槎位置平滑、圆顺。

5）每循环爆破后及时找顶，初期支护施作前应按要求进行地质素描。

2. 台阶法

(1) 施工工艺流程及施工工序示意如图 6-12、图 6-13 所示。

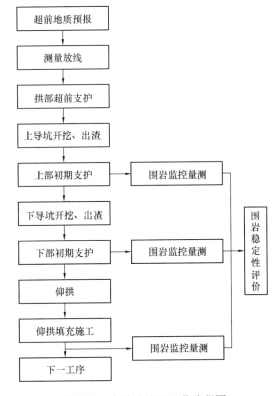

图 6-12 台阶法施工工艺流程图

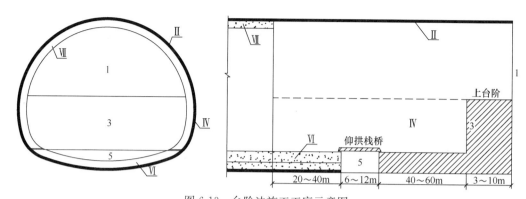

图 6-13 台阶法施工工序示意图
Ⅰ—上部开挖；Ⅱ—上部初期支护；3—下部开挖；Ⅳ—下部初期支护；5—底部开挖（捡底）；
Ⅵ—仰拱及混凝土填充；Ⅶ—二次衬砌

（2）施工控制要点

1）根据围岩条件和施工机械配备情况合理确定台阶长度、台阶高度及台阶数量，其各部形状应有利于保持围岩稳定的前提下尽量便于机械作业。

2）当围岩自稳能力较好，隧道开挖跨度不大时，为方便作业，台阶长度宜控制在 10～50m 以内；围岩稳定性较差时，台阶长度宜控制在 3～10m。

3）上部断面使用钢架时，可采用扩大拱脚和施作锁脚锚杆（管）等措施，防止拱部下沉变形。上下断面初期支护钢架连接应平顺，螺栓连接应牢固。

4）围岩整体性较差时，施工中应采取措施减少下部开挖时对上部围岩和支护的扰动，下部断面开挖应两侧交错进行，下部断面应在上部断面喷混凝土达到一定强度后开挖。

5）当围岩不稳定时进尺宜为 1～1.5m，落底后应立即施作初期支护。仰拱应及时施作，使支护及早闭合成环。

3. 三台阶七步开挖法

（1）施工工艺流程及施工工序示意如图 6-14、图 6-15 所示。

（2）施工控制要点

1）三台阶七步开挖法应以机械开挖为主，必要时辅以弱爆破，各分步平行作业，平行施作初期支护，各分部初期支护应衔接紧密，及时封闭成环。

2）仰拱应紧跟下台阶施作，及时闭合构成稳固的支护体系。

3）施工过程中应通过监控量测掌握围岩和支护的变形情况，及时调整支护参数和预留变形量，保证施工安全。

4）应完善洞内临时防排水系统，防止地下水浸泡拱墙脚基础。

5）拱部超前支护完成后，环向开挖上台阶弧形导坑，预留核心土长度宜为 3～5m，宽度宜为隧道开挖宽度的 1/3～1/2。开挖循环进尺应根据初期支护钢架间距确定，最大不得超过 1.5m，上台阶开挖矢跨比应大于 0.3。

6）中台阶及下台阶左、右侧开挖进尺应根据初期支护钢架间距确定，最大不得超过 1.5m，开挖高度宜为 3～3.5m，左、右侧台阶错开 2～3m。

7）上、中、下台阶预留核心土开挖进尺与各台阶循环进尺相一致。

第6章 城市轨道交通工程暗挖隧道施工质量控制与验收

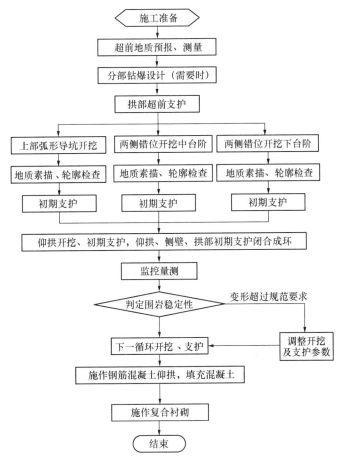

图 6-14 三台阶七步开挖法施工工艺流程图

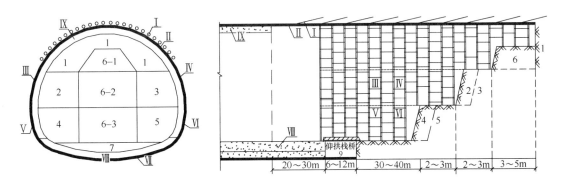

图 6-15 三台阶七步开挖法施工工序示意图

Ⅰ—超前支护；1—上部弧形导坑开挖；Ⅱ—上部初期支护；2、3—中部两侧开挖；
Ⅲ、Ⅳ—中部两侧初期支护；4、5—下部两侧开挖；Ⅴ、Ⅵ—下部两侧初期支护；
6-1、6-2、6-3—上、中、下部核心土开挖；7—仰拱开挖；Ⅶ—仰拱初期支护；
Ⅷ—仰拱及填充混凝土；Ⅸ—拱墙二次衬砌

8) 仰拱循环开挖长度宜为 2~3m，开挖后及时施作仰拱初期支护，完成两个隧底开挖、支护循环后，及时施作仰拱，仰拱分段长度宜为 4~6m。

4. 中隔壁法（CD 法）

（1）施工工艺流程及施工工艺示意如图 6-16、图 6-17 所示。

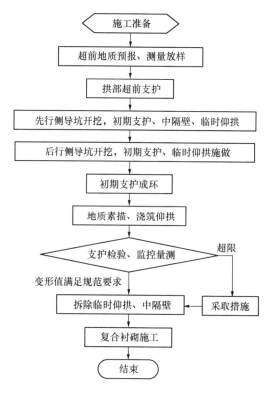

图 6-16 中隔壁法施工工艺流程图

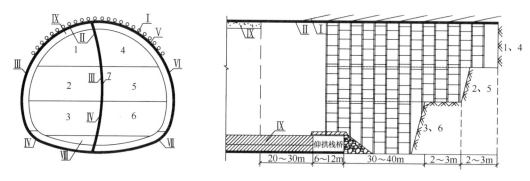

图 6-17 中隔壁法施工工序示意图

Ⅰ—超前支护；1—左侧上部开挖；Ⅱ—左侧上部初期支护；2—左侧中部开挖；Ⅲ—左侧中部初期支护；3—左侧下部开挖；Ⅳ—左侧下部初期支护；4—右侧上部开挖；Ⅴ—右侧上部初期支护；5—右侧中部开挖；Ⅵ—右侧中部初期支护；6—右侧下部开挖；Ⅶ—右侧下部初期支护；7—拆除中隔墙；Ⅷ—仰拱及填充混凝土；Ⅸ—拱墙二次衬砌

（2）施工控制要点

1）中隔壁法左右部的台阶高度应根据地质情况、隧道断面大小和施工设备确定。每侧按两部或三部分台阶开挖，开挖后应及时施作初期支护、中隔壁；两侧先后距离宜保持

10～20m,上下断面的距离宜保持3～5m。

2)各部开挖时,相邻部位的喷混凝土强度应达设计强度的70%以上。

3)先行侧的中隔壁应设置为向外鼓的弧形。

4)中隔壁在浇筑仰拱前逐段拆除。中隔壁一次拆除长度应根据量测结果确定,不宜大于15m。临时支护拆除后应及时施作仰拱和二次衬砌。

特殊情况下可将中隔壁浇筑在仰拱中,待铺设防水板时再割断。

5. 交叉中隔壁法(CRD法)

(1)施工工艺流程及施工工序示意如图6-18、图6-19所示。

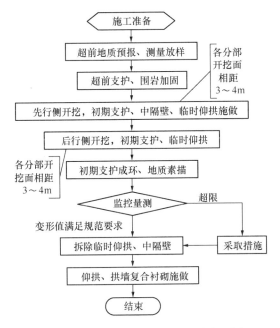

图6-18 交叉中隔壁法施工工艺流程图

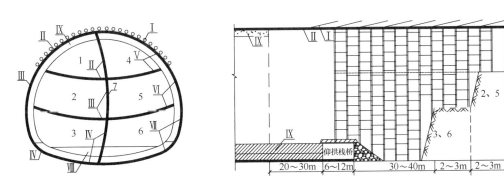

图6-19 交叉中隔壁法施工工序示意图

Ⅰ—超前支护;1—左侧上部开挖;Ⅱ—左侧上部初期支护成环;2—左侧中部开挖;
Ⅲ—左侧中部初期支护成环;3—左侧下部开挖;Ⅳ—左侧下部初期支护成环;4—右侧上部开挖;
Ⅴ—右侧上部初期支护成环;5—右侧中部开挖;Ⅵ—右侧中部初期支护成环;6—右侧下部开挖;
Ⅶ—右侧下部初期支护成环;7—拆除中隔墙及临时仰拱;Ⅷ—仰拱及填充混凝土;Ⅸ—拱墙二次衬砌

（2）施工控制要点

1）根据地质条件，隧道断面的分部，应以初期支护受力均匀，便于发挥人力、机械效率为原则，一般水平方向分两部、上下分2～3层开挖。

2）先行施工部位的临时支撑（中隔壁、临时仰拱），均应有向外（下）鼓的弧度。

3）各部开挖及支护应自上而下，开挖后及时施作初期支护、中隔壁、临时仰拱，步步成环。

4）同一层左右两部开挖工作面相距不宜大于15m，上下层开挖工作面相距宜保持3～4m，且待喷混凝土强度达到设计强度的70%后开挖相邻部位。

5）宜缩短各部开挖工作面的间距，使初期支护尽早封闭成环。

6）根据监控量测结果，中隔壁及临时仰拱在仰拱浇筑前逐段拆除，每段拆除长度宜不大于15m。

6. 双侧壁导坑法

（1）施工工艺流程及施工工序示意如图6-20、图6-21所示。

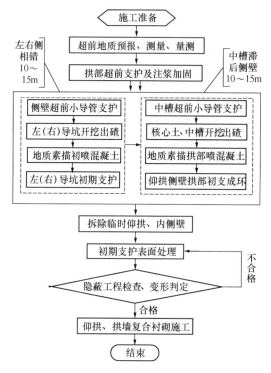

图6-20 双侧壁导坑法施工工艺流程图

（2）施工控制要点

1）侧壁导坑形状宜近于椭圆形断面，导坑断面宽度宜为整个断面宽度的1/3。

2）侧壁导坑、中槽部位宜采用短台阶法开挖，各部距离应根据隧道埋深、断面大小、结构类型等选取。各部开挖后应及时进行初期支护及临时支护，并尽早封闭成环。

3）两侧壁导坑超前中槽部位10～15m，可独立同步开挖和支护；中槽部位采用台阶法开挖，并保持平行作业。

4）中槽开挖后，拱部钢架与两侧壁钢架的连接是难点，在两侧壁导坑施工中，钢架

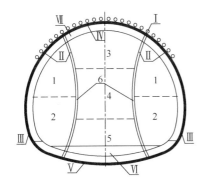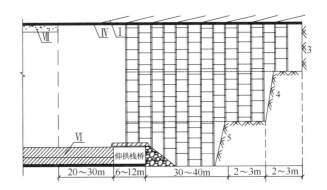

图 6-21 双侧壁导坑法施工工序示意图

Ⅰ—超前支护；1—左（右）侧导坑上部开挖；Ⅱ—左（右）侧导坑上部支护；2—左（右）侧导坑下部开挖；
Ⅲ—左（右）侧导坑下部支护成环；3—中槽拱部开挖；Ⅳ—中槽拱部初期支护与左右Ⅱ闭合；4—中槽中部开挖；
5—中槽下部开挖；Ⅴ—中槽下部初期支护与左右Ⅲ闭合；6—拆除临时支护；
Ⅵ—仰拱及填充混凝土；Ⅶ—拱墙二次衬砌

的位置应准确定位，确保各部架设钢架连接后在同一个垂直面内，避免钢架发生扭曲。

5）根据监控量测信息，初期支护稳定后拆除临时支护，一次拆除长度不得大于15m，并加强监控量测。

临时支护拆除完成后，应及时施作仰拱及二次衬砌。

6.3.3 爆破

（1）爆破设计

石质隧道的爆破作业，应采用光面爆破或预裂爆破。爆破作业应根据工程地质条件、开挖断面、开挖方法、循环进尺和爆炸材料进行钻爆设计。钻爆设计应根据爆破效果不断优化爆破参数。

钻爆设计的内容包括炮眼（掏槽眼、辅助眼、周边眼）的布置、深度、斜率和数目，爆破器材、装药量和装药结构，起爆方法和爆破顺序，钻眼机具和钻眼要求等。钻爆设计图应包括炮眼布置图、周边眼装药结构图、钻爆参数表、主要经济指标和必要的说明。

爆破参数应通过试验确定。当无试验条件时，可参照表6-8、表6-9选用。

光面爆破参数 表6-8

岩石类别	周边眼间距 E（cm）	周边眼抵抗线 W（cm）	相对距离 E/W	装药集中度 q（kg/m）
极硬岩	50～60	55～75	0.8～0.85	0.25～0.30
硬岩	40～50	50～60	0.8～0.85	0.15～0.25
软质岩	35～45	45～60	0.75～0.8	0.07～0.12

预裂爆破参数 表6-9

岩石类别	周边眼间距 E（cm）	至内排崩落眼间距（cm）	装药集中度 q（kg/m）
极硬岩	40～50	40	0.3～0.4

续表

岩石类别	周边眼间距 E (cm)	至内排崩落眼间距 (cm)	装药集中度 q (kg/m)
硬岩	40～50	40	0.2～0.25
软质岩	35～40	35	0.07～0.12

注：1. 表中所列参数适用于炮眼深度 1.0～6.0m，炮眼直径 40～50mm，药卷直径 20～25mm。
  2. 当断面较小或围岩软弱、破碎或对曲线、折线开挖成型要求较高时，周边眼间距 E 应取较小值。
  3. 周边眼抵抗线 W 值在一般情况下均应大于周边眼间距 E 值。软岩在取较小 E 值时，W 值应适当增大。
  4. 表列装药集中度 q 为 2 号岩石硝铵炸药，选用其他类型炸药时，应修正。
  5. E/W：软岩取小值，硬岩及断面小时取大值。

周边眼应沿隧道开挖轮廓线布置，保证开挖断面符合设计要求，硬岩开眼位置在轮廓线上，软岩可向内偏 5～10cm。底板和仰拱底面采用预留光爆层爆破，Ⅱ级围岩段的中心水沟应与隧底光爆层同时爆破成型。辅助眼交错均匀布置在周边眼和掏槽眼之间，力求爆破出的石块块度适合装碴需要。周边炮眼与辅助炮眼的眼底应在同一垂直面上，掏槽炮眼加深 10～20cm。当开挖面凹凸较大时，应按实际情况调整炮眼深度，使周边眼和辅助眼眼底在同一垂直面上。

炸药可选用岩石硝铵炸药和乳化炸药。

（2）爆破钻孔：炮眼位置要实现捣平才允许开钻，防止打滑或炮眼移位。周边孔一定要由有丰富经验的老钻工司钻。开孔时如确实有困难，可以适当调整，调整范围不超过 5 倍的炮孔直径。底板孔下部炮孔钻完后立即用木棍、纸团或编织物将其填塞。不能打干眼，操作时先开水，后通风，停钻时先关风，后关水。开眼时先低速运转，待钻进一定深度后再全速钻进。钻孔中发现不正常声音，排粉出水不正常时，应停机检查，找出原因并消除后，才能继续钻进。不能在残眼处、裂缝处钻孔。

（3）爆破装药：爆破工仔细核对所装炮孔和手上炸药品种数量是否与要求相符，核对手上雷管段别与所装炮孔的位置相适应。用炮棍将炸药装到底，每装一卷炸药用木制炮棍捅一次，并记号每次炮棍插入的尺寸，对装有雷管的药卷只需压住即可，不能用炮棍重重撞击；保持装药的连续性。装药过程中保护好雷管脚线、导火索或导爆管。专人检查记录装药情况，剩余的起爆器材交回炸药库。装药时禁止烟火。照明采用 36V 安全电压。

（4）爆破起爆：起爆员由爆破员担任，由两人负责实施，一人操作，一人监督。起爆前进行警戒，所有人员要撤离至不受有害气体、振动及飞石伤害的安全地点；起爆后，经原装药爆破人员检查确认无瞎炮或其他险情后，方可解除安全警戒。

6.3.4 开挖爆破质量验收

施工质量验收参照《铁路隧道工程施工质量验收标准》TB 10417—2018，应符合以下规定：

1. 主控项目

（1）隧道开挖断面的中线、高程必须符合设计要求。

检查数量：施工单位每一开挖循环检查一次，监理单位抽查。

检验方法：激光断面仪、全站仪、经纬仪、水准仪测量。

（2）隧道开挖方法应符合监理单位（建设单位）批复的施工组织设计。

检查数量：工法转换时施工单位、监理单位全部检查。

检验方法：查对施工组织设计、观察。

（3）隧道不应欠挖。当围岩完整、石质坚硬时，方允许岩石个别突出部分（每 $1m^2$ 不大于 $0.1m^2$）侵入衬砌，整体式衬砌应小于 10cm，其他衬砌不应大于 5cm。拱脚和墙脚以上 1m 内断面严禁欠挖。

检查数量：施工单位、监理单位每一开挖循环检查一次。

检验方法：施工单位采用激光断面仪、全站仪、经纬仪量测周边轮廓断面，绘断面图与设计断面核对。监理单位现场核对开挖断面，必要时采用仪器测量。

2. 一般项目

（1）光面爆破或预裂爆破的炮眼痕迹保存率，硬岩应大于等于 80%，中硬岩应大于等于 60%，并在开挖轮廓面上均匀分布。

检查数量：每一爆破开挖循环检查一次。

检验方法：查钻爆设计方案，观察、目测炮眼痕迹保存率。

（2）隧道开挖断面允许超挖值应符合表 6-10 的规定。

隧道开挖断面允许超挖值（cm） 表 6-10

开挖部位	围岩级别	Ⅰ	Ⅱ～Ⅳ	Ⅴ、Ⅵ	检验数量	检验方法
拱部		平均线性超挖 10	平均线性超挖 15	平均线性超挖 10	每一开挖循环检查一个断面	激光断面仪、全站仪测量周边轮廓线，绘断面图与设计断面核对
		最大超挖值 20	最大超挖值 25	最大超挖值 15		
边墙		平均 10	平均 10	平均 10		

注：1. 平均线性超挖值＝超挖横断面积/爆破设计开挖断面周长（不包括隧底）。
2. 最大超挖值：指最大超挖处至设计开挖轮廓切线距离。
3. 炮眼深度大于 3m 时，允许超挖值可根据实际情况另行规定。

6.4 初期支护

6.4.1 格栅、钢架

1. 施工工艺流程

施工工艺流程如图 6-22 所示。

2. 施工准备

（1）熟悉技术交底和施工要求。

（2）钢筋要平直、无损伤，表面无裂纹、油污、颗粒状或片状老锈。

3. 施工控制要点

（1）型钢钢架

1）钢架加工：①型钢钢架采用冷弯成型，格栅钢架采用胎模焊接，型钢钢架各节长度不宜大于 4m。②施工人员培训合格后上岗，焊工持证上岗。

2）拼装验收：①各节钢架接装，要求尺寸准确，弧形圆顺，周边拼装允许偏差

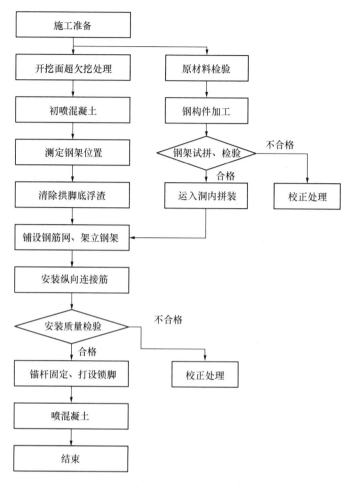

图 6-22 格栅、钢架施工工艺流程图

±3cm，平面翘曲小于 2cm。②钢架加工的焊接部位不得有假焊、漏焊现象，焊接表面不得有裂纹、焊瘤等缺陷。

3）测量定位：钢架安装前检查开挖断面的中线及高程，并确定钢架安设准确位置及标高。

4）钢架安装：①钢架安装不得侵入二次衬砌断面，底部不得有虚渣，各节钢架间以螺栓连接，连接板要密贴。钢架外缘每隔 2m 用钢楔或混凝土预制块与围岩顶紧。②钢架尽量密贴围岩并与锚杆焊接牢固，相邻两榀钢架之间按设计纵向连接牢固。③分部开挖时钢架及时落底接长，封闭成环。④钢架的拱脚采用锁脚锚杆（管）等措施加强支承。

（2）格栅、钢架

1）放样：在硬化场地上放样，画出 1∶1 的钢格栅大样图。

2）制作模具：①根据格栅截面设计模具，模具材料使用钢筋。②做好模具后按放样线直接固定在硬化场地上，必须保证焊接牢固和竖向垂直。

3）钢筋下料加工：①钢筋弯制使用机械弯制，弯制符合设计和规范要求。②拱部和边墙等各单元钢架分别加工。③钢架加工允许偏差为：主筋全长±10mm，弯折位置

20mm，箍筋内净尺寸±3mm。

4) 钢格栅焊接：①焊接前必须佩戴好安全保护用具。②电焊机及线路符合"一机一闸一箱一保护"。③焊缝长度不小于搭接长度，焊缝高度 $h \geqslant 0.3d$，且不小于4mm，与连接板焊接时焊缝高度不小于10mm。④施工中防止触电、烫伤、砸伤和机械对人的伤害。⑤焊接好的各单元明确标记类型及单元号，分类堆放，堆放高度不大于1.0m。

4. 施工质量验收

施工质量验收参照《铁路隧道工程施工质量验收标准》TB 10417—2018，应符合以下规定：

（1）主控项目

1) 钢筋进场时，必须按批抽取试件做力学性能（屈服强度、抗拉强度和伸长率）和工艺性能（冷弯）试验，其质量必须符合现行国家标准《钢筋混凝土用钢 第1部分：热轧光圆钢筋》GB/T 1999.1—2017 和《钢筋混凝土用钢 第2部分：热轧带肋钢筋》GB/T 1499.2—2018 等的规定和设计要求。

型钢材料进场检验必须按批抽取试件做力学性能和工艺性能试验，其质量必须符合现行国家标准《碳素结构钢》GB/T 700—2006 等的规定和设计要求。

检查数量：以同牌号、同炉罐号、同规格、同交货状态的钢筋，每60t为一批，不足60t也按一批计。施工单位每批抽检一次。监理单位见证取样检测或平行检验，抽检次数为施工单位抽检次数的20%或10%，但至少一次。

检验方法：施工单位检查每批质量证明文件和进行试验。监理单位检查全部质量证明文件和试验报告，并进行见证取样检测或平行检验。

2) 制作钢架的钢材品种、级别、规格和数量必须符合设计要求。

3) 格栅钢架钢筋的弯制和末端的弯钩及型钢钢架的弯制应符合设计要求。钢架的结构尺寸应符合设计要求。

检查数量：施工单位每批检验一次，每批随机抽样不得少于3榀。监理单位抽样检验，且不少于一榀。

检验方法：观察、尺量。

4) 钢架安装的位置、接头连接、纵向拉杆应符合设计要求，钢架安装不得侵入二次衬砌断面，脚底不得有虚碴。

5) 沿钢架外缘每隔2m必须用钢楔或混凝土预制块与围岩顶紧，钢架与围岩间的间隙应采用喷射混凝土喷填密实。

检查数量：施工单位、监理单位全部检查。

检验方法：观察。

（2）一般项目

1) 钢筋、型钢、钢轨等材料应平直、无损伤，表面不得有裂纹、油污、颗粒状或片状老锈。

2) 钢架的落底接长和钢架间的连接应符合设计要求。

3) 钢架安装允许偏差应符合下列要求：

① 钢架间距允许偏差为±100mm；钢架横向允许偏差为±50mm。

② 高程偏差允许偏差为±50mm；垂直度允许偏差为±2°。

③ 钢架保护层厚度允许偏差为－5mm。

检查数量：施工单位每榀钢架检查一次。

检验方法：查对工程检查证、尺量。

6.4.2 钢筋网片

1. 施工工艺流程

施工工艺流程如图 6-23 所示。

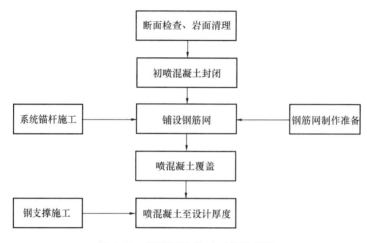

图 6-23 钢筋网片施工工艺流程图

2. 施工控制要点

（1）网片加工：1）采用 HPB300 级钢筋在钢筋加工场内集中制作。2）用钢筋调直机把钢筋调直，再截成钢筋条，钢筋网片尺寸根据拱架间距和网片之间搭接长度综合考虑确定。3）钢筋焊接前先将钢筋表面清除干净。4）加工后的钢筋网片应平整，钢筋表面无削弱钢筋截面的伤痕。

（2）存放运输：1）制作成型的钢筋网片必须轻抬轻放，避免摔地产生变形。2）钢筋网片成品远离加工场地，堆放在指定的成品堆放场地上。3）存放和运输中要避免潮湿的环境，防止锈蚀、污染和变形。

（3）网片安装：1）安装网片在初喷后进行，第二层在第一层钢筋网被混凝土覆盖及混凝土终凝后挂设。2）钢筋网片随初喷面的起伏铺设，与受喷面的间隙一般不小于4cm。3）焊接固定于先期施工的系统锚杆之上，再把钢筋网片焊接成网，网片搭接长度为1～2个网格。

3. 施工质量验收

施工质量验收参照《铁路隧道工程施工质量验收标准》TB 10417—2018，应符合以下规定：

主控项目：

（1）钢筋网用钢筋进场时，必须按批抽取试件做力学性能（屈服强度、抗拉强度和伸长率）和工艺性能（冷弯）试验，其质量必须符合现行国家标准《钢筋混凝土用钢 第1部分：热轧光圆钢筋》GB/T 1499.1—2017 等的规定和设计要求。

检验数量和检验方法同格栅、钢架进场施工质量验收。

（2）钢筋网所使用的钢筋的类型、规格、性能等应符合设计要求和国家、行业有关技术标准的规定。

检查数量：施工单位、监理单位全部检查。

检验方法：观察，钢尺检查。

（3）钢筋网的制作应符合设计要求。

检查数量：施工单位每批检验一次，随机抽样5片。监理单位抽检1片。

检验方法：观察、尺量。

6.4.3 锚杆

1. 施工工艺流程

锚杆施工工艺流程如图6-24～图6-26所示。

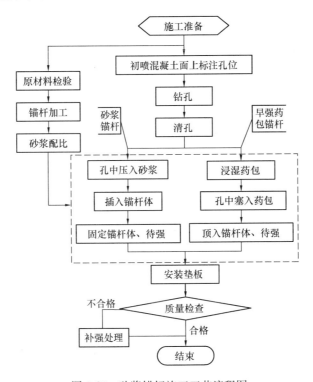

图6-24 砂浆锚杆施工工艺流程图

2. 施工准备

（1）检查锚杆类型、规格、质量及其性能是否与设计相符。

（2）根据锚杆类型、规格及围岩情况准备钻孔机具。

3. 施工控制要点

（1）测量放样：按设计要求定出孔位位置，孔位允许偏差为±150mm。

（2）钻孔：钻孔机具根据锚杆类型、规格选择，成孔与围岩面或所在部位岩层的主要结构面垂直，深度及直径宜与杆体相匹配。钻孔前检查工作面稳定情况。

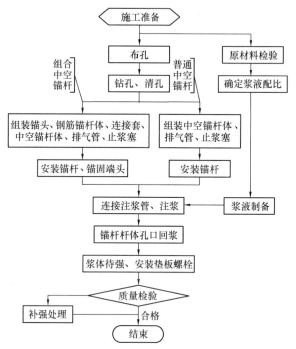

图 6-25 中空注浆锚杆施工工艺流程图

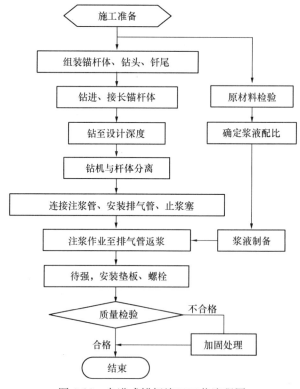

图 6-26 自进式锚杆施工工艺流程图

(3) 验孔：1) 用高压风吹洗清孔，并对锚杆孔间距、深度、角度检查。2) 杆孔的深度大于锚杆设计长度 10cm，直径大于杆体直径 15mm，孔位允许偏差±150mm。

(4) 安装：1) 砂浆锚杆是先将注浆管插至孔眼底，用高压风将砂浆压入眼孔，然后立即把锚杆插入眼孔，用木楔堵塞眼口。2) 药包锚杆是把药包装入锚杆孔后，在药包水泥初凝前，将锚杆送入。锚杆在送进过程中与浸水后的药包充分搅拌，使锚杆获得良好的锚固性。3) 自钻式锚杆直接安装就位注浆。4) 锚杆安装后禁止敲打、悬挂重物。5) 作业人员做好人身防护。

(5) 锚杆注浆：1) 配制浆液时，操作工人戴胶手套、护目镜、穿长筒胶鞋。2) 注浆料由杆体孔灌入，上仰孔应按要求设置止浆塞和排汽孔，根据技术交底要求控制注浆压力。3) 注浆采取交错、间隔进行，注浆结束后检查其效果，不合格者补浆。4) 注浆时，作业工人不准站在注浆口附近。

4. 施工质量验收

施工质量验收参照《铁路隧道工程施工质量验收标准》TB 10417—2018，应符合以下规定：

主控项目：

（1）锚杆用钢筋进场时，必须对其质量指标进行全面检查并按批抽取试件做屈服强度、抗拉强度、伸长率和冷弯试验，其质量应符合现行国家标准《钢筋混凝土用钢 第1部分：热轧光圆钢筋》GB/T 1499.1—2017、《钢筋混凝土用钢 第2部分：热轧带肋钢筋》GB/T 1499.2—2018 和《低碳钢热轧圆盘条》GB/T 701—2008 等的规定和设计要求。

检查数量：以同牌号、同炉罐号、同规格、同交货状态的钢筋，每60t为一批，不足60t按一批计。每批抽检一次。

检验方法：检查每批质量证明文件，并按批进行抽样做屈服强度、抗拉强度和伸长率冷弯试验。

（2）半成品、成品锚杆的类型、规格、性能等应符合设计要求和国家现行有关技术标准的规定。

检查数量：按进场的每批次随机抽样3%进行检验。

检验方法：检查产品合格证、出厂检验报告并进行试验。

（3）锚杆安装的数量应符合设计要求。

检查数量：全部检查。

检验方法：施工现场计数检查。

（4）砂浆的强度等级、配合比应符合设计要求。

检查数量：每一作业段检查一次。

检验方法：进行配合比设计，做砂浆强度试验。

（5）锚杆孔内灌注砂浆应饱满密实。

检查数量：全部检查。

检验方法：查施工记录，观察或采用超声波锚杆检查仪检查。

（6）锚杆安装允许偏差应符合下列规定：

锚杆孔的孔径应符合设计要求。锚杆孔的深度应大于锚杆长度的10cm。

锚杆孔距允许偏差为±15cm。

(7) 锚杆插入长度不得小于设计长度的 95%。

检查数量：全部检查。

检验方法：现场尺量。

6.4.4 喷射混凝土

1. 施工工艺流程

施工工艺流程如图 6-27 所示。

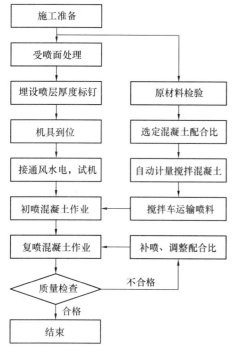

图 6-27 喷射混凝土施工工艺流程图

2. 施工准备

(1) 喷射前应检查开挖断面尺寸，清除开挖面拱部的松动岩块及拱脚与墙脚处的岩屑灰尘等杂物，开挖处要补凿够。一般岩面可用高压水冲洗受喷岩面的浮尘、岩屑，当岩面遇水容易潮解、泥化时，宜采用高压风吹净岩面。按设计要求挂设钢筋网（网格 200mm×200mm 或 250×250mm、钢筋直径 8mm 或 6mm），用环向锚杆或钢架固定，使其密贴受喷面，以提高喷射混凝土的附着力。

(2) 控制喷射混凝土厚度的标志，一般利用锚杆外露长度做标桩，如不安设锚杆地段采用埋设钢筋头做标志，在每个作业循环选一个断面，从拱顶起，每间隔 1～2m 布设一个检查点，或者在喷射时插入长度比设计厚度大 5cm 的钢丝，每 1～2m 布设一个检查点，作为施工控制用。

(3) 依次接通风水管、出料管、电线等管线路，调试喷浆机试运转。

选用的空压机应满足喷射机工作风压和耗风量的要求。输料管应能承受输出混合料和高压风的压力，并应有良好的耐磨性能。保证作业区内具有良好通风和照明条件。喷射作业人员必须佩戴防尘用具。

(4) 若遇受喷面有涌水、渗水或潮湿的岩面，喷射前应按不同情况进行处理。

大股涌水宜采用注浆堵水再进行喷射混凝土作业。小股水或裂隙渗漏水宜采用岩面注浆或半管引排后再喷射混凝土。大面积潮湿的岩面宜采用粘结性强的混凝土，如添加外加剂、掺合料以改善混凝土的性能。

3. 施工控制要点

(1) 断面检查及清理：喷射前应检查开挖断面尺寸，清除开挖面拱部的松动岩块及拱脚与墙脚处的岩屑灰尘等杂物，欠挖处要补凿够。

(2) 机具就位：施工前，根据实际情况确定现场施工需要的罐车、湿喷机以及保障的相关机电数量和正常使用。

(3) 混合料搅拌、运输：湿喷混凝土采用强制式自动计量搅拌机搅拌，搅拌时间不得少于 2min。采用不小于 6m³ 混凝土罐车运输，随拌随运。当工作面量大时，增加运输车辆交替运料，满足湿喷混合料的供应。在运输过程中，运输罐车混凝土罐要转速均匀，防止混凝土产生离析、水泥浆流失、坍落度变化以及初凝等现象。

（4）喷射混凝土：喷射混凝土前，为减少首层粗骨料的回弹量，必要时先喷一薄层水泥砂浆，待终凝后再喷射混凝土。有条件情况下，宜将喷头固定在机械手上进行喷射作业；条件不许可，采用人工掌握喷头时，应由两人共同操作喷头。喷射混凝土作业应采用分段、分片、分层依次进行，喷射混凝土应每环及时封闭。为提高工作效率和保证质量，可按照先墙后拱，自下而上的喷射顺序施喷。岩面凹凸不平时，应先喷凹处后找平，喷射时喷嘴料束应呈螺旋轨迹路线缓慢均匀地移动，一圈压半圈，喷射混凝土纵向呈S形进行，喷射的螺旋圈直径约为30cm。料束旋转速度均匀，纵向喷射第二行时，依顺序从第一行的起点处开始，行与行之间搭接不少于2～3cm，力求喷出的混凝土层面平顺光滑。

喷射混凝土分段施工时，每次喷混凝土完毕应预留斜面，斜面宽度为200～300mm，再次喷射混凝土时，斜面上应用高压水冲洗润湿后再行喷射混凝土。分片喷射要自下而上进行并先喷钢架与壁面间混凝土，再喷两钢架之间混凝土。边墙喷混凝土应从墙脚开始向上喷射，使回弹不致裹入最后喷层。分层喷射时，后一层喷射和前一层混凝土应间隔至少15～20min，若终凝1h后再进行喷射时，应先用风水清洗喷层表面。一次喷混凝土的厚度主要由喷射混凝土颗粒间的凝聚力和喷射层与受喷岩面之间的粘结力而定。所以分层厚度以喷混凝土不错裂、不坠落为度，既不能因厚度太大而影响喷混凝土的粘结力和凝聚力，也不能太薄而增加回弹量。一般情况边墙一次喷射混凝土厚度控制在7～10cm，拱部控制在5～6cm，并保持喷层厚度均匀。

喷射速度要适当，以利于混凝土的压实。风压过大，喷射速度增大，回弹增加；风压过小，喷射速度过小，压实力小，影响喷射混凝土强度。

喷嘴与受喷面间距以1.5～2.0m为宜，喷嘴与岩面的角度，一般应垂直于岩面，以使获得最大压实和最小回弹。但在喷边墙时，宜将喷组略向下俯5°～10°，使混凝土束喷射在较厚的混凝土顶端，避免料束中的粗骨料直接与岩面撞击，减少回弹量。若受喷面被钢架、钢筋网覆盖时，喷射时可将喷嘴稍加偏斜10°～20°，如果喷嘴与受喷面的角度太小，会形成混凝土混合料在受喷面上的滚动，产生出凹凸不平的波形喷面，增加回弹量，影响喷混凝土的质量。喷射混凝土时先喷射钢架背后与围岩间的空隙，喷射密实后，再喷射钢架与钢架间的混凝土，钢架与喷混凝土形成一体，钢架应全部被喷射混凝土覆盖，保护层厚度不得小于3cm。

（5）养护

喷射混凝土终凝2h后，应进行养护。养护方式采用喷雾养护，养护时间不小于14d。14d内喷射混凝土表面须保持湿润，以防止干裂，影响质量。

4. 施工质量验收

施工质量验收参照《铁路隧道工程施工质量验收标准》TB 10417—2018，应符合以下规定：

（1）喷射混凝土的早期（1d）强度必须符合设计要求，不小于10MPa。

检查数量：施工单位、监理单位每一喷射循环检查一次。

检验方法：施工单位采用贯入法或拔出法检测；监理单位见证检测。

（2）喷射混凝土的强度必须不小于设计要求25MPa，用于检查喷射混凝土强度的试件，采用大板切割法制取，标准养护试件的试验龄期为28d。

检查数量：施工单位每一作业循环检验一次，每个循环至少在拱部和边墙各留置一组检验试件；监理单位按施工单位检查次数的20%见证取样检测或按施工单位检查次数的10%平行检验。

检验方法：施工单位进行混凝土强度试验。监理单位检查混凝土强度试验报告并进行见证取样检测或平行检验。

（3）喷射混凝土的厚度和表面平整度符合下列要求：

平均厚度大于设计厚度（根据设计图纸和围岩类别划分）。检查点数的80%及以上大于设计厚度。最小厚度不得小于设计厚度的2/3。

检查数量：每一作业循环检查一个断面，每个断面应从拱顶起，每间隔2m布设一个检查点检查喷射混凝土的厚度。监理单位见证检查或按施工单位检查断面的20%抽查。

检验方法：施工单位、监理单位检查控制喷层厚度的标志、凿孔测量厚度，用自动断面仪或摄影仪等仪器测量断面轮廓，检查表面平整度。

（4）喷射混凝土的水泥用量不宜小于400kg/m³，喷射混凝土拌合物的坍落度宜为80~130mm。喷射混凝土的配合比设计应根据原材料性能、混凝土的技术条件和设计要求通过实验选定，并应符合下列规定：

胶骨比宜为1:4~1:5。水胶比宜为0.40~0.50。砂率宜为45%~60%。

检查数量：施工单位对同强度等级、同性能喷射混凝土进行一次混凝土配合比设计，施工过程中，如水泥、外加剂等主要原材料的品种和规格发生变化，应重新进行配合比设计；监理单位全部检查。

检验方法：施工单位进行配合比选定试验；监理单位检查配合比。

（5）喷射混凝土原材料每盘称量的允许偏差应符合表6-11的规定。

原材料每盘称量允许偏差表 表6-11

序号	材料名称	允许偏差	检验方法
1	水泥	±2%	复称
2	粗、细骨料	±3%	复称
3	水、外加剂	±2%	复称

注：1. 各种衡器应定期检定，每次使用前应进行零点校核，保证计量准确。
2. 喷射混凝土拌制前，应测定砂、石含水率，并根据测试结果和理论配合比调整材料用量，开出施工配合比。

检查数量：施工单位每工班不应少于1次。雨天或含水率有显著变化时，应增加含水率检测次数。

检验方法：砂、石含水率测试。

（6）喷射混凝土表面应密实、平整，无裂缝、脱落、漏喷、漏筋、空鼓和渗漏水，锚杆头钢筋无外露。

检查数量：施工单位、监理单位全部检查。

检验方法：观察、敲击。

6.5 仰拱及仰拱填充

6.5.1 仰拱

1. 施工工艺流程

施工工艺流程如图 6-28 所示。

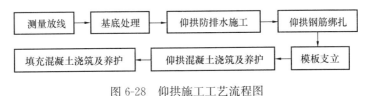

图 6-28 仰拱施工工艺流程图

2. 施工准备

（1）隧底开挖轮廓检查与处理。

（2）原材料检验和机具准备。

（3）与开挖面安全距离：仰拱：Ⅲ级<90m，Ⅳ级<50m，Ⅴ级以上<40m。

3. 施工控制要点

（1）隧底清理：施作仰拱混凝土前应清理隧底虚碴、淤泥、积水和杂物，并用高压风吹洗干净，超挖部分应采用同级混凝土回填。

（2）仰拱设计：隧底开挖后及时施作仰拱混凝土，仰拱设计厚度及混凝土强度等级符合设计要求。

（3）钢筋安装：按照规范和设计要求控制钢筋的保护层厚度、间距、层距，绑扎焊接牢固。

（4）挡头板安装：按设计分节要求安装仰拱挡头模型，在仰拱两侧1.5m范围内安装浮放内模，保证仰拱混凝土的密实度和强度。每环施工缝间按设计要求安装中埋式橡胶止水带和背贴式止水带，做好防水处理。

（5）混凝土浇筑：混凝土采用拌合站集中拌合，混凝土罐车运输，梭槽溜放入模，插入式振动器捣固，分段连续浇筑，一次成型，不留纵向施工缝，仰拱的整体浇筑采用防干扰作业栈桥等架空设施，以保证作业空间和新浇筑混凝土结构不受损坏。

（6）脱模：混凝土强度达到 2.5MPa 以上脱模。

（7）混凝土养护：1）浇筑完毕后 12h 以内对混凝土进行洒水保湿养护，养护时间不少于 14d。2）仰拱混凝土强度达到5MPa后可行人，达到设计强度100%后方可过车。

4. 施工质量验收

施工质量验收参照《铁路隧道工程施工质量验收标准》TB 10417—2018，应符合以下规定：

（1）主控项目

1）混凝土强度等级必须符合设计要求，混凝土强度试件应在混凝土的浇筑地点随机抽样制作。试件的取样与留置、检查数量、检验方法同洞门工程施工质量验收。

2)仰拱厚度及各部尺寸应符合设计要求。

检查数量:施工单位每一灌注段检查一个断面,监理单位见证检查。

检验方法:查对设计图、观察、尺量。

3)仰拱拱座与边墙及水沟连接面结合应符合设计要求。

检查数量:施工单位每一灌注段检查一次,监理单位见证检查。

检验方法:查对施工记录,观察。

4)施作仰拱混凝土前应清除隧底虚碴、杂物和积水,超挖部分应采用同级混凝土回填。

检查数量:施工单位、监理单位全部检查。

检验方法:施工单位现场观察检查。监理单位旁站监理。

5)施工缝、变形缝的位置和处理应符合设计和施工技术方案的要求。

检查数量:施工单位、监理单位全部检查。

检验方法:观察和尺量。

6)混凝土的运输、浇筑及间歇的全部时间不应超过混凝土的初凝时间。同一施工段的混凝土应连续浇筑。

检查数量:施工单位、监理单位全部检查。

检验方法:观察。

7)混凝土浇筑完毕后,应按施工技术方案及时采取有效的养护措施,并应符合下列规定:

① 应在浇筑完毕后的 12h 以内对混凝土加以覆盖并保湿养护。

② 混凝土浇水养护的时间:对采用硅酸盐水泥、普通硅酸盐水泥或矿渣硅酸盐水泥拌制的混凝土,不得少于 7d;对掺用缓凝型外加剂或有抗渗等要求的混凝土,不得少于 14d。

③ 浇水次数应能保持混凝土处于湿润状态;混凝土养护用水应与拌合用水相同。

④ 采用塑料布覆盖养护的混凝土,其敞露的全部表面应覆盖严密,并应保持塑料布内有凝结水。

⑤ 混凝土强度达到 1.2MPa 前,不得在其上踩踏或安装模板及支架。

⑥ 当日平均气温低于 5℃时,不得浇水。

检查数量:施工单位、监理单位全部检查。

检验方法:观察。

(2)一般项目

1)混凝土拌制前,应测定砂、石含水率,并根据测试结果和理论配合比调整材料用量,提出施工配合比。

检查数量:施工单位每工作班不应少于一次。

检验方法:砂、石含水率测试。

2)预留泄水孔槽位置、数量应符合设计要求。

检查数量:施工单位全部检查。

检验方法:观察、尺量和计数检查。

3)仰拱表面应平顺,确保水流畅通。

检查数量:施工单位全部检查。

检验方法：观察。

4）仰拱高程允许偏差模筑混凝土为±15mm，喷射混凝土为±20mm；表面平整度允许偏差模筑混凝土为20mm，喷射混凝土为50mm。

检查数量：施工单位每一灌注段检查一个断面。

检验方法：水准测量、靠尺和塞尺测量。

6.5.2 仰拱填充

1. 施工准备

（1）原材料检验和机具准备。

（2）与开挖面安全距离：仰拱填充：Ⅲ级<90m，Ⅳ级<50m，Ⅴ级以上<40m。

2. 施工控制要点

（1）仰拱清理：施作填充混凝土前应清理仰拱积水、杂物，并用高压风吹洗干净。

（2）填充设计：仰拱混凝土终凝后施作填充混凝土，仰拱填充严禁与仰拱同时施工，填充混凝土设计强度等级：C20，仰拱与仰拱填充施工缝应错开≥0.5m。

（3）模板安装：按设计要求安装填充挡头模型和侧模，并按设计要求施作检查井、横向排水管及过轨管线。

（4）混凝土浇筑：混凝土采用拌合站集中拌合，混凝土罐车运输，梭槽溜放入模，插入式振动器捣固，分段连续浇筑，一次成型，不留纵向施工缝，填充的整体浇筑采用防干扰作业栈桥等架空设施，以保证作业空间和新浇筑混凝土结构不受损坏。

（5）脱模：混凝土强度达到2.5MPa以上脱模。

（6）混凝土养护：1）浇筑完毕后12h以内对混凝土进行洒水保湿养护，养护时间不少于14d。2）仰拱混凝土强度达到5MPa后可行人，达到设计强度100%后方可过车。

3. 施工质量验收

同仰拱施工质量验收。

6.6 隧道防排水

6.6.1 施工工艺流程

施工工艺流程如图6-29所示。

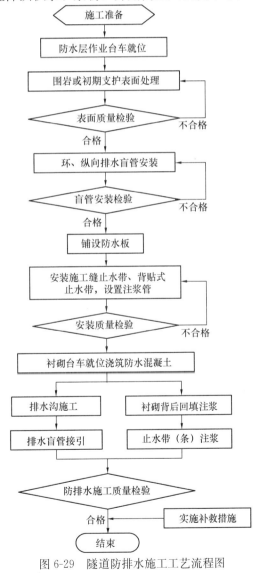

图6-29 隧道防排水施工工艺流程图

6.6.2 施工准备

(1) 防水层铺设前,喷混凝土层表面外露的锚杆头或钢筋端头先切除磨平。对凹凸不平部位要进行修凿、补喷,使混凝土表面平顺。喷层表面漏水时,要及时引排。

(2) 根据规范要求,按照梅花形形状布置防水板挂点,拱部范围挂点间距宜为0.5m,边墙范围挂点间距宜为0.8m。

(3) 检查机具设备和电等管线路。

(4) 保证作业区内具有良好的通风和照明条件。

6.6.3 施工控制要点

1. 施工缝防水

(1) 全隧环向施工缝采用中埋式钢板止水带(素混凝土地段)或中埋式钢边橡胶止水带(钢筋混凝土地段)+背贴式橡胶止水带;仰拱两道止水带之间预埋注浆管,注浆管采用可维护注浆管,外径24mm,注浆导管定位盒设置在沟槽盖板以上20cm处侧壁上,左右两侧对称设置,灌注混凝土时注浆导管口应设置封口盖。

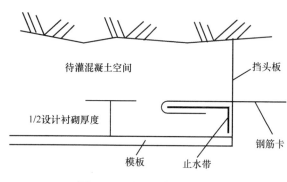

图 6-30 下环止水带定位图

(2) 纵向施工缝采用中埋式橡胶止水条[50mm(宽)×30mm(高)]+水泥基渗透结晶型防水涂料2层,矮边墙施工时应预留安装止水条凹槽,素混凝土地段纵向施工缝处加设接槎钢筋。

(3) 止水带安装方法及要求:沿设计衬砌轴线,每隔0.5m在挡头板上钻一直径为$\phi 8$的钢筋孔;将制成的钢筋卡,由待灌混凝土侧向另侧穿入,内侧卡紧止水带的一半,另一半止水带平靠在挡头板上(见图6-30);待混凝土凝固后拆除挡头板,将止水带靠钢筋拉直、拉平然后弯钢筋卡套上止水带(如图6-31所示)。止水带接头焊接采用专用工具热融焊接。

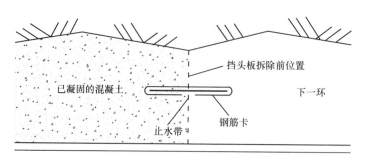

图 6-31 止水带安装位置图

2. 变形缝防水

（1）变形缝防水全环设置中埋式橡胶止水带＋背贴式橡胶止水带。二次衬砌拱墙范围内缘 3cm 范围内以聚硫密封胶封堵，距拱墙二次衬砌内侧 3～5cm 范围内设置 U 形镀锌钢板接水盒，其余空隙采用填缝料填塞密实，为减少仰拱变形缝两侧沉降，仰拱部位二次衬砌内设 ϕ50 双层抗剪钢筋，钢筋环向间距 50cm。止水带宽度和材质的物理性能均应符合设计要求，且无裂纹和气泡。接缝平整牢固，不得有裂口和脱节现象。

（2）变形缝的端头模板应钉有填缝板，填缝板与嵌入式止水带中心线应和变形缝中心重合，并用模板固定牢固，止水带不得穿孔或用铁钉固定。端头模板支立允许偏差为：平面位置±10mm，垂直度 2‰。灌注前校正止水带位置，表面清理干净，止水带损坏处应修补，顶底板止水带的下侧混凝土应振捣密实，边墙止水带内侧混凝土应均匀，保持止水带位置正确、平直，无卷曲现象。

（3）结构止水带的下侧混凝土应振实，将止水带压紧后方可继续灌注混凝土。边墙处止水带必须固定牢固，内外侧混凝土应均匀、水平灌注，保持止水带位置正确、平直、无卷曲现象。

3. 排水盲管施工

隧道两侧墙脚外侧纵向设置 HDPEϕ107/96 双壁打孔波纹管，每两条环向施工缝之间设置一段与隧道侧沟连通。防水板背后沿拱墙施工缝环向设置凸凹形排水板（宽≥50cm，厚≥1cm），4～5m/环，结构断面变化处沿端板环向加设环向排水板一道（宽 50cm），排水板向下延伸到纵向波纹管高度处，与波纹管搭接不小于 3/4 圆周，施工位置按设计要求设置。

4. 防水板施工

（1）铺设防水板

防水板采用无钉铺设方法，一次铺设长度根据混凝土循环灌注长度确定，铺设前先行试铺，再加以调整。防水板采用无钉孔铺设，即先用 ϕ80 塑料垫圈和射钉将无纺布固定于基面上，再将防水板用专用胶粘剂粘合在垫圈上。

（2）防水板焊（粘）接

防水板接缝采用热合机自动焊缝形成或专用胶粘结，即将两层防水板的边缘搭接不小于 15cm，通过热熔加压或专用胶粘合，两侧接缝宽不小于 2.5cm；当纵向接缝与环向接缝成十字交叉时（十字形接缝），事先对纵向接缝外的多余搭接部分齐根处削去，将台阶修理成斜面并整平。

6.6.4 施工质量验收

施工质量验收参照《铁路隧道工程施工质量验收标准》TB 10417—2018，应符合以下规定：

1. 防水板防水质量检验

（1）主控项目

防水板、土工复合材料的材质、性能、规格必须符合设计要求。

检查数量：按进场批次检验。

检验方法：检查产品合格证。

（2）一般项目

1）铺挂防水板的基面应坚实、平整、圆顺，无翻水现象；阴阳角处应做成圆弧形。

检查数量：全部检查。

检验方法：查隐蔽工程验收记录、观察。

2）防水板焊缝无漏焊、假焊、焊焦、焊穿等现象。

检查数量：全部检查。

检验方法：查隐蔽工程验收记录、观察。

3）防水板的铺设应与基层固定牢固，不得有绷紧和破损现象。

检查数量：全部检查。

检验方法：查隐蔽工程验收记录、观察。

4）防水板的搭接宽度不应小于15cm，允许偏差为－10mm，焊缝的宽度不小于2cm。

检查数量：检查焊缝的数量5%，并不得小于3条焊缝。

检验方法：观察和尺量检查。

2. 施工缝、变形缝防水施工质量检验

（1）主控项目

1）施工缝、变形缝所用止水条、止水带等材料的品种、规格、性能应符合设计要求。

检查数量：品种、规格全部检查，性能按批取样试验检测。

检验方法：检查产品合格证、出厂检验报告并进行有关性能试验。

2）止水带接头连接符合设计要求，接缝平整、牢固。不得有裂口和脱胶现象。

（2）一般项目

1）施工缝、变形缝填塞前，缝内应清扫干净，保证干燥不得有杂物和积水。

检查数量：全部检查。

检验方法：观察。

2）施工缝、变形缝的外观应达到缝宽均匀、缝身竖直、环向贯通、填塞密实、外表光洁。检查数量：全部检查。

检验方法：观察。

3. 盲管施工质量检验

（1）主控项目

1）盲管材料质量符合设计要求。

检查数量：按进场批次检验。

检验方法：进行试验。

2）盲管的综合排水效果应符合设计要求。

检查数量：全检。

检验方法：观察。

（2）一般项目

1）盲管的构造符合设计要求。

检查数量：全检。

检验方法：观察。

2）盲管的坡度应符合设计要求。

检查数量：全检。
检验方法：观察。

6.7 二次衬砌

6.7.1 施工工艺流程

施工工艺流程如图 6-32 所示。

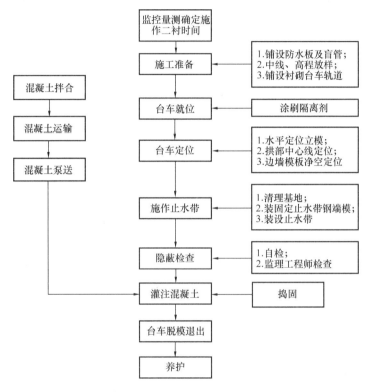

图 6-32 二次衬砌施工工艺流程图

6.7.2 施工准备

（1）初期支护轮廓检查处理。
（2）原材料检验和机具准备。
（3）与开挖面安全距离：衬砌：Ⅰ、Ⅱ级＜200m，Ⅲ级＜120m，Ⅳ级及以上＜90m；仰拱：Ⅲ级＜90m，Ⅳ级＜50m，Ⅴ级以上＜40m。

6.7.3 施工控制要点

（1）钢筋安装：按照规范和设计要求控制钢筋的保护层厚度、间距，绑扎焊接牢固，注意保护防水板。
（2）注浆管理设：每衬砌段拱顶部位埋设 2～4 个注浆孔。

(3) 台车定位：模板台车走行轨道的中线和轨面标高误差不大于10mm。

(4) 挡头板安装：模板台车采用带有气囊的端模（堵头板），按设计要求安装止水条（带）。

(5) 混凝土浇筑：混凝土两侧对称、分层浇筑，分层捣固。捣固用插入式振动器。

(6) 脱模：在初期支护变形稳定后施工的混凝土强度达到8MPa以上脱模。初期支护未稳定前施作的混凝土强度须达到设计强度的100%以上允许脱模。

(7) 混凝土养护：1) 浇筑完毕后12h以内对混凝土进行养护，养护时间不少于14d。2) 仰拱混凝土强度达到5MPa后可行人，达到设计强度100%后方可过车。

6.7.4 施工质量验收

施工质量验收参照《铁路隧道工程施工质量验收标准》TB 10417—2018，应符合以下规定：

1. 衬砌模板

隧道衬砌模板台车、移动台架必须按照隧道内净空尺寸进行设计与制造，钢结构及钢模必须具有足够的强度、刚度和稳定性，能够承受所浇筑混凝土重力、侧压力及施工荷载。衬砌模板台车、移动台架必须经验收合格方可投入使用。

模板安装必须稳固牢靠，接缝严密，不得漏浆。模板与混凝土的接触面必须清理干净并涂刷隔离剂。浇筑混凝土前，模板内的积水和杂物应清理干净。模板安装允许偏差和检验方法见表6-12。

模板安装允许偏差和检验方法　　　　表 6-12

序号	项目	允许偏差（mm）	检验方法
1	边墙脚	±15	尺量
2	起拱线	±10	尺量
3	拱顶	+10, 0	水准测量
4	模板表面平整度	5	2m靠尺和塞尺
5	相邻浇筑段表面高低差	±10	尺量

2. 衬砌钢筋

钢筋加工弯制前应调直，并将表面油渍、水泥浆和浮皮铁锈等均应清除干净；加工后的钢筋表面不应有削弱钢筋截面的伤痕。

(1) 钢筋的加工应符合设计要求，其允许偏差和检验方法符合表6-13的规定。

钢筋加工允许偏差和检验方法　　　　表 6-13

序号	名称	允许偏差（mm）	检验方法
1	受力钢筋顺长度方向的全长	±10	尺量
2	弯起钢筋的弯折位置	20	
3	箍筋内净尺寸	±5	

检查数量：按钢筋编号各抽检10%，并各不少于3件。

（2）钢筋安装及保护层厚度允许偏差和检验方法应符合表6-14的规定。

钢筋安装及保护层厚度允许偏差和检验方法　　　　表6-14

序号	名称		允许偏差（mm）	检验方法
1	双排钢筋，上排钢筋与下排钢筋间距		±15	尺量两端、中间各1处
2	同一排中受力钢筋水平间距	拱部	±10	尺量两端、中间各1处
		边墙	±20	
3	分布钢筋间距		±20	尺量连续3处
4	箍筋间距		±20	
5	钢筋保护层厚度		+10，-5	尺量两端、中间各两处

检查数量：全部检查。

（3）钢筋接头应设置在承受应力较小处，并应分散布置，搭接位置不得位于拱顶或仰拱底。配制在"同一截面"内受力钢筋接头的截面面积，占受力钢筋总截面面积的百分率，应符合下列规定：

焊（连）接接头在受弯构件的受拉区不得大于50%，轴心受拉构件不得大于25%；在构件的受拉区，绑扎接头不得大于25%，在受压区不得大于50%；钢筋接头应避开钢筋的弯曲处，距离弯曲点的距离不得小于钢筋直径的10倍。在同一根钢筋上应少设接头。同一截面内，同一根钢筋上不得超过一个接头。

（4）采用电弧焊焊接，单面搭接焊，其搭接长度不得小于10d，双面搭接焊，其搭接长度不得小于5d，焊缝宽度不小于0.8d且不小于10mm，焊缝高度不小于0.3d且不小于4mm。

Ⅴ级围岩浅埋复合式衬砌钢筋中主筋N1、N2钢筋焊接长度为10d。

3. 二次衬砌

（1）混凝土结构外形尺寸允许偏差和检验方法应符合表6-15的规定。

二次衬砌结构外形尺寸允许偏差和检验方法　　　　表6-15

序号	项目	边墙（mm）	拱部（mm）	检验方法
1	平面位置	±10		尺量
2	垂直度（%）	2		尺量
3	高程		+30，0	水准测量
4	结构平整度	15	15	2m靠尺或塞尺

检查数量：施工单位每一浇筑段检查一个断面。

（2）混凝土结构表面应密实平整、颜色均匀，不得有露筋、蜂窝、孔洞、疏松、麻面和缺棱掉角等缺陷。

检查数量：施工单位全部检查。

检验方法：观察。

6.8 水沟电缆槽

6.8.1 施工工艺流程

施工工艺流程如图 6-33 所示。

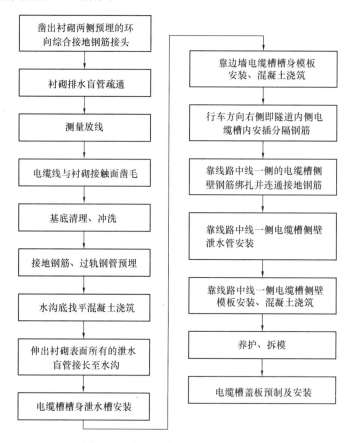

图 6-33 水沟电缆槽施工工艺流程图

6.8.2 施工控制要点

（1）凿出每组衬砌两侧已预埋好的接地钢筋接头：已施工的衬砌，两侧都留有接地钢筋接头，电缆槽开始施工前必须安排人员凿出每组衬砌内的接地钢筋接头，并将钢筋表面处理干净以便施工电缆槽混凝土前及时对接地钢筋进行接长。

（2）衬砌排水盲管疏通：电缆槽开始施工前必须安排人员对全段内衬砌泄水孔进行检查，堵塞的要疏通，必要时要根据情况增加泄水孔，保证整个排水体系排水顺畅。

（3）测量放线：为保证结构尺寸符合设计要求，两侧电缆槽、两侧排水沟与隧道中线的相对尺寸必须严格按技术交底进行，不能随意改变。测量组根据施工技术交底要求，放样电缆槽、水沟定位基准线和水平基准线（标高控制基准线设在边墙、水平宽度控制基准设在填充面），并采用书面交底和现场交底形式将有关资料和测量点位交付现场施工员，书面交底必须签认齐全，做好洞内导线布置及保护工作，保证电缆槽的位置、间距、沟底高程、纵向坡度及结构外缘距同侧轨道中心距离准确。

（4）电缆槽与衬砌接触面凿毛：两侧衬砌边墙与电缆槽结合面光滑，必须采用凿毛处理，才能保证后施工的电缆槽壁与已施工的衬砌混凝土粘结牢固，不产生裂缝或脱落，影响施工质量。因此在电缆槽施工前，采用风镐或短钎将衬砌与电缆槽结合面凿毛，必要时局部采用电钻钻孔植筋来充当接槎筋，钢筋直径$\phi 8$，加强连接，植筋深度10cm，植筋锚固材料用锚固剂。

（5）基底清理、冲洗：边墙结合面凿毛后，将水沟电缆槽基底的松碴、杂物、淤泥清理，并用高压水将凿毛后的衬砌边墙结合面及水沟基底冲洗干净。

（6）接地钢筋、过轨钢管预埋：每组衬砌留出的接地钢筋接头用$\phi 16$钢筋呈开口向上的C形接长至水沟靠线路中线一侧，跨过水沟时要保证钢筋位于水沟沟底标高以下，在水沟靠线路中线一侧再把钢筋引上来并出露混凝土表面10cm以上，以便今后继续接长；过轨钢管埋设只需保证左右线隧道外侧电缆槽通过过轨钢管连通即可，钢管弯曲处弯角要圆顺且不小于120°，埋设的过轨钢管内必须有一根钢丝贯通整个管身，两端露头，以便今后穿电缆，所有的过轨钢管必须焊接牢固、焊缝严密，防止今后积水渗进管身。

（7）水沟底找平混凝土浇筑：浇筑图中所示第一步骤混凝土，严格控制标高，保证水沟沟底高程、纵向坡度准确。

（8）衬砌所有泄水管接长：对原衬砌表面已留好的所有泄水孔周围一圈进行扩挖，保证硬质波纹管出露7~10cm，然后用塑料套筒将两段硬质波纹管套连起来，两段硬质波纹管之间要缠绕土工布保证与塑料套筒连接牢靠，套连好后将泄水管接长至水沟内，接长时要保证接缝处严密，不漏水，而且要避免浇筑混凝土时造成波纹管堵塞。

（9）电缆槽槽身泄水槽安装：电缆槽槽身泄水槽为楔形泄水槽，尺寸符合设计要求。

（10）模板安装

1）模板选择：电缆槽内壁和排水沟内壁均采用钢模板，根据电缆槽交底尺寸定制加工，由于隧道两侧电缆槽的大小不一致，行车侧（即隧道外侧）电缆槽的高度为30cm，宽35cm；隧道内侧电缆槽的高度为30cm，宽20cm，所以电缆槽施工时要格外注意，以免混淆。

2）模板安设：根据测量放线，放出模板定位安装边线，然后安装模板，模板安装必须垂直，模板与模板之间的缝隙必须控制在2mm以内，基底个平整部位在关好模板后用砂浆封堵，防止浇筑混凝土时漏浆，模板与模板之间不能有错台。为防止浇筑混凝土时模板上浮和跑模，影响混凝土施工和浇筑质量，沿模板底在基底纵向每0.5m打设$\phi 12$的固定钢筋，用钢丝及方木加固牢固。模板每次安装前必须清除板面混凝土块，打磨光滑，涂抹隔离剂。模板在搬运过程中必须轻拿轻放，保护好钢模板防止模板变形。

（11）靠线路中线一侧的电缆槽侧壁钢筋绑扎并连通接地钢筋：水沟电缆槽仅有靠中线一侧的电缆槽侧壁配有钢筋，电缆槽侧壁钢筋为单层，采用洞外分段（5m）加工，洞内与预埋钢筋（2.5m一根）连接固定（位），竖向主筋为$\phi 12$钢筋，间距25cm，纵向分布筋为$\phi 10$钢筋，间距25cm。由于钢筋为单层钢筋，在浇筑水沟找平混凝土时插入定位预埋钢筋，保证钢筋固定焊接后稳定牢靠，竖向主筋植埋深度在水沟底向下16cm深处。

单层钢筋最顶端的一根纵向分布筋用 $\phi 16$ 的钢筋代替作为隧道纵向接地钢筋(纵向接地筋位于电缆槽靠近线路侧壁顶端的外缘)。所有从衬砌内引出的环向接地钢筋的接头都要从电缆槽侧壁内引上来并与这根纵向接地钢筋连接。

(12) 水沟电缆槽槽身混凝土施工:沟槽身混凝土强度等级为 C30,采用整体钢模一次浇筑成型。电缆槽身混凝土要分层浇筑,由于水沟电缆槽的侧壁厚度仅有 15cm、9cm,不能采用振动棒振捣时必须采用 $\phi 25$ 钢筋插捣密实,在插捣过程中注意对埋设的泄水槽进行保护,避免损坏。并用木棒轻轻敲打模板,使附着在模板上的气泡逸出,保证混凝土外观质量平整,无气泡和蜂窝、麻面产生。

(13) 水沟电缆槽盖板制作与安装

1) 制作模型:水沟电缆槽盖板厚度一般为 6cm,水沟盖板模型采用定制塑料模型,根据电缆槽和水沟盖板尺寸,定制不同尺寸的模型。

2) 预制场地:电缆槽、水沟盖板预制场地必须采用混凝土硬化,硬化厚度不小于 5cm,施工前要测量抄平,保证场地混凝土平整,施工场地位置要有利于洒水养护。

3) 盖板内网片制作与安装:水沟电缆槽盖板钢筋网片均在加工平台上按设计尺寸定型预制,钢筋网片安装前,在底模面上放置 2cm 厚的混凝土垫块作为保护层厚度。然后按设计位置安放和固定钢筋网片。

4) 盖板混凝土施工:沟槽盖板混凝土为 C35 钢筋混凝土,必须严格控制水灰比和坍落度,主要采用振动台振捣,既能保证施工速度,又能保证盖板外观质量。局部边角位置采用人工持钢筋插捣振捣。盖板混凝土在初凝后终凝前,要对面层进行收光处理,一般在混凝土施工后 2.5~3.0h 收光。保证盖板面层光滑。混凝土终凝后采用湿麻袋覆盖盖板预制块洒水养护,养护时间不少于 14d。脱模时间一般可在混凝土施工后 12h 左右,脱模后混凝土强度相对较低,搬运过程中要加强对成品盖板的保护,尤其要防止棱角破损,影响外观质量。为避免盖板倒置,在盖板预制时应在盖板上面标明"上"字标记。

5) 电缆槽、排水沟盖板安装:在水沟电缆槽槽身混凝土施工后,水沟、电缆槽盖板安装前,测量组对已施工段电缆槽盖板、排水沟盖板安装基座进行检查,对不合格部位进行修凿或砂浆找平,确保电缆槽盖板、排水沟盖板安装基座平整,标高符合设计要求。电缆槽、排水沟盖板安装平顺,不晃动。

6.8.3 施工质量验收

施工质量验收参照《铁路隧道工程施工质量验收标准》TB 10417—2018,应符合以下规定:

(1) 进水孔、泄水孔、泄水槽的位置和间距符合设计要求。

检查数量:施工单位、监理单位全部检查。

检验方法:观察、尺量。

(2) 水沟、电缆槽外墙距线路中心线的距离应符合设计要求。

检查数量:施工单位、监理单位全部检查。

检验方法:仪器量测、尺量。

(3) 水沟、电缆槽盖板的规格、尺寸、强度及外观质量符合设计要求。

检查数量:施工单位检查 10%、监理单位按施工单位检查数量的 20% 比例抽查。

检验方法：观察、尺量。

（4）盲管（沟）、暗沟、泄水槽及其中配置的集水钻孔、排水孔（槽）和水沟组成的排水系统排水效果良好。洞内排水顺畅，无淤积阻塞，进水孔、泄水槽、泄水孔畅通。

检查数量：施工单位、监理单位全部检查。

检验方法：观察。

（5）水沟、电缆槽盖板应铺设齐全平稳顺直。

检查数量：施工单位全部检查。

检验方法：观察。

（6）水沟、电缆槽断面尺寸符合设计要求。

检查数量：施工单位全部检查。

检验方法：观察。

6.9 监控量测

6.9.1 监控量测流程

监控量测流程如图 6-34 所示。

6.9.2 监控量测项目

隧道监控量测的项目应根据工程特点、规模大小和设计要求综合选定。量测项目可分为必测项目（A类量测）（见表 6-16）和选测项目（B类量测）。必测项目是指新奥法施工时必须进行的常规测量，用来判断围岩稳定和支护衬砌受力状态，指导设计施工的经常性测量。选测项目是指在重点和有特殊意义的隧道或区段进行的补充量测，用来判断隧道开挖过程中围岩应力状态、支护衬砌效果。本项目仅设洞内观察、拱顶下沉、净空变化、二衬后净空变化这4项。

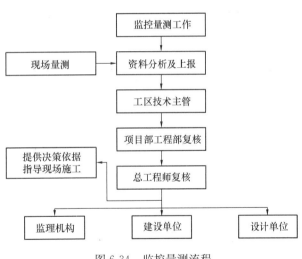

图 6-34 监控量测流程

监控量测必测项目				表 6-16
序号	监测项目	测试方法和仪表	测试精度	备注
1	洞内、外观察	现场观察、地质素描、地质照片、地质罗盘		
2	净空变化	JSS30/10型伸缩式数显收敛计	0.1mm	进行水平收敛量测
3	拱顶下沉	水准测量的方法、高精度水准仪、钢钢尺	0.1mm	

6.9.3 监控量测点布置

净空变化、拱顶下沉等必测项目应设置在同一断面,其量测断面间距及测点数量根据围岩级别、隧道埋深、开挖方法确定。具体按表 6-17 进行。

必测项目量测断面间距和每断面测点数量 表 6-17

围岩级别	断面间距（m）	每断面测点数量	
		净空变化	拱顶下沉
Ⅴ~Ⅵ	5~10	2 条基线	1 点
Ⅳ	10~30	2 条基线	1 点
Ⅲ	30~40	1 条基线	1 点
Ⅱ	50~100	1 条基线	1 点

注：洞口及浅埋地段断面间距取小值。

6.9.4 监控量测变形管理

（1）拱顶下沉及周边收敛量测频率见表 6-18。

拱顶下沉及周边收敛量测频率 表 6-18

变形速度（mm/d）	量测断面距开挖面距离（m）	量测频率
≥5	12	2 次/d
1~5	12~24	1 次/d
0.5~1	24~50	1 次/2~3d
<0.5	>50	1 次/7d

注：当按表 6-16 选择量测频率出现较大差异时,宜取量测频率较高的作为实施的量测频率。

（2）变形管理控制等级见表 6-19。

变形管理等级 表 6-19

管理等级	管理位移（mm）	施工状态
Ⅲ	$U<U_0/3$	可正常施工
Ⅱ	$U_0/3 \leqslant U \leqslant 2U_0/3$	应加强监测
Ⅰ	$U>(2U_0/3)$	应采取特殊措施

注：U 为实测位移值；U_0 为最大允许位移值。

（3）单线隧道初期支护极限相对位移见表 6-20。

单线隧道初期支护极限相对位移（%） 表 6-20

围岩级别	埋深（m）		
	≤50	50~300	300~500
拱脚水平相对净空变化值			
Ⅱ	—	—	0.20~0.60
Ⅲ	0.10~0.50	0.40~0.70	0.60~1.50
Ⅳ	0.20~0.70	0.50~2.60	2.40~3.50
Ⅴ	0.30~1.00	0.80~3.50	3.00~5.00

续表

围岩级别	埋深（m）		
	≤50	50～300	300～500
	拱顶相对下沉		
Ⅱ	—	0.01～0.05	0.04～0.08
Ⅲ	0.01～0.04	0.03～0.11	0.10～0.25
Ⅳ	0.03～0.07	0.06～0.15	0.10～0.60
Ⅴ	0.06～0.12	0.10～0.60	0.50～1.20

注：1. 硬岩取表中最小值，软岩取较大值。
2. 拱脚水平相对净空变化指两拱脚测点间水平净空变化值与其距离之比；拱顶相对下沉指拱顶下沉值减去隧道下沉值后与原拱顶至隧底高度之比。
3. 拱墙水平相对净空变化极限值可按拱脚水平相对净空变化极限值乘以 1.2～1.3 后采用。

（4）量测结果在不同等级会对施工支护参数作出调整。
1）确定最终支护时间和仰拱灌注时间，最终支护应在围岩稳定后进行，应满足：
① 周边收敛速率明显下降。
② 收敛量已达总收敛量的 80%～90%。
③ 收敛速率≤0.2mm/d。
仰拱灌注应在围岩稳定后，二次衬砌施作前进行，但对量测收敛速率和位移量很大的地段，应尽早进行仰拱灌注，以维持围岩稳定，对封底后仍然变形大的地段，应加强支护。
2）对量测的收敛速率超过允许值时，应调整施工方法、加强支护，调整支护参数。
① 调整施工方法
提前锚喷支护时间；提前仰拱封底时间；加固开挖面，留核心土。
② 调整支护参数
增加或减小锚杆长度或改变锚杆材料、直径等；调整拱架间距；调整喷层厚度，改变二次衬砌时间；修改开挖断面尺寸；增大或减小预留变形量。

6.9.5 监控量测资料管理

对量测资料应认真检查、审核和计算，每次量测结束后，在2h内进行资料整理工作。及时将资料填入有关图表，便于了解数据反映的变化规律。设有量测日报，作为日常工作向工区领导和项目经理部及时汇报初期支护的稳定状况。每周的周一作一次汇总，向工区技术主管、工区经理、项目经理部作汇报、分析。每月月末整理出阶段性分析报表，对过去一段时间内的量测成果作一次总结，以进一步指导施工。需要整理的报表包括：量测日报（拱顶下沉、水平收敛）、初支单点水平收敛分析、量测月报（分析报告）初支水平收敛量测原始记录、初支拱顶下沉量测原始记录、衬砌水平收敛量测原始记录。

第 7 章 城市轨道交通工程车辆段施工质量控制与验收

7.1 站场路基

7.1.1 地基处理

1. 换填垫层

（1）施工控制要点

1）施工工艺流程及施工现场图片如图 7-1、图 7-2 所示。

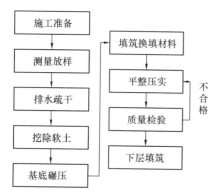

图 7-1 换填施工工艺流程图

2）施工前，应根据现场复核后的施工图进行放线测量确定换填开挖范围和换填深度。

3）采用挖掘机或人工开挖纵、横向排水沟降低换填区域的地下水位便于挖运软土。

4）根据换填长度决定开挖顺序：长度在 100m 以下时，开挖由一端向另一端进行；长度在 100m 以上时，开挖从中部往两端进行。

5）挖除软土采用挖掘机配合人工清基，测量人员及时测量开挖基底高程，当距基底标高 10~20cm 时，用人工挖除整平至设计标高，防止超挖现象发生。

(a)

(b)

(c)

图 7-2 换填施工现场图片
（a）换填土方挖；（b）换填后基面压实；（c）换填后基面压实

6）软弱土层挖除干净后，将底部平整，底部起伏较大时，设置宽度不小于 1m 的台阶或缓于 1:5 的缓坡；若基底处于平坦地带，施工前应采取集水井抽水法作为排水措施，尽量将基坑积水排除干净,按照要求挖除全部软土。

7)不允许回填过程中有软土掺杂或有水碾压造成弹簧或缺陷地基。

8)软土底部的开挖宽度不得小于路堤宽度与放坡宽度之和。

9)将软土运至指定的弃土场堆放,以防止对周边环境造成污染。

10)软土挖除后,用平地机进行整平,压路机对基底进行碾压,确保基底压实度或承载力符合设计及规范的要求(例如:压实度达到最大干密度的90%、地基承载力达到150kPa)。

11)采用水平分层填筑,按照基坑横断面全宽分成水平层次,逐层向上填筑。

12)摊铺作业采用推土机粗平、平地机精平,从换填基坑最低处开始分层平行摊铺,松铺层的厚度按路堤试验段得出的数据确定。

13)一般碎石土、渗水土最大松铺厚度不大于300mm,砂砾、级配碎石的最大松铺厚度不大于250mm。

14)渗水材料摊铺平整后快速检测施工含水量控制在最佳含水量的-2%~+2%再碾压,若含水量偏大时,晾晒至符合要求再碾压;若含水量偏小时,洒水至达到要求再碾压。

15)振动压路机碾压时,行驶速度用慢速,最大速度不超过4km/h。碾压时先静压一遍,先慢后快,振动频率先弱后强,直线段由两侧向中间,曲线段由弯道内侧向外侧纵向进退错行碾压,行与行轮迹重叠为轮宽度的1/2,横向同层接头处重叠0.4~0.5m,前后相邻两区段纵向重叠1.0~1.5m,上下两层填筑接头处错开3m,达到无漏压、无死角,确保碾压均匀。

(2)施工质量验收

质量验收标准参照《铁路路基工程施工质量验收标准》TB 10414—2018。

1)换填所用的填料种类、质量、使用范围应符合设计要求。

2)冻土地基基底换填时,含冰量大的冻土、泥炭应清除至弃土场或至少距路基坡脚20m以外。开挖后应做好边坡保温和加固工作。

3)换填的深度和范围应符合设计要求。

4)换填地基的压实标准应符合设计要求。路堤高度小于基床厚度的低路堤,设计需换填时,其换填后的地基压实质量应符合表7-1的规定。

路基基床的压实标准 表7-1

层位	填料类别及铁路等级 / 压实指标	细粒土和黏砂、粉砂		细砂、中砂、粗砂、砾砂		砾石类		碎石类		块石类混合料	
		Ⅰ级	Ⅱ级	Ⅰ级	Ⅱ级	Ⅰ级	Ⅱ级	Ⅰ级	Ⅱ级	Ⅰ级	Ⅱ级
表层	压实系数 K_h	—	0.91	—	—	—	—	—	—	—	—
	地基系数 K_{30}(MPa/cm)	—	0.9	—	1.0	1.5	1.2	1.5	1.2	—	—
	相对密度 D_r	—	—	—	0.75	—	—	—	—	—	—
	孔隙率 n(%)	—	—	—	—	28	33	28	33	—	—
底层	压实系数 K_h	0.91	0.89	—	—	—	—	—	—	—	—
	地基系数 K_{30}(MPa/cm)	0.9	0.8	1.0	0.8	1.2	1.0	1.2	1.0	1.5	1.2
	相对密度 D_r	—	—	0.75	0.7	—	—	—	—	—	—
	孔隙率 n(%)	—	—	—	—	33	35	33	35	—	—

注:1. K_h 为重型击实试验对应的压实系数。

2. K_{30} 为30cm直径荷载板试验得出的地基系数,一般下沉量为0.125cm的荷载强度。

2. 浆体喷射搅拌桩施工

（1）施工控制要点

1）施工工艺流程及施工现场图片如图 7-3、图 7-4 所示。

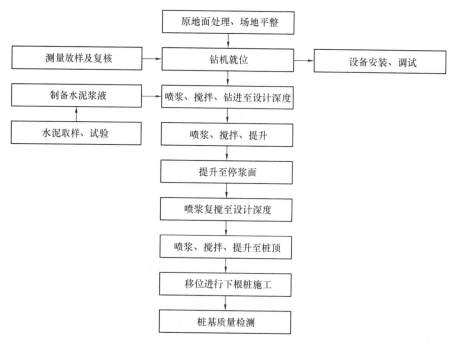

图 7-3 浆体喷射搅拌桩施工工艺流程图

图 7-4 施工现场图片
（a）现场测量放样；（b）钻机就位喷浆施工；（c）成桩完成

2）喷射作业：①当喷管插入预定深度后，自下而上进行喷射作业。②经常检查浆液初凝时间、灌浆流量、风量、压力及旋转提升速度等参数是否符合施工图要求，做好记录，绘制作业过程曲线。

3）提升喷浆搅拌：①搅拌机下沉到要求深度后，开启灰浆泵，将水泥压入地基中，边喷浆、边旋转。②按施工图要求的提升速度提升搅拌机。

4）重复上、下搅拌：①搅拌机提升到加固深度的顶面高程时，集料斗中的水泥浆应正好排空。②为使软土和水泥浆搅拌均匀，可再次将搅拌机边旋转、边沉入土中，至加固深度后，再将搅拌机提升出地面。

(2) 施工质量验收

施工质量验收标准参照《铁路路基工程施工质量验收标准》TB 10414—2018，验收应符合以下规定：

1) 施工用水泥及外加剂的品种、规格、质量应符合设计要求。
2) 浆体喷射搅拌桩布置形式应符合设计要求。
3) 浆体喷射搅拌桩的布置数量应符合设计要求。
4) 浆体喷射搅拌桩长度应符合设计要求。
5) 浆体喷射搅拌桩单桩喷浆量应符合设计要求。
6) 浆体喷射搅拌桩桩体强度应符合设计要求。
7) 浆体喷射搅拌桩复合地基承载力应符合设计要求。
8) 浆体喷射搅拌桩的直径、间距、垂直度允许偏差及检验标准应符合表 7-2 的规定。

浆体喷射搅拌桩的直径、间距、垂直度允许偏差及检验标准　　表 7-2

序号	项目	允许偏差	施工单位检查数量	检验方法
1	桩体直径	不小于设计值	抽查 1%，且不少于 2 根	挖探 50～100cm，钢尺丈量
2	桩体间距	±100mm	抽查 1%，且不少于 5 处	钢尺丈量
3	垂直度	1.5%	抽查 2%，且不少于 2 根	经纬仪测量钻杆垂直度

3. 水泥粉煤灰碎石（CFG）桩

(1) 施工控制要点

1) 施工工艺流程及施工现场图片如图 7-5、图 7-6 所示。
2) 混合料配合比要合理，混合料拌合质量要达到良好状态。
3) 工艺试验尽量选在现场且不少于 3 根，认真分析总结，最后编制符合现场实际的工艺方案。
4) 认真进行测量放样，保护放好桩位标记，找准桩位后，钻头垂直对准桩位方可开钻。
5) 钻孔完成后开始灌注混凝土时，拔钻灌注应同时进行泵用静拔且严禁反插，在灌注中应连续，保证有效桩长。
6) CFG 桩在养护中，重型车辆不得在上行驶；开挖桩间土应采用小型挖机与人工相配合，预留 20cm 人工清土，机械不得触碰到 CFG 桩；截桩应采用专用截桩机。

(2) 施工质量验收

施工质量验收标准参照《建筑地基基础工程施工质量验收标准》GB 50202—2018，设计有要求按设计执行。

1) 水泥、粉煤灰、砂及碎石等原材料应符合设计要求。

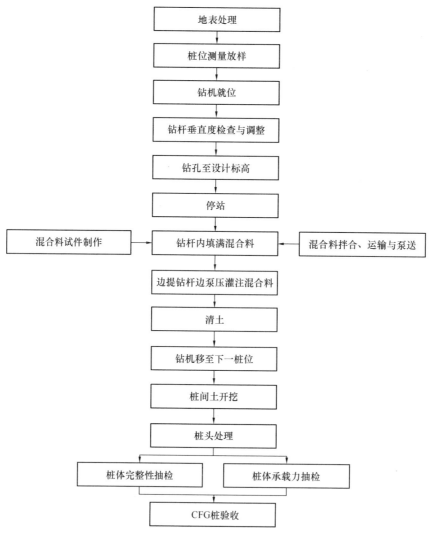

图 7-5 CFG 桩施工工艺流程图

图 7-6 施工现场图片（一）
（a）桩位放样；（b）钻机就位成孔；（c）混合料灌注

(d) (e) (f)

图 7-6 施工现场图片（二）

(d) 桩间土开挖完成；(e) 环切截桩；(f) 截桩后桩头

2) 水泥粉煤灰碎石桩复合地基的质量检验标准应符合表 7-3 的规定。

水泥粉煤灰碎石桩复合地基质量检验标准　　表 7-3

项目	序号	检查项目	允许偏差或允许值		检验方法
			单位	数值	
主控项目	1	原材料	设计要求		现场取样检查
	2	桩径	mm	−20	测桩管长度或垂球测孔深
	3	桩身强度	设计要求		按规定的方法
	4	地基承载力	设计要求		用钢尺量
一般项目	1	桩身完整性	按桩基检测技术规范		试验室焙烧法
	2	桩位偏差	满堂布桩≤0.40D		筛分法
			条基布桩≤0.25D		
	3	桩垂直度	%	≤1.5	用钢尺量，D 为桩径
	4	桩长	mm	+100	用经纬仪测桩管
	5	褥垫层夯填度	≤0.9		用钢尺量

注：1. 夯填度指夯实后的褥垫层厚度与虚体厚度的比值。

2. 桩径允许偏差负值是指个别断面。

4. 预制桩施工

(1) 施工控制要点

1) 施工工艺流程及施工现场图片如图 7-7、图 7-8 所示。

2) 施工前复核测量基线、水准点及桩位。桩基轴线的定点位及施工区附近所设的水准点设置在不受桩基施工影响处。

3) 施工前必须进行成桩工艺性试验，以确定沉桩设备参数和主要工艺参数是否符合设计要求。

4) 必须严格控制第一节桩的沉桩质量，认真注视稳桩、压锤时桩身变化情况，发现有偏移或倾斜时，应立即停止分析原因，并采取校正措施。开始锤击时，宜先用低能量、低冲程或空锤锤击 3~5 击，在确认桩身贯入方向无异常时，方可进行连续锤击。

5) 送桩时，送桩轴线应与桩轴线一致，不得在晃动情况下进行锤击。沉桩过程中出现贯入度反常、桩身位移、倾斜或桩身、桩顶破损，应查明原因，进行必要的处理后，方可继续进行施工。沉桩中遇障碍或因地基原因，致使桩位偏移或倾斜时，不得强行纠偏，应会同有关方面研究处理。桩顶和桩身不得出现裂缝，如出现裂缝，应根据情况研究处

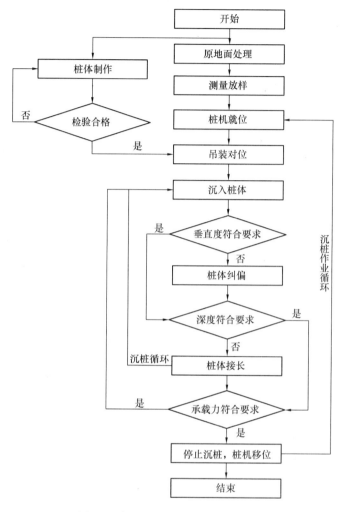

图 7-7 打入预制桩施工工艺流程图

图 7-8 施工现场图片（一）
(a) 桩机就位；(b) 起吊管桩；(c) 吊装对位

图 7-8 施工现场图片（二）
(d) 焊接管桩端头板；(e) 锤击预制管桩；(f) 锤击到位；
(g) 吊装送桩器；(h) 按要求送桩至设计标高；(i) 完成后的桩基

理，必要时应采取补强措施。

6) 桩管下端与预制桩尖接触处，应垫置缓冲、止水材料。

7) 沉孔时，如遇桩尖损坏或地下障碍物时，应及时将桩管拔出，待处理后，方可连续施工。

8) 沉桩施工应力求连续施工。

（2）施工质量验收

施工质量验收标准参照《建筑地基基础工程施工质量验收标准》GB 50202—2018，设计有要求按设计执行。

1) 施工前应对成品桩做外观及强度检验，接桩用电焊条等产品质量也应进行检查。

2) 打入桩的桩位偏差，必须符合表 7-4 的规定。斜桩倾斜度的偏差不得大于倾斜角正切值的 15%（倾斜角系桩的纵向中心线与铅垂线间夹角）。

预制桩（钢桩）桩位的允许偏差（mm） 表 7-4

项次	项目	允许偏差
1	盖有基础梁的桩： (1) 垂直基础梁的中心线 (2) 沿基础梁的中心线	$100+0.01H$ $150+0.01H$
2	桩数为 1~3 根桩基中的桩	100
3	桩数为 4~16 根桩基中的桩	1/2 桩径或边长

续表

项次	项目	允许偏差
4	桩数大于16根桩基中的桩： （1）最外边的桩 （2）中间桩	1/3桩径或边长 1/2桩径或边长

注：H为施工现场地面标高与桩顶设计标高的距离。

3）静力压桩过程中应检查压力、桩垂直度、接桩间歇时间、桩的连接质量及压入深度，重要工程应对电焊接桩的接头做10%的探伤检查。对承受反力的结构应加强观测。

4）先张法预应力管桩施工过程中应检查桩的贯入情况、桩顶完整状况、电焊接桩质量、桩体垂直度、电焊后的停歇时间。重要工程应对电焊接头做10%的焊缝探头检查。

5）对长桩或总锤击数超过500击的锤击桩，应符合桩体强度及28d龄期的两项条件才能锤击。

6）施工结束后，应做承载力检验及桩体质量检验。

7）锚杆静压桩质量检验标准应符合表7-5的规定。

静力压桩质量检验标准　　　　　表7-5

项目	序号	检查项目		允许偏差或允许值	检验方法
			单位	数值	
主控项目	1	桩体质量检验		按《建筑基桩检测技术规范》	按基桩检测技术规范
	2	桩位偏差		见表7-4	用钢尺量
	3	承载力		按《建筑基桩检测技术规范》	按基桩检测技术规范
一般项目	1	成品桩质量： 外观 外形尺寸强度		表面平整，颜色均匀，掉角深度<10mm，蜂窝面积小于总面积0.5%见表7-8满足设计要求	直观 见表7-8查产品合格证书或钻芯试压
	2	硫磺胶泥质量（半成品）		设计要求	查产品合格证书或抽样送检
	3	接桩 电焊接桩：焊缝质量 电焊结束后 停歇时间	 min	见表7-10 >1.0	见表7-10 秒表测定
		硫磺胶泥接桩： 胶泥浇筑时间 浇筑后停歇时间	 min min	 <2 >7	 秒表测定 秒表测定
	4	电焊条质量		设计要求	查产品合格证书
	5	压桩压力（设计有要求时）	%	±5	查压力表读数
	6	接桩时上下节平面偏差接桩时节点弯曲矢高	mm	<10 <1/1000L	用钢尺量， 用钢尺量，L为两节桩长
	7	桩顶标高	mm	±50	水准仪

8）先张法预应力管桩的质量检验应符合表7-6的规定。

先张法预应力管桩质量检验标准　　　　　表7-6

项目	序号	检查项目	允许偏差或允许值		检验方法
			单位	数值	
主控项目	1	桩体质量检验		按《建筑基桩检测技术规范》	按《建筑基桩检测技术规范》
	2	桩位偏差		见表7-4	用钢尺量
	3	承载力		按《建筑基桩检测技术规范》	按《建筑基桩检测技术规范》

续表

项目	序号	检查项目		允许偏差或允许值		检验方法
				单位	数值	
一般项目	1	成品桩质量	外观		无蜂窝、露筋、裂缝、色感均匀、桩顶处无孔隙	直观
			桩径	mm	±5	用钢尺量
			管壁厚度	mm	±5	用钢尺量
			桩尖中心线	mm	<2	用钢尺量
			顶面平整度		10	用水平尺量
			桩体弯曲		<1/1000l	用钢尺量，l为桩长
	2	砂料的有机质含量			见表7-10	见表7-10
				min	>1.0	秒表测定
				mm	<10	用钢尺量
				mm	<1/1000l	用钢尺量，l为桩长
	3	桩位		设计要求		现场实测或查沉桩记录
	4	砂桩标高		mm	±50	水准仪

9）混凝土预制桩在现场预制时，应对原材料、钢筋骨架（表7-7）、混凝土强度进行检查。

预制桩钢筋骨架质量检验标准（mm） 表7-7

项目	序号	检查项目	允许偏差或允许值	检验方法
主控项目	1	主筋距桩顶距离	±5	用钢尺量
	2	多节桩锚固钢筋位置	5	用钢尺量
	3	多节桩预埋铁件	±3	用钢尺量
	4	主筋保护层厚度	±5	用钢尺量
一般项目	1	主筋间距	±5	用钢尺量
	2	桩尖中心线	10	用钢尺量
	3	箍筋间距	±20	用钢尺量
	4	桩顶钢筋网片	±10	用钢尺量
	5	多节桩锚固钢筋长度	±10	用钢尺量

10）钢筋混凝土预制桩的质量检验标准应符合表7-8的规定。

钢筋混凝土预制桩的质量检验标准 表7-8

项目	序号	检查项目	允许偏差或允许值		检验方法
			单位	数值	
主控项目	1	桩体质量检验	按《建筑基桩检测技术规范》		按《建筑基桩检测技术规范》
	2	桩体偏差	见表7-4		用钢尺量
	3	承载体	按《建筑基桩检测技术规范》		按《建筑基桩检测技术规范》

续表

项目	序号	检查项目	允许偏差或允许值		检验方法
			单位	数值	
一般项目	1	砂、石、水泥、钢材等原材料（现场预制时）	符合设计要求		查出厂质保文件或抽样送检
	2	混凝土配合比及强度（现场预制时）	符合设计要求		检查称量及查试块记录
	3	成品桩外形	表面平整，颜色均匀，掉角深度<10mm，蜂窝面积小于总面积的0.5%		直观
	4	成品桩裂缝（收缩裂缝或起吊、装运、堆放引起的裂缝）	深度<20mm，宽度<0.25mm，横向裂缝不超过边长的一半		裂缝测定仪，该项对在地下水有侵蚀地区及锤击数超过500击的长桩不适用
	5	成品桩尺寸：横截面边长	mm	±5	用钢尺量
		桩顶对角线差	mm	<10	用钢尺量
		桩尖中心线	mm	<10	用钢尺量
		桩身弯曲矢高		<1/1000l	用钢尺量，l为桩长
		桩顶平整度	mm	<2	用水平尺量
	6	电焊接桩：焊缝质量	见表7-10		见表7-10
		电焊结束后停歇时间	min	>1.0	秒表测定
		上下节平面偏差	mm	<10	用钢尺量
		节点弯曲矢高		<1/1000l	用钢尺量，l为两节桩长
	7	硫磺胶泥接桩：胶泥浇筑时间	min	<2	秒表测定
		浇注后停歇时间	min	>7	秒表测定
	8	桩顶标高	mm	±50	水准仪
	9	停锤标准	设计要求		现场实测或查沉桩记录

11）钢桩施工质量检验标准应符合表7-9及表7-10的规定。

成品钢桩质量检验标准　　　　　　　　　　　　　表7-9

项目	序号	检查项目	允许偏差或允许值		检验方法
			单位	数值	
主控项目	1	钢桩外径或断面尺寸：桩端		±0.5%D	用钢尺量，D为外径或边长
		桩身		±1D	
	2	矢量		<1/1000l	用钢尺量，l为桩长

续表

项目	序号	检查项目	允许偏差或允许值		检验方法
			单位	数值	
一般项目	1	长度	mm	+10	用钢尺量
	2	端部平整度	mm	≤2	用水平尺量
	3	H 钢桩的方正度 $h>300$ $h<300$	mm mm	$T+T'≤8$ $T+T'≤6$	用钢尺量,h、T、T' 见图示
	4	端部平面与桩中心线的倾斜值	mm	≤2	用水平尺量

钢桩施工质量检验标准 表 7-10

项目	序号	检查项目	允许偏差或允许值		检验方法
			单位	数值	
主控项目	1	桩位偏差	见表 7-4		用钢尺量
	2	承载力	按《建筑基桩检测技术规范》		按《建筑基桩检测技术规范》
一般项目	1	电焊接桩焊缝: (1) 上下节端部错位 (2) (外径≥700mm)(外径<700mm) (3) 焊缝咬边深度 (4) 焊缝加强层高度 (5) 焊缝加强层宽度 (6) 焊缝电焊质量外观 (7) 焊缝探伤检验	mm mm mm mm mm 无气孔,无焊瘤,无裂缝 满足设计要求	≤3 ≤2 ≤0.5 2 2	用钢尺量 用钢尺量 焊缝检查仪 焊缝检查仪 焊缝检查仪 直观 按设计要求
	2	电焊结束后停歇时间	min	>1.0	按设计要求
	3	节点弯曲矢量		<1/1000l	用钢尺量,l 为两节桩长
	4	桩垛标高	mm	±50	水准仪
	5	停锤标准	按设计要求		用钢尺量或沉桩记录

7.1.2 路堤

1. 一般路堤填筑

(1) 施工控制要点

1) 施工工艺流程及施工现场图片如图 7-9、图 7-10 所示。

2) 填筑施工严格按"三阶段、四区段、八流程"方式作业,严格控制填筑层厚度,按填筑试验段确定的松铺厚度全宽、纵向、水平分层填筑,摊铺从路堤中线开始,对称地

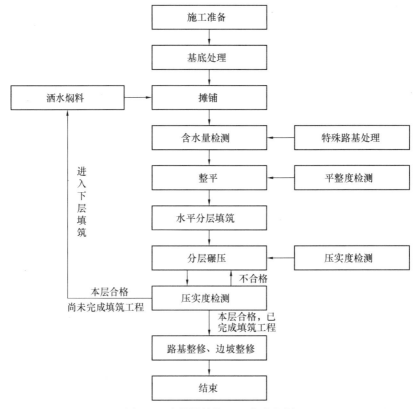

图 7-9 路堤填筑施工工艺流程图

图 7-10 施工现场图片

(a) 填土；(b) 整平；(c) 碾压；(d) 分层填筑；(e) 施工完成；(f) 压实度检测

向两侧填土。第一层填料用轻型压实机具压实,只有当土工合成材料上的填料厚度大于0.6m后,才采用重型压实机械;填筑时挂线控制虚铺厚度,分层厚度一般不大于30cm,也不小于15cm,先用推土机初平,再用平地机精平,平整时摊铺厚度差不超过±50mm/100mm。摊铺时,做成向路基两侧4%的排水坡,以利排水。自卸汽车卸填料时,根据车容量计算堆土间距,以使平整时控制填层厚度,填筑时路基两侧各加宽50cm,以保证边坡压实密度。

3)摊铺完毕,及时检测摊铺层含水量。当填料含水量在最佳含水量±2%时,用压路机碾压一次,以暴露填筑面的潜在不平整,并用平地机对填筑层进行初平和整形,然后进行碾压工序。若含水量过小,用喷管式洒水车补充洒水;若含水量过大,则晾晒至含水量符合要求后再碾压。

4)振动压路机按试验段确定的工艺参数进行碾压。碾压时,振动压路机先慢后快,振动频率先弱后强,直线段由两侧向中间,曲线段由线段内侧向外侧纵向进退错行进行碾压,行与行的轮迹重叠宽度不小于0.3m,横向同层接头处重叠压实不小于1m,前后相邻两区段纵向重叠2m,上下两层接头处错开3m,达到无漏压、无死角,确保碾压均匀。碾压完再用平地机精平一次,使每层压实面有2%的路拱横坡且平整,无积水,无明显碾压轮迹,无显著的局部凸凹。

5)在填筑过程中按沉降观测所述要求严格控制填筑速率,确保路基安全稳定。

(2)施工质量验收

施工质量验收标准参照《铁路路基工程施工质量验收标准》TB 10414—2018。

1)路堤填料的种类、质量应符合设计要求。填料的检验见表7-11。

填料的检验项目、检验数量   表7-11

填料种类	颗粒级配	相对密度	液、塑限	击实试验	大于5mm颗粒的单位体积重	大于20mm颗粒的单位体积重	大于40mm颗粒的单位体积重
细粒土及粉砂、黏砂	—	—	每5000~10000m³	每5000~10000m³	每5000m³	—	每5000m³
粗粒土（除粉砂、黏砂）	每10000m³	每10000m³	—	—	每10000m³	—	每10000m³
碎石类土	每10000m³	每10000m³	—	每5000~10000m³	—	每10000m³	—
块石类土	每10000m³						

2)路堤分层摊铺压实厚度应符合工艺性试验确定的填筑厚度和压实工艺参数要求。

检查数量:施工单位每100m检查3处;监理单位每100m见证检验1处。

3)路堤每一填筑层全宽应采用同一种填料,压实质量应符合表7-12的规定;不同种类填料(除块石类混合料外)应采用双指标控制,并符合下列规定:

①细粒土和砂类土中的黏砂土、粉砂土,应采用压实系数和地基系数。

②砂类土(黏砂土、粉砂土除外),应采用相对密度和地基系数。

③砾石类土和碎石类土,应采用孔隙率和地基系数。

④ 块石类混合料，应采用地基系数。

路基基床以下路堤填筑层压实标准 表7-12

层位	填料类别及铁路等级 压实指标	细粒土和黏砂、粉砂		细砂、中砂、粗砂、砾砂		砾石类		碎石类		块石类混合料	
		Ⅰ级	Ⅱ级	Ⅰ级	Ⅱ级	Ⅰ级	Ⅱ级	Ⅰ级	Ⅱ级	Ⅰ级	Ⅱ级
不浸水部分	压实系数 K_h	0.89	0.86	—	—	—	—	—	—	—	—
	地基系数 K_{30}（MPa/cm）	0.8	0.7	0.8	0.7	1.0	0.8	1.0	0.8	1.2	1.0
	相对密度 D_r	—	—	0.7	0.65	—	—	—	—	—	—
	孔隙率 n（%）	—	—	—	—	35	37	35	37	—	—
部分浸水及桥涵缺口	压实系数 K_h	0.91	0.89	—	—	—	—	—	—	—	—
	地基系数 K_{30}（MPa/cm）	0.9	0.8	1.0	0.8	1.2	1.0	1.2	1.0	1.5	1.2
	相对密度 D_r	—	—	0.75	0.7	—	—	—	—	—	—
	孔隙率 n（%）	—	—	—	—	33	35	33	35	—	—

注：1. K_h 为重型击实试验对应的压实系数。
2. K_{30} 为 30cm 直径荷载板试验得出的地基系数，一般下沉量为 0.125cm 的荷载强度。

检查数量：施工单位对填筑层压实质量的检查数量应符合表 7-13 的规定；监理单位按施工单位检验数量的 20% 见证检验或 10% 平行检验。

基床以下路堤填筑层压实质量的检验数量、方法 表7-13

填料种类	检查数量	检验方法
各种土类	每填高 0.9m，纵向每 100m 检查 2 个断面 4 点，距路基边缘 2m 处 2 点、中间 2 点，不足 0.9m 亦检查 2 个断面 4 点	K30 平板载荷仪
细粒土和砂类土中的黏砂土、粉砂土	每层沿纵向每 100m 等间距检查 2 个断面 6 点，每断面左、中、右各 1 点，左、右点距路基边缘 1m 处	环刀法、核子密度仪
粗粒土、细粒土		灌砂法、气囊法
粗粒土、细粒土、碎石类、最大粒径小于 60mm 的块石类土		灌水法

4）使用不同种类填料填筑时，上下两层填料的颗粒级配应满足 $D_{15}/d_{85}<4$，且每一压实层全宽宜采用同一种类且条件相同的填料。当渗水土填在非渗水土上时，非渗水土层顶面应向两侧设置 4% 的横向排水坡；非渗水土填在渗水土上，接触面可为平面。

检查数量：施工单位每 100m 等间距检查 3 处。

5）浸水路堤粗粒土外包体宽度、与路堤核心填土衔接台阶宽度、反滤层宽度应符合设计要求。

检查数量：施工单位每 100m 等间距检查 3 处。

6）基床以下路堤顶面高程、中线至边缘距离、宽度、横坡、平整度允许偏差应符合表 7-14 的规定。

基床以下路堤顶面高程、中线至边缘距离、宽度、横坡、平整度允许偏差　表 7-14

序号	项目	允许偏差	检查数量	检验方法
1	中线至路肩边缘距离	±50mm	每 100m 等间距检查 3 个断面，左、中、右各 1 点	尺量
2	宽度	不小于设计值	每 100m 等间距检查 3 个断面	尺量
3	横坡	±0.5%	每 100m 等间距检查 3 个断面	坡度尺量
4	平整度	土质路堤顶面 30mm，填石路堤顶面 100mm	每 100m 等间距检查 6 点	2.5m 长直尺量
5	高程	±50mm	每 100m 等间距检查 3 个断面，左、中、右各 1 点	水准仪测量

2. 改良土路堤填筑

（1）施工控制要点

1）施工工艺流程如图 7-11 所示。

图 7-11　改良土路堤填筑施工工艺流程图

2）对原材料（主要是土、石灰及水泥）进行检测，满足设计要求。

3）在路基上采用方格网控制填料量，方格网纵向桩距不大于 10m，横向应分别在路基两侧及路基中心设方格网桩。在两侧路肩边缘外设指示桩,在方格网内用白灰点控制自卸车倒土密度,以此控制每层的摊铺厚度。

4)采用重型压路机在路基全宽内碾压至设计要求的压实密度及无侧限抗压强度,碾压过程中,表面应始终保持湿润,严禁有"弹簧"、松散、起皮等现象产生。

(2)施工质量验收

施工质量验收标准参照《铁路路基工程施工质量验收标准》TB 10414—2018。

1)主控项目

① 外掺水泥、石灰、粉煤灰的品种、规格、质量应符合设计要求。

检查数量:施工单位对同一产地、厂家、品种且连续进场的水泥每500t做一次水泥强度等级和终凝时间检验,石灰每4000t做一次有效钙、氧化镁检验,粉煤灰每4000t做一次烧失量检验;监理单位在掺用量每10000t时平行检验1组,且每分部工程不少于1组。

检验方法:应符合《铁路工程土工试验规程》TB 10102—2010的有关规定。

② 外掺砂、砾石、碎石的种类、质量应符合设计要求,进场时应进行材料检验。

检查数量:同一产地、品种、规格且连续进场的砂、砾石、碎石材料每2000m³为1批,不足上述数量时亦按一批计。施工单位每批检验1组;监理单位按施工单位检验数量的20%见证检验或10%平行检验1组,且每分部工程不少于1组。

检验方法:颗粒分析、密度、压碎值、有机质试验。

③ 改良土填筑过程中应对改良土的混合料进行现场检验,并应符合表7-15的规定。

检查数量:施工单位对改良土的检验项目、检查数量应符合表7-15的规定。

掺砂、砾石、碎石的改良土检验项目、检查数量 表7-15

改良土种类	颗粒级配	相对密度	液、塑限	压碎值	击实试验	大于5mm颗粒的单位体积重	大于20mm颗粒的单位体积重
掺砂改良土	5000m³	5000m³	5000m³	—	5000m³	5000m³	—
掺砾石改良土	5000m³	5000m³	5000m³	5000m³	5000m³	—	5000m³
掺碎石改良土	5000m³	5000m³	5000m³	5000m³	5000m³	—	5000m³

注:1. 表列数字为进行一次检验的填料数量。
2. 大于5mm、20mm颗粒的单位体积重系进行密度校正计算时应做的试验。
3. 压碎值为评定土中的砾、碎石抗压碎能力。

监理单位在每填筑10000m³时平行检验1组,且每分部工程不少于1组。

④ 改良土路堤填筑摊铺厚度应符合工艺性试验确定的填筑厚度和压实工艺参数要求。

⑤ 路拌深度应达到层底,不得留有"素土"层。

检查数量:施工单位每检测层每100m检查2个断面(每个断面左、中、右各1点);监理单位每检测层每100m见证1个断面。

⑥ 改良土填筑压实质量应符合一般路堤填筑质量验收标准规定,且掺水泥、石灰、

粉煤灰的改良土的无侧限抗压强度应符合设计要求，改良土试件强度以规定温度下保湿6d、浸水1d后的无侧限抗压强度为标准。

2）一般项目

① 改良土填筑层石灰、水泥掺料剂量试验配合比允许偏差为－0.5%～+1%。

检验方法：施工单位每层每100m检查3处。

② 路堤顶面高程、中线至边缘距离、宽度、横坡、平整度允许偏差及检验标准应符合表7-14的规定。

3. 黄土路堤填筑

（1）施工控制要点

1）施工工艺流程如图7-12所示。

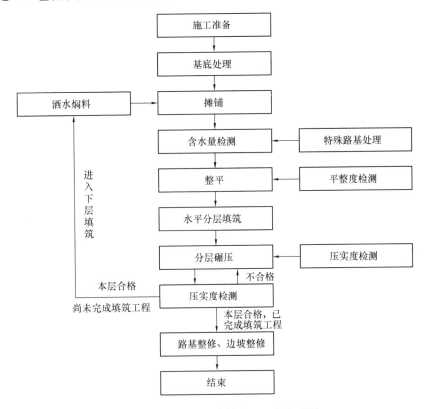

图7-12 黄土路堤填筑施工工艺流程图

2）路基填料

新老黄土不得混用，如果在老黄土上填筑新黄土时，老黄土应有小于2%的路拱，以利排水，且不得层层交替填筑新老黄土。同一层次上的黄土其填筑厚度要均匀。

3）路基排水

路基具有良好的排水系统，对于黄土地区正在施工及施工完毕后的路基具有特别重要的意义。如果做到防水、保湿，可防止路基形成软点，也可减少因冻融破坏。施工时应特别注意：

① 开工前校核全线排水系统的设计是否完善，是否形成了良好的排水网系，使危害

路基稳定的地面水、地下水顺畅排走，必要时予以补充和修改。

② 开工前应做好施工路段的排水系统及施工场地附近的临时排水设施。

③ 雨期施工时，严防堵塞水路，泄水不畅及淤塞。

④ 路堤填筑每层表面应做成2%～4%的横坡以利排水。

⑤ 挡墙、护面墙应有良好的排除降水及渗水功能。

⑥ 高路堤路基施工，应在两侧或一侧（超高段）设临时阻水设施，以防雨水冲毁边坡。

⑦ 路堤填至设计高程后，应根据排水系统及时修筑外侧边缘的拦水、截水沟构造物和急流槽，将水引至坡脚处。

4) 路基压实

① 路基施工中如发现土质有变化，应及时补做土工试验。

② 选择合理的压实机具及根据压实机具的组合形式，选择适宜的压实厚度和碾压遍数。

③ 应尽可能采用羊角碾、大吨位静碾压路机及大吨位轮胎压路机的组合模式碾压路基。

④ 整平完毕后待压的填土，应有良好的平整度，以提高压实时的均匀性并迅速排除地表降水。

⑤ 含水量严格控制在最佳含水量的-1%～+3%压实。

⑥ 用冲击碾碾压路基。

(2) 施工质量验收

施工质量验收标准参照《铁路路基工程施工质量验收标准》TB 10414—2018。

1) 主控项目

① 填料的种类、质量应符合设计要求，其检验见表7-16。对特殊填料应按相应的规定进行检验。

填料的检验项目、检验数量　　　　表7-16

填料种类	颗粒级配	相对密度	液、塑限	击实试验	大于5mm颗粒的单位体积重	大于20mm颗粒的单位体积重	大于40mm颗粒的单位体积重
细粒土及粉砂、黏砂	—	—	每5000～10000m³	每5000～10000m³	每5000m³	—	每5000m³
粗粒土（除粉砂、黏砂）	每10000m³	每10000m³	—	—	每10000m³	—	每10000m³
碎石类土	每10000m³	每10000m³	—	每5000～10000m³	—	每10000m³	—
块石类土	每10000m³						

② 黄土路堤分层填筑摊铺厚度应符合一般路堤填筑施工质量验收标准规定。

③ 采用黏粒含量大于30%的Q12、Q1黄土或古土壤作填料时，应按设计要求的宽度填筑在基床以下路堤堤心部位，并按填筑试验段确定的厚度和压实工艺与两侧其他填料同

时分层摊铺压实。

检查数量：施工单位对填筑宽度和分层厚度每检测层每100m检查2个断面；监理单位每检测层每200m见证检验1个断面。

④ 黄土路堤的压实质量及检验应符合表7-17的规定，特殊填料的压实质量应符合相应的规定。

路基基床以下路堤填筑层压实标准　　表7-17

层位	填料类别及铁路等级 压实指标	细粒土和黏砂、粉砂		细砂、中砂、粗砂、砾砂		砾石类		碎石类		块石类混合料	
		Ⅰ级	Ⅱ级	Ⅰ级	Ⅱ级	Ⅰ级	Ⅱ级	Ⅰ级	Ⅱ级	Ⅰ级	Ⅱ级
不浸水部分	压实系数 K_h	0.89	0.86	—	—	—	—	—	—	—	—
	地基系数 K_{30}（MPa/cm）	0.8	0.7	0.8	0.7	1.0	0.8	1.0	0.8	1.2	1.0
	相对密度 D_r	—	—	0.7	0.65	—	—	—	—	—	—
	孔隙率 n（%）	—	—	—	—	35	37	35	37	—	—
部分浸水及桥涵缺口	压实系数 K_h	0.91	0.89	—	—	—	—	—	—	—	—
	地基系数 K_{30}（MPa/cm）	0.9	0.8	1.0	0.8	1.2	1.0	1.2	1.0	1.5	1.2
	相对密度 D_r	—	—	0.75	0.7	—	—	—	—	—	—
	孔隙率 n（%）	—	—	—	—	33	35	33	35	—	—

注：1. K_h为重型击实试验对应的压实系数。
2. K_{30}为30cm直径荷载板试验得出的地基系数，一般下沉量为0.125cm的荷载强度。

2）一般项目

黄土路堤的顶面高程、中线至边缘距离、宽度、横坡、平整度允许偏差及检验标准应符合表7-18的规定。

基床以下路堤顶面高程、中线至边缘距离、宽度、横坡、平整度允许偏差　　表7-18

序号	项目	允许偏差	检查数量	检验方法
1	中线至路肩边缘距离	±50mm	每100m等间距检查3个断面，左、中、右各1点	尺量
2	宽度	不小于设计值	每100m等间距检查3个断面	尺量
3	横坡	±0.5%	每100m等间距检查3个断面	坡度尺量
4	平整度	土质路堤顶面30mm，填石路堤顶面100mm	每100m等间距检查6点	2.5m长直尺量
5	高程	±50mm	每100m等间距检查3个断面，左、中、右各1点	水准仪测量

4. 软土地基上路堤填筑

（1）施工控制要点

1）施工工艺流程如图7-13所示。

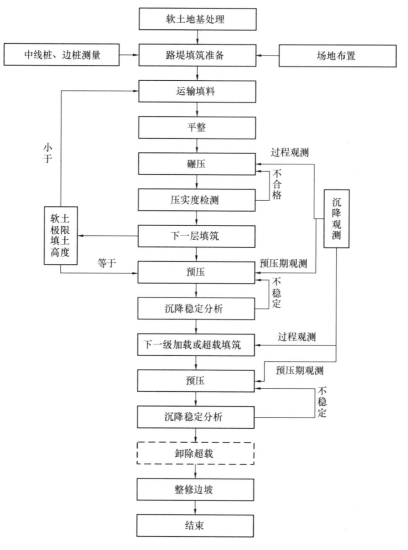

图 7-13 软土地基上路堤填筑施工工艺流程图

2）施工时应尽量减少对软土地基表层硬壳层的损坏。与硬壳层接触的第一层，宜采用铁轮滚压方式进行，避免用强力式的振捣设备，以免路基承受超应力而致使硬壳层破坏。当有足够的层厚时，则可采用强力振动方法（一般层厚在 60cm 时，则影响不大），但不能过振。过振则能造成硬壳层水分的重分配，使其强度降低。

3）路堤填筑时，路堤最后填筑标高应达到设计图上的预压填土高度，而侧坡余宽及边坡坡率亦应留有余地，使其压实宽度大于路堤设计宽度，并保证最后削坡后有效的断面尺寸和路基宽度。

4）路堤填土应由路中心向两侧填筑，并应做出与路拱相同的横向坡度，一般采用 2%～4% 的横坡为宜。

5）超压路堤的顶面应通过摊铺和压实所需的附加土层，保持在超压标高上。任何时候超压路堤的顶面不应低于超压标高 20cm，也不应高于标高 10cm。其压实度：预压部分应满足路基施工技术规范的压实要求，超载预压部分压实度应达到重型压实标准的90％，并注意路堤排水。

6）在预压期内不应在路堤上做任何工程，只允许填加由于沉降而引起的附加填土。

7）设计有结构物的路堤应于结构物施工前填筑，并不应少于6个月，使结构物地基先预压稳定后再开挖。当软土层不厚，结构物基底置于硬土层，而结构物又制约工期时，在征得设计单位同意的情况下，也可先期施工结构物，但结构物两侧边缘外各留出不小于20m的过渡段，待结构物完成后填筑，必要时增加地基处理措施，以减小路堤与结构物间的沉降差。

8）软土路堤宜每层拉通填筑，尽量不分段填筑而设置台阶，保证地基整体加载均匀沉降。

9）严格按施工规范施工，每层填土厚度（压实）不得超过设计要求，每层填土均应有压实检测数据，对不符压实要求的地段要调整碾压遍数或挖掉重填，直至满足要求方可进行下一层填筑。

10）严格按设计规定的施工期科学地组织施工，严禁不顾规范要求赶工，控制填土速率有专人负责，每层填土厚度、填土间隔时间必须有施工记录。

11）汽车卸土后要立即推平、碾压，在堤高3m以上禁止停放大型机具，堆放土、石。

（2）施工质量验收

施工质量验收标准参照《铁路路基工程施工质量验收标准》TB 10414—2018。

主控项目：

1）填料的种类、质量应符合设计要求，其检验见表7-19。对特殊填料应按相应的规定进行检验。

填料的检验项目、检查数量　　表7-19

填料种类	颗粒级配	相对密度	液、塑限	击实试验	大于5mm颗粒的单位体积重	大于20mm颗粒的单位体积重	大于40mm颗粒的单位体积重
细粒土及粉砂、黏砂	—	—	每5000～10000m³	每5000～10000m³	每5000m³	—	每5000m³
粗粒土（除粉砂、黏砂）	每10000m³	每10000m³			每10000m³	—	每10000m³
碎石类土	每10000m³	每10000m³	—	每5000～10000m³		每10000m³	—
块石类土	每10000m³	—					

2）软土路堤分层填筑摊铺厚度应符合工艺性试验确定的填筑厚度和压实工艺参数要求。

3）软土路堤的填筑速率应符合设计要求。每昼夜边桩水平位移不得大于10mm，路基中心地面竖向位移不得大于20mm。

4）软土路堤压实质量的检验，应符合表7-20的规定，特殊填料的压实质量应符合相应的规定。

路基基床以下路堤填筑层压实标准 表 7-20

层位	填料类别及铁路等级 压实指标	细粒土和黏砂、粉砂		细砂、中砂、粗砂、砾砂		砾石类		碎石类		块石类混合料	
		Ⅰ级	Ⅱ级	Ⅰ级	Ⅱ级	Ⅰ级	Ⅱ级	Ⅰ级	Ⅱ级	Ⅰ级	Ⅱ级
不浸水部分	压实系数 K_h	0.89	0.86	—	—	—	—	—	—	—	—
	地基系数 K_{30}（MPa/cm）	0.8	0.7	0.8	0.7	1.0	0.8	1.0	0.8	1.2	1.0
	相对密度 D_r	—	—	0.7	0.65	—	—	—	—	—	—
	孔隙率 n（%）					35	37	35	37		
部分浸水及桥涵缺口	压实系数 K_h	0.91	0.89	—	—	—	—	—	—	—	—
	地基系数 K_{30}（MPa/cm）	0.9	0.8	1.0	0.8	1.2	1.0	1.2	1.0	1.5	1.2
	相对密度 D_r	—	—	0.75	0.7	—	—	—	—	—	—
	孔隙率 n（%）					33	35	33	35		

注：1. K_h 为重型击实试验对应的压实系数。
2. K_{30} 为 30cm 直径荷载板试验得出的地基系数，一般下沉量为 0.125cm 的荷载强度。

5）软土路堤反压护道宜与路堤本体同时分层填筑，反压护道与路堤本体分开填筑时，必须在路堤填达临界高度前将护道筑好。其填筑高度应符合设计要求。

6）软土路堤反压护道的压实质量应符合路堤填筑压实标准的规定。

7）预压土的堆载高度和密度应符合设计要求。必须按设计要求的卸载时间卸载，卸载完成后应平整路基面。

8）软土路堤观测断面上的测点布置数量、位置应符合设计要求。

9）软土路堤反压护道顶面的高程、宽度、横向坡度和边坡坡率应符合设计要求，其允许偏差及检验标准应符合表 7-21 的规定。

反压护道顶面的高程、宽度、横向坡度和边坡坡率允许偏差及检验标准 表 7-21

序号	项目	允许偏差	施工单位检查数量	检验方法
1	高程	±50mm	每 100m 检查 2 个断面，每个断面左、右侧护道各 1 点	水准仪测量
2	宽度	±50mm	每 100m 检查 2 个断面，每个断面左、右侧护道各 1 点	尺量
3	横向、边坡坡率	±0.5%设计值	每 100m 检查 2 个断面，每个断面左、右侧护道各 1 处	坡度尺量

10）软土路堤顶面高程、中线至边缘距离、宽度、横坡、平整度允许偏差及检验标准应符合表 7-22 的规定。

基床以下路堤顶面高程、中线至边缘距离、宽度、横坡、平整度允许偏差　　表 7-22

序号	项目	允许偏差	检查数量	检验方法
1	中线至路肩边缘距离	±50mm	每100m等间距检查3个断面，左、中、右各1点	尺量
2	宽度	不小于设计值	每100m等间距检查3个断面	尺量
3	横坡	±0.5%	每100m等间距检查3个断面	坡度尺量
4	平整度	土质路堤顶面 30mm，填石路堤顶面 100mm	每100m等间距检查6点	2.5m长直尺量
5	高程	±50mm	每100m等间距检查3个断面，左、中、右各1点	水准仪测量

7.1.3 路堑

1. 施工控制要点

（1）施工工艺流程及施工现场图片如图 7-14、图 7-15 所示。

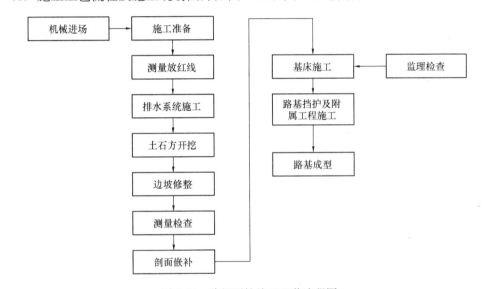

图 7-14　路堑开挖施工工艺流程图

图 7-15　施工现场图片
（a）设截水沟；（b）路堑开挖；（c）路堑成型后

（2）路堑开挖前，首先进行排水设施施工。做好天沟、截水沟，并做好防渗工作，保证边坡稳定。

（3）开挖过程中经常检查边坡位置，防止边坡部位超挖和欠挖；边坡部位预留厚度不小于50cm土层，采用人工配合机械进行边坡修整，并紧跟开挖进行；施工中及时测量，开挖至边坡平台时，预留不小于20cm保护土层，待人工施作平台及其上截水沟时开挖，表面做成向外侧4‰的排水坡。

（4）防护紧跟开挖，随挖随护。刷坡修整随时检查堑坡坡度，避免二次刷坡造成不必要的浪费。坡面坑穴、凹槽中的杂物清理后，嵌补平整。

（5）当开挖接近路堑换填底面设计标高时，及时测量开挖面标高，当路堑开挖至基床底层上部的设计标高时，核查地质是否与设计资料相符，如遇到设计与现场不符等技术问题，及时与相关单位联系解决；如与设计资料相符，按设计和规范要求进行地基处理施工。

2. 施工质量验收

施工质量验收标准参照《铁路路基工程施工质量验收标准》TB 10414—2018。

（1）路堑开挖应自上而下纵向、水平分层开挖，纵向坡度不得小于4‰。

检查数量：施工单位每开挖层每100m检查3点；监理单位每100m见证检验1点。

检验方法：观察、水准测量。

（2）光面爆破或预裂爆破的边坡坡面上宜保持炮孔痕迹，硬质岩石边坡炮孔痕迹率应达到50％；边坡坡面平顺，凹凸差应小于150mm。

检查数量：施工单位每开挖层每100m检查2个断面；监理单位每两层见证检验1个断面。

检验方法：观察、尺量。

（3）路堑边坡坡率、变坡点、平台位置、宽度、侧沟排水坡度允许偏差及检验标准应符合表7-23的规定。

路堑边坡坡率、变坡点位置、平台位置、平台宽度、
侧沟排水坡度允许偏差及检验标准 表7-23

序号	检验项目	允许偏差	检查数量	检验方法
1	边坡坡率（偏陡量）	不得陡于施工图标示坡率	每100m，单侧3点	水准仪或尺量
2	变坡点位置	±200mm		
3	平台位置	±200mm		
4	平台宽度	±100mm		尺量
5	侧沟排水沟坡度	不得积水	每条沟全检	目测

（4）光面或预裂爆破成型边坡坡率允许偏差及检验标准应符合表7-24的规定。

光面或预裂爆破成型边坡坡率允许偏差及检验方法 表7-24

序号	项目	允许偏差	施工单位检查数量	检验方法
1	倾斜坡面坡率	±3％设计坡度值	每100m每侧等间距检查6点，上、下各3点	吊线尺量
2	垂直坡面坡率	正坡2°，不允许倒坡	每100m每侧等间距检查6点，上、下各3点	吊线尺量、计算

7.1.4 基床

1. 基床底层填筑

(1) 施工控制要点

1) 施工工艺流程及施工现场图片如图 7-16、图 7-17 所示。

2) 科学合理地组织施工,贯彻"抓紧旱季,集中力量,快速施工,及早防护"的原则,施工季节尽量安排在大气降水较少和大地含水量变化较小的旱季,同时开工的工点区段不宜太多,以便集中力量快速施工,缩短工期减少暴露时间。

3) 注重施工排水,每层填层表面要保证有不小于 4% 的横坡,每天收工或下雨以前必须将卸下的填料铺平压实完毕。下雨时不得填筑,下雨后必须待工作面晾干,并先碾压 1 遍后方可继续填土。

4) 严格控制填料料质,包括粒径、级配和质地等。

5) 严格控制填筑顺序,尽可能完成全宽拉线分层填筑,松铺厚度必须严格控制。

6) 认真做好碾压试验,确定最优碾压参数;认真检测压实度,确保填筑各区密实度满足施工规范限值要求。

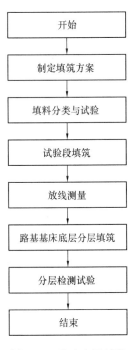

图 7-16 基床底层填筑施工工艺流程图

(2) 施工质量验收

施工质量验收标准参照《铁路路基工程施工质量验收标准》TB 10414—2018。

(a)　　　　　　　　　　　(b)　　　　　　　　　　　(c)

图 7-17 基床底层填筑现场施工

(a) 路床基底填筑;(b) 路床基底压实;(c) 路床基底填筑成型后

1) 基床底层填料和换填的填料种类、质量应符合设计要求,填料的检验应符合一般路堤填筑施工质量验收标准的规定。改良土原材料的品种、规格、质量应符合改良土路堤填筑施工质量验收标准的规定。

2) 路堤与路堑结合部应按设计要求在原地面开挖台阶,台阶宽度不小于 1m,台阶土应密实。

检查数量:施工单位每个结合部检查 3 个点;监理单位见证检验 1 个点。

3) 基床底层分层填筑摊铺厚度应符合一般路堤填筑施工质量验收标准的规定。

4）路堤基床底层全宽应采用同一种填料填筑，其压实质量应符合表 7-25 的规定；不同种类填料（除块石类混合料外）应采用双指标控制，并应符合下列规定：

① 细粒土和黏砂土，应采用压实系数和地基系数。
② 砂类土（黏砂土除外），应采用相对密度和地基系数。
③ 砾石类土和碎石类土，应采用孔隙率和地基系数。
④ 块石类混合料，应采用地基系数。

基床的压实标准　　　　表 7-25

压实指标\填料类别	细粒土和黏砂、粉砂	细砂、中砂、粗砂、砾砂	砾石类	碎石类	块石类混合料
压实系数 K_h	0.91	—	—	—	—
地基系数 K_{30}（MPa/cm）	0.9	1.0	1.2	1.2	1.5
相对密度 D_r	—	0.75	—	—	—
孔隙率 n（％）	—	—	33	33	—

检查数量：施工单位对填筑层压实质量的检验数量应符合表 7-26 的规定；监理单位按施工单位检验数量的 20％见证检验或 10％平行检验。

基床底层压实质量检查数量、检测方法　　　　表 7-26

填料种类	检查数量	检验方法
各种土类	每填高 0.9m，纵向每 100m 检查 2 个断面 4 点，距路基边缘 2m 处 2 点、中间 2 点。不足 0.9m 亦检查 2 个断面 4 点	K30 平板载荷仪
细粒土和黏砂土	每层沿纵向每 100m 等间距检查 2 个断面 6 点，每断面左、中、右各 1 点，左、右点距路基边缘 1m 处	核子密度仪、环刀法
细粒土、粗粒土		灌砂法、气囊法
粗粒土、细粒土、碎石类、最大粒径小于 60mm 的块石类土		灌水法

2. 基床表层填筑

（1）施工控制要点

1）施工工艺流程如图 7-18 所示。

2）基床表层填筑前对基床底层的几何尺寸、压实密度等各项指标进行全面检查，达到基床底层验收标准，并完善相关工程施工（如过轨钢管、横向排水管等）后实施基床表层填筑施工。

3）进入基床表层施工阶段，禁止一切无关车辆在路基上通行。

4）基床表层摊铺厚度按工艺试验确定的碾压参数严格控制。

5）压路机紧跟摊铺机实施碾压作业，防止摊铺后表面水分蒸发。碾压时，采用先静压、后弱振、再强振的方式，最后静压收光。直线地段，由两侧路肩开始向路中心碾压；曲线地段，由内侧路肩向外侧路肩进行碾压。沿线路纵向行与行之间重叠压实不小于 40cm。

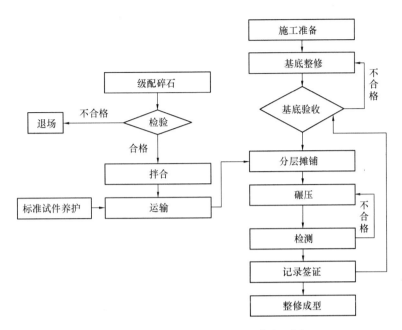

图 7-18 基床表层填筑施工工艺流程图

6）当天不能完成一个自然段落的摊铺和压实时，次日施工时，将横向接缝处的填料翻挖并与新铺的填料混合均匀后再进行碾压，并调整其含水率。

（2）施工质量验收

施工质量验收标准参照《铁路路基工程施工质量验收标准》TB 10414—2018。

1）基床表层填料的种类、质量应符合设计要求。填筑前应对取土场填料进行取样检验；填筑时应对运至现场的填料进行抽样检验。当填料土质发生变化或更换取土场时应重新进行检验。

检查数量：施工单位对填料的检验项目、检查数量应符合表 7-27 的规定；监理单位应检查试验结果，在每填筑 50000m³ 时平行检验一组。

基床表层填料的检验项目、检查数量　　　表 7-27

填料种类	颗粒级配	液、塑限	击实试验	大于5mm颗粒的单位体积重	大于20mm颗粒的单位体积重	大于40mm颗粒的单位体积重
细粒土及黏砂土	—	5000m³	5000m³	5000m³		
粗粒土（黏砂土除外）	5000m³	—		5000m³		
碎石土	5000m³	5000m³	—	—	5000m³	5000m³

注：1. 表列数据为进行一次试验的填料数量。
2. 表列数 5mm、20mm、40mm 颗粒的单位体积重系进行密度校正计算时应做的试验。
3. 当细粒中含粗颗粒的最大粒径大于重型击实试验试筒所规定的最大粒径时，超过尺寸的粗颗粒应做颗粒密度试验。

2）基床表层采用级配碎石、级配砂砾石的填料时，级配碎石、级配砂砾石的质量应符合设计要求。

检查数量：施工单位在填筑前应对级配碎石、级配砂砾石填料抽样检验，填料的检验项目、检查数量应符合表7-28的规定；监理单位对颗粒分析、磨耗率、有机质含量每填筑50000m³平行检验1组，其余项目每填筑10000m³平行检验1组，且每个桥台过渡段不少于1组。

路堤与桥台过渡段级配碎石、级配砂砾石检验项目、检查数量　　　表7-28

颗粒分析	磨耗量	有机质含量	颗粒级配	击实试验	大于5mm颗粒的单位体积重
10000m³	10000m³	10000m³	2000m³	2000m³	2000m³

注：表列数字为进行一次试验的填料数量（m³）。

3）基床表层的分层填筑摊铺厚度应符合工艺性试验确定的填筑厚度和压实工艺参数要求，并不得大于0.3m。

检查数量：施工单位每100m检查3处；监理单位每100m见证检验1处。

4）基床表层的厚度不得小于设计值。

检查数量：施工单位每100m检查6点；监理单位每300m见证检验4点。

5）路堤基床表层的填筑层压实质量及检验应符合质量验收标准的规定。

6）有路拱与无路拱路基的连接，应在无路拱地段按设计要求削铲顺坡，长度不应小于10m。

检查数量：施工单位全部检查。

7）基床表层干砌护肩应大面平整、咬接紧密、肩棱整齐、圆顺。表面平整度≤50mm。

检查数量：施工单位每100m左、右侧各等间距检查5点。

8）路基基床表层中线高程、路肩高程、中线至路肩边缘距离、宽度、横坡允许偏差及检验标准应符合表7-29的规定。

路基基床表层中线高程、路肩高程、中线至路肩边缘距离、宽度、横坡允许偏差及检验　　　表7-29

序号	项目	允许偏差	施工单位检查数量	检验方法
1	中线高程	±20mm	每100m等间距检验3点	水准仪测量
2	路肩高程	±20mm	每100m等间距检验6点（左、右各3点）	水准仪测量
3	中线至路肩边缘距离	路堑：+100mm，0mm；路堤：不小于设计值	每100m等间距检验3个断面	尺量
4	宽度	不小于设计值	每100m等间距检验3个断面	尺量
5	横坡	±0.5%	每100m等间距检验5个断面	坡度尺量/水准测量

7.2 站场道路

7.2.1 基层

1. 施工控制要点

(1) 施工工艺流程及施工现场图片如图 7-19、图 7-20 所示。

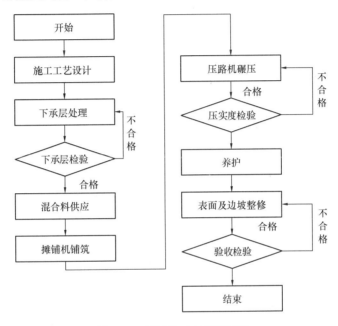

图 7-19 基层施工工艺流程图

(a) (b) (c)

图 7-20 施工工艺现场图片

(a) 基层填料摊铺；(b) 基层填料碾压；(c) 基层填料碾压完成面

(2) 厚度控制

1) 试验段铺筑时，要翔实地测量松铺系数，保证摊铺机松铺厚度满足要求。

2) 下承层准备时，测量队应对下承层表面标高进行详细自检，详尽了解下承层标高情况，钢丝放样给予及时调整。

3) 摊铺过程中根据钢丝反量以及测量检测,随时监控松铺厚度。

4) 及时工后自检,配合试验室钻芯取样,得出厚度控制经验措施,指导下一段落基层施工。

5) 对于检测出厚度不够的段落,坚决铲掉重铺。

(3) 层次连接措施

1) 上一层次养生必须到位,按标准保湿养生,保证表面湿润。养生期为7d,在此期间封闭交通,水车在另一幅喷雾养生。

2) 工作面处理阶段,清扫、高压水枪冲洗表面浮泥。工作面洒水湿润,并安排专人负责清理表面污染处。

3) 摊铺碾压到位,压实度达到规范要求。

2. 施工质量验收

施工质量验收标准参照《城镇道路工程施工与质量验收规范》CJJ 1—2008。

(1) 石灰稳定土,石灰、粉煤灰稳定砂砾(碎石),石灰、粉煤灰稳定钢渣基层及底基层质量检验应符合下列规定:

基层、底基层的压实度应符合下列要求:

1) 城市快速路、主干路基层大于等于97%、底基层大于等于95%。

2) 其他等级道路基层大于等于95%、底基层大于等于93%。

检查数量:每1000m²,每压实层抽检1组(1点)。

基层、底基层试件做7d饱水抗压强度,应符合设计要求。

检查数量:每2000m² 1组(6块)。

3) 表面应平整、坚实、无粗细骨料集中现象,无明显轮迹、推移、裂缝,接槎平顺,无贴皮、散料。基层及底基层允许偏差应符合表7-30的规定。

石灰稳定土类基层及底基层允许偏差　　　表7-30

项目		允许偏差	检验频率			检验方法
			范围	点数		
中线偏位(mm)		≤20	100m	1		用经纬仪测量
纵断高程(mm)	基层	±15	20m	1		用水准仪测量
	底基层	±20				
平整度(mm)	基层	≤10	20m	路宽(m)	<9	1	用3m直尺和塞尺连续量两尺取较大值
				9~15	2	
	底基层	≤15		>15	3	
宽度(mm)		不小于设计规定+B	40m	1		用钢尺量
横坡		±0.3%且不反坡	20m	路宽(m)	<9	2	用水准仪测量
				9~15	4	
				>15	6	
厚度(mm)		±10	1000m²	1		用钢尺量

(2) 水泥稳定土类基层及底基层质量检验应符合下列规定:

基层、底基层的压实度应符合下列要求:

1）城市快速路、主干路基层大于等于97%；底基层大于等于95%。

2）其他等级道路基层大于等于95%；底基层大于等于93%。

检查数量：每1000m²，每压实层抽查1组（1点）。

基层、底基层7d的饱水抗压强度应符合设计要求。

检查数量：每2000m² 1组（6块）。

3）表面应平整、坚实、接缝平顺，无明显粗、细骨料集中现象，无推移、裂缝、贴皮、松散、浮料。基层及底基层的偏差应符合表7-30的规定。

（3）级配砂砾及级配砾石基层及底基层质量检验应符合下列规定：

1）基层大于等于97%、底基层压实度大于等于95%。

检查数量：每压实层，每1000m²抽检1组（1点）。

2）弯沉值，设计规定时不得大于设计规定。

检查数量：每车道、每20m，测1点。

3）级配砂砾及级配砾石基层和底基层允许偏差应符合表7-31的有关规定。

级配砂砾及级配砾石基层和底基层允许偏差　　　　表7-31

项目	允许偏差		检验频率		检验方法
			范围	点数	
中线偏位（mm）	≤20		100m	1	用经纬仪测量
纵断高程（mm）	基层	±15	20m	1	用水准仪测量
	底基层	±20			
平整度（mm）	基层	≤10	20m	路宽（m） <9　1 9～15　2 >15　3	用3m直尺和塞尺连续量两尺，取较大值
	底基层	≤15			
宽度（mm）	不小于设计规定+B		40m	1	用钢尺量测
横坡	±0.3%且不反坡		20m	路宽（m） <9　2 9～15　4 >15　6	用水准仪测量
厚度（mm）	砂石	+20, -10	1000m²	1	用钢尺量
	砾石	+20, -10%层厚			

（4）级配碎石及级配碎砾石基层和底基层施工质量检验应符合下列规定：

1）级配碎石压实度，基层不得小于97%，底基层不得小于95%。

2）外观质量：表面应平整、坚实，无推移、松散、浮石现象。

检查数量：全数检查。

3）级配碎石及级配碎砾石基层和底基层的偏差应符合表7-31的有关规定。

（5）沥青混合料（沥青碎石）基层施工质量检验应符合下列规定：

1）压实度不得低于95%（马歇尔击实试件密度）。

2）表面应平整、坚实、接缝紧密，不得有明显轮迹、粗细骨料集中、推挤、裂缝、脱落等现象。

3) 沥青碎石基层允许偏差应符合表 7-32 的规定。

沥青碎石基层允许偏差　　　　　　表 7-32

项目	允许偏差	检验频率			检验方法
		范围	点数		
中线偏位（mm）	≤20	100m	1		用经纬仪测量
纵断高程（mm）	±15	20m	1		用水准仪测量
平整度（mm）	≤10	20m	路宽（m） <9	1	用 3m 直尺和塞尺连续量两尺，取最大值
			9～15	2	
			>15	3	
宽度（mm）	不小于设计规定+B	40m	1		用钢尺量
横坡	±0.3%且不反坡	20m	路宽（m） <9	2	用水准仪测量
			9～15	4	
			>15	6	
厚度（mm）	±10	1000m²	1		用钢尺量

7.2.2 面层

1. 沥青混合料面层

（1）施工控制要点

1）施工工艺流程及施工现场图片如图 7-21、图 7-22 所示。

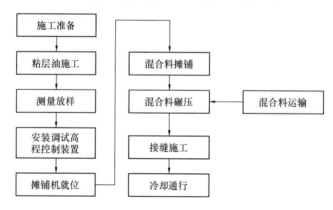

图 7-21　沥青混合料面层施工工艺流程图

2）粘层油施工：粘层沥青应采用沥青洒布车喷洒，洒布时要保持稳定的速度和喷洒量。沥青洒布车在整个宽度内必须喷洒均匀。边角部位由人工补洒。在路缘石、雨水进水口、检查井等部应用刷子人工涂刷。

3）沥青混合料摊铺

①下面层摊铺。下面层正式摊铺前对基层裂缝妥善处理，清除封层上的多余石子、泥土、残渣、污物，污染严重时必须冲洗，或用空压机吹干净。

②上层混合料摊铺前应清理下层泥土杂物，冲洗干净，提前 0.5～1d 洒布乳化沥青粘层油（洒布时间不宜过早，以免粘层油失去黏性），洒布量以 0.3～0.5kg/m² 为宜，不

第7章 城市轨道交通工程车辆段施工质量控制与验收

图 7-22 施工现场图片
(a) 沥青混凝土摊铺；(b) 沥青混凝土碾压；(c) 沥青混凝土完成面

宜少量或超量，保证混合料摊铺时粘层油已破乳。

③ 摊铺前应根据松铺厚度、纵横坡度调整好摊铺机的初始状态。每种摊铺机每种混合料的松铺厚度根据试铺确定。

④ 混合料摊铺速度应与拌合机供料速度协调，保持匀速不间断地摊铺，不得中途停机。

⑤ 路缘、边沟、积水井和其他结构物的接触面上应均匀涂上一薄层沥青，然后才能紧靠着这些接触面摊铺沥青混合料。

4) 沥青混合料碾压

① 压实后的沥青混合料应符合压实度及平整度的要求，不宜过分拔高平整度指标而放松压实度要求，沥青混合料的分层压实厚度一般不得大于 10cm。

② 选择合理的压路机组合方式及碾压步骤，以达到最佳压实效果。

5) 接缝、修边

① 纵向缝：摊铺时采用梯队作业的纵缝应用热接缝，施工时将前台摊铺机摊铺的混合料部分留下 10~20cm 宽暂不碾压，作为后摊铺部分的高程基准面，最后做跨缝碾压以消除缝迹。当不得不采用冷接缝时宜采用平接缝。施工前，平接缝应切割整齐，切面应涂上粘层油。

② 横向缝：相邻两幅及上下层的横向接缝均应错位 1m 以上。中、下面层的横向接缝可采用斜接缝，上面层应采用垂直的平接缝。铺筑接缝时，可在已压实部分上面铺设一些热混合料使之预热软化，以加强新旧混合料的粘结。但在开始碾压前应将预热用的混合料铲除；斜接缝的搭接长度与层厚有关，宜为 0.4~0.8m。搭接处应清扫干净并洒粘层油。当搭接处混合料中的粗集料颗粒超过压实层厚时应予剔除，并补上细料，斜接缝应充分压实并搭接平整；平接缝应做到紧密粘结，充分压实，连接平顺。

(2) 施工质量验收

施工质量验收标准参照《城镇道路工程施工与质量验收规范》CJJ 1—2008。

1) 热拌沥青混合料面层质量检验应符合下列规定：

① 沥青混合料面层压实度，对城市快速路、主干路不得小于 96%；对次干路及以下

道路不得小于95%。

② 面层厚度应符合设计规定,允许偏差为+10mm,-5mm。

③ 弯沉值,不得大于设计规定。

④ 表面应平整、坚实,接缝紧密,无枯焦;不得有明显轮迹、推挤裂缝、脱落、烂边、油斑、掉渣等现象,不得污染其他构筑物。面层与路缘石、平石及其他构筑物应接顺,不得有积水现象。热拌沥青混合料面层允许偏差应符合表7-33的规定。

热拌沥青混合料面层允许偏差　　　　表 7-33

项目			允许偏差	检验频率			检验方法
				范围	点数		
纵断高程（mm）			±15	20m	1		用水准仪测量
中线偏位（mm）			≤20	100m	1		用经纬仪测量
平整度（mm）	标准差 σ值	快速路、主干路	1.5	100m	路宽(m)	<9	1	用测平仪检测
		次干路、支路	2.4			9~15	2	
						>15	3	
	最大间隙	次干路、支路	5	20m	路宽(m)	<9	1	用3m直尺和塞尺连续量取两尺,取最大值
						9~15	2	
						>15	3	
宽度（mm）			不小于设计值	40m	1		用钢尺量
横坡			±0.3%且不反坡	20m	路宽(m)	<9	2	用水准仪测量
						9~15	4	
						>15	6	
井框与路面高差（mm）			≤5	每座	1		十字法,用直尺、塞尺量取最大值
抗滑	摩擦系数		符合设计要求	200m	1		摆式仪
				全线连续			横向力系数车
	构造深度		符合设计要求	200m	1		砂铺法 激光构造深度仪

2) 冷拌沥青混合料面层质量检验应符合下列规定:

① 冷拌沥青混合料的压实度不得小于95%。

② 面层厚度应符合设计规定,允许偏差为+15mm,-5mm。

③ 表面应平整、坚实,接缝紧密,不得有明显轮迹、粗细骨料集中、推挤、裂缝、脱落等现象。冷拌沥青混合料面层允许偏差应符合表7-34的规定。

冷拌沥青混合料面层允许偏差　　　　表 7-34

项目	允许偏差	检验频率		检验方法
		范围	点数	
纵断高程（mm）	±20	20m	1	用水准仪测量
中线偏位（mm）	≤20	100m	1	用经纬仪测量

续表

项目		允许偏差	检验频率			检验方法
			范围	点数		
平整度（mm）		≤10	20m	路宽(m)	<9	1	用3m直尺、塞尺连续量两尺取较大值
					9~15	2	
					>15	3	
宽度（mm）		不小于设计值	40m	1		用钢尺量
横坡		±0.3%且不反坡	20m	路宽(m)	<9	2	用水准仪测量
					9~15	4	
					>15	6	
井框与路面高差（mm）		≤5	每座	1		十字法，用直尺、塞尺量取最大值
抗滑	摩擦系数	符合设计要求	200m	1		摆式仪
			全线连续			横向力系数车
	构造深度	符合设计要求	200m	1		砂铺法
						激光构造深度仪

2. 水泥混凝土面层

（1）施工控制要点

1）施工工艺流程及施工现场图片如图7-23、图7-24所示。

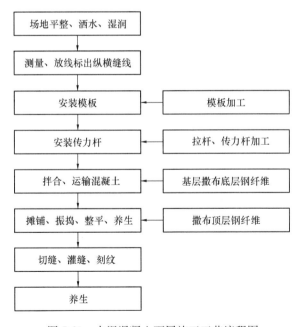

图7-23 水泥混凝土面层施工工艺流程图

2）模板安装应牢固，应严格控制混凝土拌合物坍落度、和易性，防止运输过程失水、离析。

(a)　　　　　　　　　　　(b)　　　　　　　　　　　(c)

图 7-24　施工现场图片

(a) 模板安装；(b) 混凝土摊铺；(c) 混凝土整平

3) 混凝土浇筑过程中要防止漏振，掌握好整平机的行走速度。
4) 混凝土收面、抹光、切缝、刻纹时间应根据现场条件试验确定。
5) 混凝土抹光后应及时喷洒养护液或覆盖养护。

(2) 施工质量验收

水泥混凝土面层质量检验应符合下列规定：

1) 混凝土弯拉强度应符合设计规定。
2) 混凝土面层厚度应符合设计规定，允许误差为±5mm。
3) 抗滑构造深度应符合设计要求。
4) 水泥混凝土面层应板面平整、密实，边角应整齐、无裂缝，并不得有石子外露和浮浆、脱皮、踏痕、积水等现象，蜂窝麻面面积不得大于总面积的0.5%。
5) 伸缩缝应垂直、直顺，缝内不得有杂物。伸缩缝在规定的深度和宽度范围内应全部贯通，传力杆应与缝面垂直。
6) 混凝土路面允许偏差应符合表 7-35 的规定。

混凝土路面允许偏差　　　　表 7-35

项目		允许偏差与规定值		检验频率		检验方法
		城市快速路、主干路	次干路、支路	范围	点数	
纵断高程（mm）		±15		20m	1	用水准仪测量
中线偏位（mm）		≤20		100m	1	用经纬仪测量
平整度	标准差σ（mm）	≤1.2	≤2	100m	1	用测平仪检测
	最大间隙（mm）	≤3	≤5	20m	1	用3m直尺和塞尺连续量两尺，取较大值
宽度（mm）		0，−20		40m	1	用钢尺量
横坡（%）		±0.30且不反坡		20m	1	用水准仪测量
井框与路面高差（mm）		≤3		每座	1	十字法，用直尺和塞尺量最大值

续表

项目	允许偏差与规定值		检验频率		检验方法
	城市快速路、主干路	次干路、支路	范围	点数	
相邻板高差（mm）	≤3		20m	1	用钢板尺和塞尺量
纵缝直顺度（mm）	≤10		100m	1	用20m线和钢尺量
横缝直顺度	≤10		40m		
蜂窝麻面面积[①]（%）	≤2		20m	1	观察和用钢板尺量

① 每20m查1块板的侧面。

第8章 城市轨道交通工程轨道施工质量控制与验收

8.1 有砟道床轨道施工

8.1.1 有砟道床轨道施工工艺流程

有砟道床轨道是以道砟、轨枕、钢轨以及扣件等组成的轨道结构形式，其具有铺设简便、综合造价低、易变形、维修维护频繁、列车运行速度受限等特点，一般在出入段线、停车场内采用。有砟轨道主要采用"散铺原位组装法"施工，首先在施工场地内铺设道砟，然后运输钢轨至指定铺设地点组装轨排，对轨道几何状态进行粗调后补砟进行铺砟整道施工。施工工艺流程及施工现场图片如图8-1、图8-2所示。

8.1.2 施工质量控制与验收要点

1. 施工质量控制要点

（1）铺砟前应取得线下施工单位线路测量资料、中桩、基标和水准点，并进行铺砟前路基面检查，复测线路中桩、基标及路基面高程，形成交接记录。

（2）道砟进场时应对其品种、外观等进行检查，对道砟杂质含量

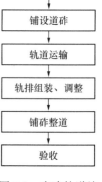

图 8-1 有砟轨道施工工艺流程图

(a)

(b)

(c)

(d)

(e)

图 8-2 有砟轨道施工现场
(a) 预铺道砟；(b) 硫磺锚固；(c) 轨排组装；(d) 道砟振捣；(e) 成型道床

和粒径级配进行检验。

(3) 铺轨后应及时分层补充道砟并整道。未经大型养路机械整道作业的线路应经列车或单机压道，压道次数不得少于 30 次，经压道后的轨道应无明显的变形。

(4) 不同类型的轨枕不应混铺，组装轨排时，直线两轨端取齐，曲线相错量按计算确定。

(5) 螺旋道钉的锚固质量应进行抽检。

(6) 轨排组装时，扣件扭矩应符合设计及规范要求。

(7) 应在锁定轨温范围内铺设，轨缝应均匀。

2. 施工质量验收

施工质量验收标准以《地下铁道工程施工质量验收标准》GB/T 50299—2018 为主，以《铁路轨道工程施工质量验收标准》TB 10413—2018 为辅。

(1) 主控项目

1) 底砟进场时应对其品种、外观等进行验收，其质量应符合现行行业标准《铁路碎石道床底砟》TB/T 2897 的规定。

检验数量：全部检查。

检验方法：检查生产及出厂检验报告和产品合格证。

2) 道砟进场时应对其材质、品种、级别、外观等进行验收，其质量应符合现行行业标准《铁路碎石道砟》TB/T 2140—2018 的规定。

检验数量：全部检查。

检验方法：检查生产检验报告和产品合格证。

3) 道砟进场时应对其粒径级配、颗粒形状及清洁度进行检验，其质量应符合现行行业标准《铁路碎石道砟》TB/T 2140—2018 的规定。

检验数量：同一产地、级别且连续进场的道砟，每 5000m³ 为一批，不足 5000m³ 时按一批计。每批抽检一次。

检验方法：每批等距间隔 4 处取样，每次 35kg 拌和均匀，分别进行粒径级配、针状指数、片状指数和杂质含量试验。

4) 钢轨、轨枕、扣件及其连接配件进场时，应对其类型、规格、外观进行验收，其质量应符合设计文件要求。

检验数量：全部检查。

检验方法：核对设计文件，查验产品合格证、质量证明文件，观察检查。

5) 螺旋道钉锚固时，抗拔力不应小于 60kN。

检验数量：每千米抽检 3 个道钉。

检验方法：进行抗拔试验。

(2) 一般项目

1) 底砟厚度允许偏差应为 ±50mm，半宽允许偏差应为 0mm～+50mm。

检验数量：每 500m 抽检 1 处。

检验方法：钢尺量测。

2) 正线道床压实密度不应小于 1.7g/cm³。

检验数量：压实密度每 5km 抽检 5 处，每处测 1 个点位。

检验方法：试验检测。

3）道床整理砟肩宽度允许偏差应为 0mm～+50mm，厚度允许偏差为±50mm。

检验数量：正线每2km各抽检10个测点；站线每股道各抽检5个测点。

检验方法：钢尺量测。

4）铺轨时，扣件安装应符合设计文件要求。

检验数量：每2km抽检2个轨排，各检查5个扣件；站线每股道抽检10个扣件。

检验方法：观察检查，扭力扳手检测。

5）整道后的线路、道岔应道床饱满、捣固密实。

检验数量：全部检查。

检验方法：观察检查。

6）有砟轨道整理作业后，无缝线路轨道静态几何尺寸允许偏差应符合表8-1、表8-2的规定。

轨道静态几何尺寸允许偏差 表8-1

序号	检查项目	允许偏差
1	轨距	−2mm～+4mm，变化率不得大于1‰
2	水平	4mm
3	轨向	直线不应大于4mm/10m弦
4	高低	直线不应大于4mm/10m弦
5	中线	10mm
6	高程	±10mm
7	轨底坡	1/20～1/40（设计文件为1/30时）；1/30～1/50（设计文件为1/40时）

注：表中"轨向"为曲线时应符合表8-2的规定。

轨道曲线正矢（20m弦量）允许偏差值 表8-2

曲线半径（m）	缓和曲线正矢与计算正矢差（mm）	圆曲线正矢连续差（mm）	圆曲线正矢最大最小差值（mm）
$R \leqslant 250$	6	12	18
$250 < R \leqslant 350$	5	10	15
$350 < R \leqslant 450$	4	8	12
$450 < R \leqslant 650$	3	6	9
$R > 650$	3	6	9

检验数量：每1km抽检一处，每处抽检10个测点，曲线正矢全部检查。

检验方法：钢尺量测。

7）有砟轨道整理作业后，有缝线路轨道静态几何尺寸允许偏差应符合表8-3、表8-4

的规定。

轨道静态几何尺寸允许偏差　　　　　表 8-3

序号	检查项目	正线	车场线
1	轨距	−2mm～+4mm，变化率不应大于 1‰	−2mm～+6mm，变化率不应大于 1‰
2	水平	4mm	5mm
3	轨向	直线不应大于 4mm/10m 弦	直线不应大于 5mm/10m 弦
4	高低	直线不应大于 4mm/10m 弦	直线不应大于 4mm/10m 弦
5	中线	10mm	10mm
6	高程	±10mm	±10mm

注：表中"轨向"为曲线时应符合表 8-4 的规定。

轨道曲线正矢（20m 弦量）允许偏差值　　　　　表 8-4

项目	缓和曲线正矢与计算正矢差（mm）		圆曲线正矢连续差（mm）		圆曲线正矢最大最小差值（mm）	
曲线半径（m）	正线	车场线	正线	车场线	正线	车场线
$R \leqslant 250$	6	8	12	16	18	24
$250 < R \leqslant 350$	5	7	10	14	15	21
$350 < R \leqslant 450$	4	6	8	12	12	18
$450 < R \leqslant 650$	3	5	6	10	9	15
$R > 650$	3	4	6	8	9	12

检验数量：每 1km 抽检一处，每处抽检 10 个测点，曲线正矢全部检查。
检验方法：钢尺量测。

8.2　无砟道床轨道

8.2.1　无砟道床轨道施工

1. 地下一般整体道床施工

地下一般整体道床包含长轨枕整体道床和短轨枕整体道床，现场采用"轨排架轨法"进行机铺施工。在铺轨基地采用 P60-25m 钢轨将轨枕组装成轨排，通过平板车运输至施工现场，利用地铁铺轨车铺设就位，利用直角道尺和万能道尺，通过钢轨支承架对轨道状态进行初调（要求轨道目视顺直或圆顺），然后将前后钢轨用无眼夹具连接好。轨排初调完成后，利用轨道几何状态测量仪配套全站仪依据 SCP 控制网对轨道精调，轨道状态达到设计要求后，进行混凝土浇筑。施工工艺流程及施工现场图片如图 8-3、图 8-4 所示。

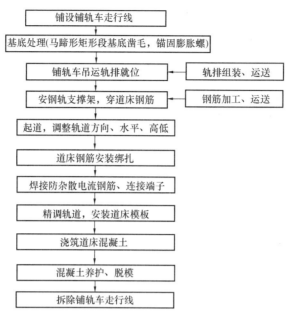

图 8-3 一般整体道床"轨排法"施工工艺流程图

图 8-4 一般整体道床施工现场

(a)轨排组装图;(b)轨距调整;(c)轨排吊装;(d)轨排运输;
(e)走行轨安装;(f)轨排组装架设;(i)轨道精调;(j)混凝土浇筑

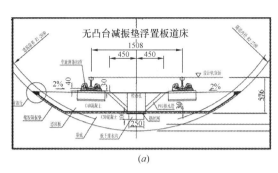 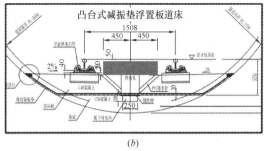

图 8-5 减振垫浮置板道床结构形式
(a) 无凸台形式；(b) 凸台形式

2. 减振垫浮置板整体道床施工

减振垫浮置板整体道床适用于高等减振地段，其减振功能主要体现在道床板下边及侧边的橡胶隔振垫上，隔离材料属于面点结合、圆锥截顶结构，是约束阻尼和橡胶弹簧垫的组合，能更好地发挥隔离式减振道床的减振效果。

减振垫浮置板道床截面设计按照有无凸台结构划分为两种形式，无凸台结构面板可一次施工，凸台式则需进行二次立模浇筑。结构形式如图 8-5 所示。

减振垫浮置板整体道床采用"预铺垫轨排架轨法"进行施工。根据减振垫浮置板轨道的结构特点，基础垫层混凝土浇筑完毕后，进行减振垫铺设。减振垫铺设完成后，在铺轨基地用 25m 无孔标准轨将短轨枕及扣件组装成轨排。将轨排用轨道平板车运输至施工现场，并利用地铁铺轨车吊运至铺设位置。采用下承式钢轨支撑架粗调轨道状态，完成后继续绑扎上层钢筋，并利用 SCP 网继续调整轨道状态，达到设计要求后浇筑道床混凝土。施工工艺流程及施工现场图片如图 8-6、图 8-7 所示。

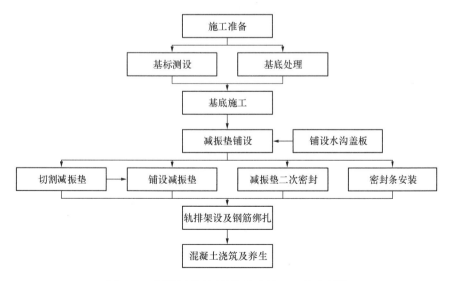

图 8-6 减振垫浮置板整体道床施工工艺流程图

3. 钢弹簧浮置板整体道床施工技术

目前钢弹簧浮置板整体道床采用主要施工施工方法为"预制钢筋笼龙骨架整体吊装

图 8-7 减振垫浮置板整体道床施工现场
（a）基底钢筋绑扎；（b）基底模板安装；（c）基底施工完成；
（d）铺设基底水沟盖板；（e）减振垫铺设；（f）轨排铺设；
（g）道床浇筑；（h）施工完成道床

法"。在底板混凝土浇筑完毕后，在铺轨基地将道床钢筋笼绑扎成型，将隔振器外套筒按照设计位置固定在钢筋笼上，利用轨道车将钢筋笼运送到铺轨工作面，铺轨小龙门吊配合进行铺设到位，钢轨采用下承式钢轨支撑架铺设，一次灌筑整体道床混凝土，当混凝土达到设计强度后，用隔振器专用千斤顶将浮置板顶升 30mm，精确调整轨面标高。施工现场图片及施工工艺流程如图 8-8、图 8-9 所示。

4. 梯形纵向轨枕整体道床施工

梯形纵向轨枕整体道床采用"散铺架轨法"进行施工。首先对桥面基底进行凿毛处理，检查 L 形支座下的桥梁预埋钢筋的位置和高度，对不符合图纸要求的预埋钢筋进行处理，确保道床混凝土与桥面基底能有效结合。利用起重设备将梯形轨枕吊放到设计位置，粘贴好泡沫板，采用专用支架在梯形轨枕凸形挡台吊装孔预埋件位置处进行架设，现

图 8-8 钢弹簧浮置板整体道床施工现场

(a) 基底钢筋施工；(b) 基底混凝土浇筑；(c) 基底水沟盖板铺设；
(d) 隔离膜铺设；(e) 钢筋笼轨排吊装；(f) 轨排铺设；(g) 轨道粗调；
(h) 剪力铰安装；(i) 轨道精调；(j) 道床混凝土浇筑；(k) 内套筒运至
施工现场；(l) 浮置板顶升

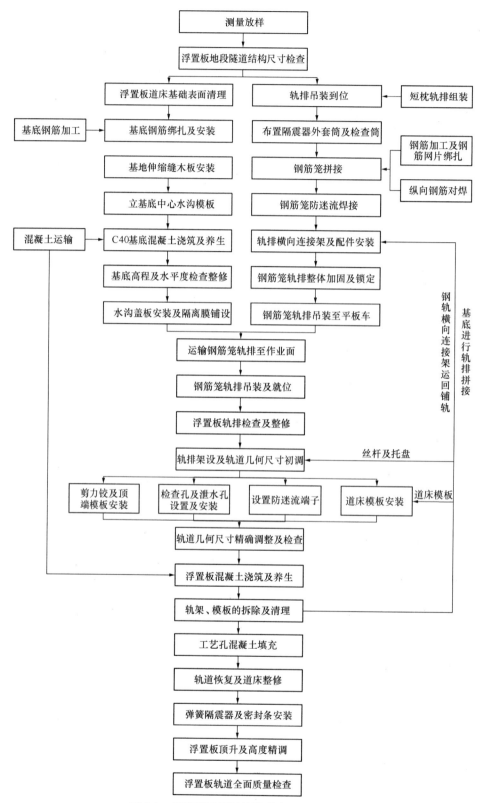

图 8-9 钢弹簧浮置板整体道床施工工艺图

场组装轨排，利用下承式钢轨支撑架调整好轨道状态，再浇注支座混凝土，待道床混凝土达到设计强度后人工清除泡沫板，最终使梯形轨道呈浮置状态达到减振降噪效果。施工工艺流程及施工工现场如图 8-10、图 8-11 所示。

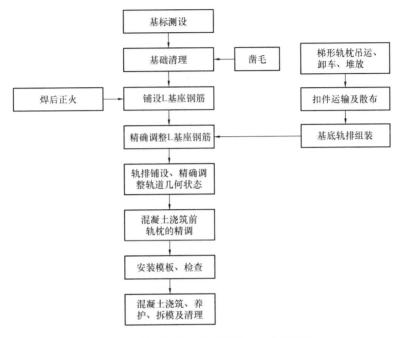

图 8-10 梯形轨枕整体道床施工工艺流程图

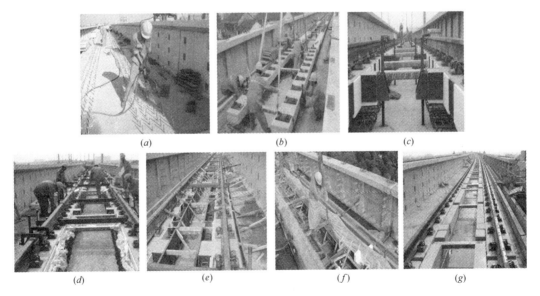

图 8-11 梯式纵向轨枕整体道床施工现场
（a）基底处理；（b）梯形轨枕吊运拼装；（c）轨道架立；
（d）轨道调整；（e）模板安装；（f）混凝土浇筑；（g）成型梯形道床

5. 整体道床道岔施工

整体道床道岔一般采用"散铺原位组装法"进行施工。轨料采用加长平板车运输至投料口，利用起重设备将轨料吊至场地内，辅助小型机械设备将轨料运输至铺设地点，人工进行架轨，挂短岔枕、绑扎钢筋、安装模板，同时利用轨检小车通过CPⅢ网进行道岔几何尺寸和轨道状态调整，安装道床模板，灌筑道床混凝土。施工工艺流程及施工现场如图8-12、图8-13所示。

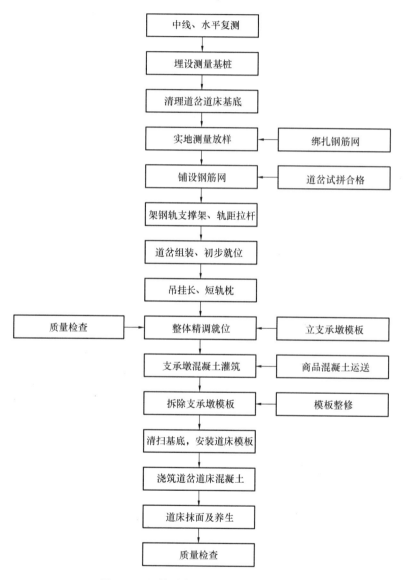

图 8-12 整体道床道岔施工工艺流程图

第8章 城市轨道交通工程轨道施工质量控制与验收

图 8-13 整体道床道岔施工
(a) 道岔组装架设；(b) 轨道自检；(c) 钢筋绑扎；
(d) 模板安装；(e) 道岔精调；(f) 混凝土浇筑

8.2.2 施工质量控制与验收要点

1. 普通无砟道床

(1) 施工质量控制要点

1) 无砟道床施工前，基底应按设计要求凿毛。

2) 枕木应方正，不得倾斜，在轨排粗调前需对枕木进行检查，枕木倾斜需重新进行调整。

3) 短轨枕道床轨枕在轨排粗调前需检查其轨底坡度。

4) 混凝土浇筑前需复核预埋管线的规格、数量。检查废水泵房处土建预埋排水管的高度和位置，确保预埋排水管无堵塞，混凝土浇筑前需对预埋排水管进行封堵。

5) 道床伸缩缝安装需顺直。模板表面需涂刷脱模剂，模板和伸缩缝安装应牢固。

6) 钢轨支撑架应有足够的强度、刚度和稳定性，间距及安置应便于调整、拆卸和混凝土浇筑。

7) 道床板混凝土浇筑前，应清理干净模板内杂物、排除污水、洒水湿润，并复测轨排几何形位、钢筋保护层厚度，满足要求后方可进行混凝土浇筑。

8) 无砟道床施工过程中应加强对钢轨、枕木、扣件等轨道部件的防护，避免混凝土等产生的污染。

9) 轨排精调完成后，应及时浇筑混凝土。当间隔时间过长，或环境温度变化超过15℃，或受到外部条件影响时，必须重新检查或调整轨排。

10) 混凝土应分层、水平、分台阶浇筑，应加强对轨枕底部及其周围混凝土的振捣，确保振捣密实，严禁振捣器触及支撑架和钢轨。浇筑过程中，应随时监测轨排几何形位的变化。

（2）施工质量验收

1）主控项目

① 钢轨、轨枕、扣件及其连接配件进场时，应对其类型、规格、外观进行验收，其质量应符合设计要求。轨枕外观无可见裂纹，其边角破损程度应符合产品技术条件有关规定。

检验数量：全部检查。

检验方法：核对设计文件，查验产品合格证、质量证明文件，观察检查。

② 轨枕螺旋道钉抗拔力应符合设计文件要求。

检验数量：每千米抽检3个道钉。

检验方法：抗拔力试验。

③ 轨道采用的钢轨、轨枕、扣件铺设的类型、位置及数量应符合设计文件要求。

检验数量：全部检查。

检验方法：对照设计文件观察检查。

④ 轨道上个别插入的短轨，正线轨道不得小于6m，配线不应小于4.5m。道岔间插入的短轨应符合设计文件要求。

检验数量：全部检查。

检验方法：观察检查，钢尺量测。

⑤ 在信号机处的两钢轨绝缘接头应为相对式，绝缘轨缝宜设于两轨枕之间，距轨枕边缘不应小于100mm，轨缝不应小于6mm，位置应符合设计文件要求。

检验数量：全部检查。

检验方法：观察检查，钢尺量测。

⑥ 钢筋进场时，力学性能和重量偏差检验应符合现行国家标准《混凝土结构工程施工质量验收规范》GB 50204—2015 的规定。

检验数量：按进场的批次和产品的抽样检验方案确定。

检验方法：检查产品合格证、出厂检验报告和进场复验报告。

⑦ 钢筋品种、级别、规格和数量应符合设计文件要求。

检验数量：全部检查。

检验方法：对照设计文件观察检查。

⑧ 道床混凝土浇筑前轨排铺设允许偏差应符合表8-5、表8-6的规定。

无砟道床混凝土浇筑前轨排铺设允许偏差 表8-5

序号	检查项目	允许偏差
1	轨距	$-1mm \sim +2mm$ 变化率不得大于 $1‰$
2	水平	2mm
3	轨向	直线不得大于2mm/10m弦
4	高低	直线不得大于2mm/10m弦
5	中线	5mm
6	高程	±5mm
7	轨底坡	1/25～1/35（设计文件为1/30时）；1/35～1/45（设计为1/40时）

注：表"轨向"为曲线时应符合表8-6的规定。

第8章 城市轨道交通工程轨道施工质量控制与验收

轨道曲线正矢（20m 弦量）调整允许偏差表（mm） 表 8-6

曲线半径（m）	缓和曲线正矢与计算正矢差（mm）	圆曲线正矢连续差（mm）	圆曲线正矢最大与最小值差（mm）
$R \leqslant 250$	4	6	9
$250 < R \leqslant 350$	3	5	7
$350 < R \leqslant 450$	2	4	5
$450 < R \leqslant 650$	2	3	4
$R > 650$	1	2	3

检验数量：每施工段检查 10 个测点，曲线正矢全部检查。

检验方法：钢尺量测。

⑨ 道床混凝土的强度应符合设计文件要求。

检验数量：一次浇筑段不超过 100m 或 100m³ 时取样不应少于一次。

检验方法：检查产品质量证明文件和试验报告。

⑩ 混凝土应采用预拌混凝土，混凝土的施工检验应符合现行国家标准《混凝土结构工程施工质量验收规范》GB 50204—2015 的规定。

2）一般项目

① 轨枕间距允许偏差为±10mm。

检验数量：每施工段检查 10 个测点。

检验方法：钢尺量测。

② 扣件螺栓、垫板同轨枕连接螺栓的扭矩应符合设计规定。

检验数量：全部检查。

检验方法：测力扳手检测。

③ 钢筋的加工、安装、连接应符合现行国家标准《混凝土结构工程施工质量验收规范》GB 50204—2015 的规定。

④ 钢筋的安装位置应符合设计文件要求，允许偏差应符合表 8-7 的规定。

钢筋安装位置允许偏差 表 8-7

序号	项目		允许偏差（mm）
1	钢筋间距		±20
2	钢筋保护层厚度	设计文件要求值≥30mm 时	0～+10
3	钢筋保护层厚度	设计文件要求值<30mm 时	0～+5

检验数量：每施工段抽检 10 处。

检验方法：钢尺量测。

⑤ 道床钢筋安装时，钢筋网的焊接、端子引出应符合设计文件要求。

检验数量：全部检查。

检验方法：观察检查，钢尺量测。

⑥ 道床模板及支架应有足够的强度、刚度和稳定性，其材料质量及结构应符合施工工艺设计要求。地下线伸缩缝模板材质应符合设计文件要求。

检验数量：全部检查。

检验方法：检查相关工艺设计资料及材料质量证明文件，观察检查。

⑦ 模板接缝严密，不得漏浆。模板与混凝土的接触面必须清理干净并涂刷隔离剂。浇筑混凝土前，模板内的积水和杂物应清理干净。

检验数量：全部检查。

检验方法：观察检查。

⑧ 预埋件和预留孔留置位置、尺寸应符合设计要求，不得遗漏，且应安装牢固。

检验数量：全部检查。

检验方法：对照设计文件检查，观察检查。

⑨ 道床模板安装允许偏差应符合表8-8的规定。

道床模板安装允许偏差　　　　　表8-8

序号	项目		允许偏差（mm）	备注
1	非地下线	宽度	±5	以钢轨中心线为基准，单侧允许偏差
2		长度（沿线路方向）	±5	—
3		模板平整度	2	用1m靠尺检查
4	地下线	水沟位置	±10	以临近钢轨中心线为基准
5		水沟宽度	±5	—

⑩ 道床变形缝宜设于两轨枕中间，距轨枕边缘不应小于100mm。

检验数量：每施工段检查10个测点。

检验方法：钢尺量测。

⑪ 混凝土结构应密实、表面应平整、颜色均匀，不应有裂缝、露筋、蜂窝、麻面、孔洞、疏松和缺棱角等缺陷。

检验数量：全部检查。

检查方法：观察检查。

⑫ 道床外形尺寸允许偏差应符合表8-9的规定。

道床外形尺寸允许偏差　　　　　表8-9

序号	项目		允许偏差（mm）
1	非地下线	宽度	±10
2		长度（沿线路方向）	±10
3	地下线	水沟位置	±20
4		水沟宽度	±10
5	道床顶面与承轨台面相对高差		−5～0
6	平整度		3/1000

检验数量：每施工段抽检10处。

检验方法：钢尺量测，1m靠尺。

2. 减振垫浮置板道床

（1）施工质量控制要点

1）基础施工前，应对结构进行检查、验收，对渗水地段应先处理，与给排水专业紧密协调，做好道床垫下道床面的排水条件。

2）铺设减振垫前，应先在基底上放好样，主要放样出道床板伸缩缝、混凝土顶面标高线等。铺设减振垫工作应在厂家的培训及指导下完成。

3）钢轨架设时，在钢轨支架立柱位置的减振垫开孔或垫钢板，并在混凝土浇筑前做好密封措施，防止减振垫局部受力。

4）道床钢筋焊接、模板支立及混凝土浇筑时，应采取措施对减振垫加以保护。

（2）施工质量验收

1）主控项目

① 减振垫进场时，应对其规格、型号、外观进行验收，其质量应符合设计文件要求。

检验数量：全部检查。

检验方法：核对设计文件，查验产品合格证、质量证明文件，观察检查。

② 减振垫道床限位凸台（凹槽）设置应按符合文件要求。

检验数量：全部检查。

检验方法：对照设计文件检查。

③ 减振垫铺设应平整，搭接应牢固、密封。

检验数量：全部检查。

检验方法：观察检查。

④ 减振垫道床与其他类型道床连接的过渡段应符合设计文件要求。

检验数量：全部检验。

检验方法：对照设计文件观察检查，钢尺量测。

2）一般项目

① 减振垫道床基底标高允许偏差应为－5mm～＋10mm，平整度允许偏差应为5mm（1m靠尺），限位凸台（凹槽）允许偏差应符合表8-10的规定。

基底限位凸台（凹槽）允许偏差   表8-10

项　目	允许偏差（mm）
宽带	±5
长度	±5
高度	±5

检验数量：每基标检查一处。

检验方法：测量检查。

② 限位凸台（凹槽）隔离层的设置应符合设计文件要求密封严实。

检验数量：全部检查。

检验方法：观察检查。

③ 减振垫道床两侧密封应符合设计文件要求。

检验数量：全部检查。

检验方法：对照设计文件检查。

3. 钢弹簧浮置板道床

（1）施工质量控制要点

1）基础平整度不符合要求应进行整体打磨或垫高，打磨范围应超出隔振器外筒底部尺寸100mm。严禁局部垫高或挖深。

2）隔振器安装前必须对基础混凝土面和隔振器位置标高进行复测。隔振器外套管放好后，用硅胶等物把基础密封好，防止水泥浆渗入。

3）钢筋笼在吊装和运输过程中应采取措施防止钢筋笼变形。

4）同一块浮置板混凝土应一次性连续浇筑，避免形成冷接缝，且应加强枕下和隔振器周围混凝土的振捣。

5）顶升应在浮置板道床混凝土达到设计强度后进行，用胶条密封浮置板周围混凝土，检查孔加盖板，使用专用设备在厂家技术人员指导下进行。

（2）施工质量验收

1）主控项目

① 隔振器进场时，应对其规格、型号、外观进行验收，其质量应符合设计文件要求及产品标准规定。

检验数量：全部检查。

检验方法：查验产品合格证、质量证明文件，观察检查。

② 浮置板基底标高允许偏差应为±5mm。

检验数量：每基标检查一处。

检验方法：测量检查。

③ 钢弹簧浮置板道床与其他类型道床连接的过渡段应符合设计文件要求。

检验数量：全部检验。

检验方法：对照设计文件观察检查，钢尺量测。

④ 浮置板顶升高度应符合设计文件要求。

检验数量：全部检查。

检验方法：用仪器测量。

2）一般项目

① 隔离层应铺贴平整，无破损，接缝处搭接应严密不漏浆，两侧应高出设计文件道床面20cm，并应固定在结构边墙上。

检验数量：全部检查。

检验方法：观察检查。

② 隔振器套筒应按设计文件要求的位置进行定位测量隔振器套筒位置允许偏差应为±5mm，放置隔振器套筒的位置表面应平整，允许偏差应为±2mm/m²。

检验数量：全部检查。

检验方法：仪器测量检查，钢尺量测。

③ 当使用钢筋笼轨排法进行浮置板施工时，钢筋笼中心与线路中心偏差不应超过10mm。

检验数量：每个基标点检查。

检验方法：钢尺量测。

④ 浮置板安装弹簧时,应检查是否漏浆,并应将隔振器套筒内清理干净。浮置板顶升作业前应将浮置板道床及端模板清理干净,道床面周边的缝隙及预留孔洞应进行密封。

检验数量:全部检查。

检验方法:观察检查。

⑤ 浮置板道床长度允许偏差应为±20mm。

检验数量:全部检查。

检验方法:钢尺量测。

4. 梯形轨枕道床

(1) 施工质量控制要点

1) 对桥面基底进行凿毛处理,检查L形支座下的桥梁预埋钢筋的位置和高度,对不符合图纸要求的预埋钢筋进行处理,确保道床混凝土与桥面基底能有效结合。

2) 枕木应方正,不得倾斜,在轨排粗调前需对枕木进行检查,枕木倾斜需重新进行调整。轨排吊装和运输过程中避免碰撞、受力。

3) 轨排的轨距、方向、高低精调后,严禁人在轨排上行走。

4) 混凝土应分层、水平、分台阶浇筑,应加强对轨枕底部及其周围混凝土的振捣,确保振捣密实,严禁振捣器触及支撑架和钢轨。浇筑过程中,应随时监测轨排几何形位的变化。

(2) 施工质量验收

1) 主控项目

① 梯形轨枕进场时,应对其型号、外观、数量进行验收,减振垫层及缓冲垫层应粘贴牢固、无缺失,连接杆件表面保护层应完好,外贴辅助材料应完整。

检验数量:全部检查。

检验方法:查验产品合格证和质量证明文件,观察检查。

② 梯形轨枕道床与其他类型道床连接的过渡段应符合设计文件要求。

检验数量:全部检验。

检验方法:对照设计文件观察检查,钢尺量测。

2) 一般项目

① 梯形(纵向)轨枕纵向间距允许偏差应为±10mm。

检验数量:全部检查。

检验方法:钢尺量测。

② 台座表面与梯形(纵向)轨枕间的隔离空隙不应小于10mm。

检验数量:全部检查。

检验方法:观察检查,钢尺量测。

③ 竖曲线、缓和曲线、圆曲线前后超高顺接段扣件的调整应符合设计文件要求。

检验数量:全部检查。

检验方法:对照设计文件检查。

5. 无砟整体道床道岔

(1) 施工质量控制要点

1) 道岔铺设应先直股后曲股,先转辙后辙叉。

2）加强施工技术交底和指导，严格设计标准，重点控制滑床板水平和尖轨的密贴调整。

3）轨道的钢轨和道岔精度调整合格后必须固定牢固。

4）组装完的道岔必须上锁并专人防护，禁止随意搬动尖轨。

（2）施工质量验收

1）主控项目

① 道岔及岔枕的类型、规格和质量应符合设计文件要求。

检验数量：全部检查。

检验方法：查验产品合格证和质量证明文件，观察检查。

② 螺旋道钉抗拔力应符合设计文件要求。

检验数量：每组道岔抽检3个道钉。

检验方法：进行抗拔力试验。

③ 查照间隔（辙叉心作用面至护轨头部外侧的距离）不应小于1391mm；护背距离（翼轨作用面至护轨头部外侧的距离）不应大于1348mm。测量位置应符合设计文件要求。

检验数量：全部检查。

检验方法：钢尺量测。

④ 导曲线不应有反超高。

检验数量：全部检查。

检验方法：万能道尺量测。

⑤ 基本轨应落槽，滑床板应平正，轨撑与轨头下颚和垫板挡间应密贴，钢轨接头、尖轨尖端、根部、辙叉心等部位不应有空吊板，其他部位不应有连续空吊板，空吊板率不应大于8%。

检验数量：全部检查。

检验方法：观察检查、锤击检查。

⑥ 道岔辙叉及尖轨安装应符合下列规定：

Ⅰ 尖轨应无损伤，尖轨顶面宽50mm及以上断面处，不应低于基本轨顶面2mm；

Ⅱ 在静止状态下，尖轨尖端至第一牵引点应与基本轨密贴，间隙应小于0.5mm；其他地段应小于1.0mm；

检验数量：全部检查。

检验方法：观察检查，钢尺量测，仪器检查。

⑦ 道岔道床混凝土浇筑前道岔精调允许偏差应符合表8-11的规定。

道岔道床混凝土浇筑前道岔精调允许偏差   表8-11

检测项目	允许偏差
水平	2mm
轨向	2mm/10m弦
高低	2mm/10m弦
中线	5mm
高程	±5mm

2）一般项目

① 扣件螺栓、接头螺栓、铁垫板螺栓的扭矩应符合设计文件要求，并应涂油。

检验数量：每组道岔抽检扣件、接头、铁垫板螺栓各5个，涂油全部检查。

检验方法：扭力扳手检测，观察检查。

② 有缝道岔铺设允许偏差应符合表8-12的规定。

有缝道岔铺设允许偏差　　　　表8-12

检测项目		允许偏差（mm）	
		正线	车场线
方向	直线（10m 弦量）（mm）	4	6
	导曲线支距（mm）	±2	
高低（10m 弦量）		4	6
水平（10 弦量）		4	6
轨距	尖轨尖端（mm）	±1	
	其他部位（mm）	−2～+3	
顶铁尖轨轨腰的间隙		≤1	
滑床板与尖轨间隙（mm）		缝隙小于1.0mm，且大于或等于1.0mm缝隙不应连续出现	≤2（每侧允许一处大于2mm）
轨缘槽宽度（mm）		平直段−0.5～+1；其余±2.0	−1～+3
接头	错牙，错台（mm）	≤1	≤2
	头尾接头想错量（mm）	≤15	≤20
	轨缝实测平均值与设计文件规定值查（mm）	±2	
岔枕间距：偏斜（mm）		±10	±20
尖轨尖端相错量（mm）		≤10	

检测数量：全部检查。

检验方法：钢尺测量。

8.3　无缝线路施工

8.3.1　无缝线路施工工艺流程

无缝线路一般采用"一次性铺轨现场焊接法"进行施工。线路铺设稳定一段时间后，利用移动式接触焊轨机在线路上将25m短轨焊接成单元轨节（将已铺设的25m长轨焊接成900～2000m单元轨节），再进行应力放散、锁定焊，形成无缝线路。施工工艺流程及施工现场图片如图8-14、图8-15所示。

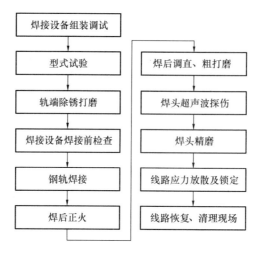

图 8-14　无缝线路施工工艺流程图

图 8-15　无缝线路施工
(a) 焊前打磨；(b) 钢轨焊接；(c) 焊后正火；(d) 焊头探伤；
(e) 焊头打磨；(f) 应力放散、锁定

8.3.2　施工质量控制与验收要点

1. 施工控制要点

(1) 在正式焊接前应按《钢轨焊接》TB/T 1632—2014 的规定进行焊头型式试验，确定焊接参数，制定操作规程。焊接操作人员必须经过专业培训并取得操作资格证。

(2) 钢轨焊接过程中需加强对扣件、轨枕、道床的保护。

(3) 焊接完成后扣件应隔三锁一，轨道车通过后补齐剩余扣件，线路恢复时，扣配件应安装正确、配件齐全，并清理现场。

(4) 超声波无损探伤检测应在轨温冷却至40℃以下进行，含轨头、轨腰及轨底。

(5) 线路锁定前应掌握当地轨温变化规律，根据作业区段的时间间隔，选定锁定线路的最佳施工时间。测量轨温应多点测量，取平均值。

(6) 应力放散应均匀、彻底，线路锁定应从两端向中间锁定。锁定轨温超出设计锁定轨温范围或不符合规定，应放散或调整应力后重新锁定线路。

2. 施工质量验收

(1) 主控项目

① 待焊钢轨的类型、规格、质量应符合设计文件要求。

检验数量：全部检查。

检验方法：查验产品合格证、质量证明文件，观察检查。

② 钢轨焊接接头的型式检验和周期性生产检验应符合现行行业标准《钢轨焊接》TB/T 1632.1—2014～TB/T 1632.4—2014 的规定。

检验数量：按《钢轨焊接》TB/T 1632.1—2014～TB/T 1632.4—2014 规定的数量检验

检验方法：按《钢轨焊接》TB/T 1632.1—2014～TB/T 1632.4—2014 规定的方法进行检验

③ 钢轨焊头应进行探伤检查。焊头不应有未焊透、过烧、裂纹、气孔夹渣等有害缺陷。

检验数量：全部检查。

检验方法：观察检查，超声波探伤仪检查。

④ 钢轨焊缝两侧各100mm范围内不应有明显压痕、碰痕、划伤等缺陷，焊头不应有电击伤。

检验数量：全部检查。

检验方法：观察检查。

⑤ 轨底上表面焊缝两侧各150mm范围内及距两侧角边缘各35mm范围内应打磨平整，不应打亏。

检验数量：全部检查。

检验方法：钢尺量测。

⑥ 钢轨焊接接头应纵向打磨平顺，不应有低接头，钢轨焊接接头平直度允许偏差应符合表8-13的规定。

钢轨焊接接头平直度允许偏差　　　　表8-13

项目	允许偏差（mm）
轨顶面	0～+0.3
轨头内侧工作面	±0.3
轨底（焊筋）	0～+0.5

注：轨顶面中，符号"+"表示高出钢轨母材规定基准面。轨头内侧工作面中，符号"+"表示凹进。轨底（焊筋）中，符号"+"表示凸出。

检验数量：全部检查。

检验方法：用1m直尺测量。

⑦ 钢轨冻结接头的类型、规格、质量应符合设计文件要求。

检验数量：全部检查。

检验方法：查验产品合格证，观察检查。

⑧ 钢轨冻结接头的安装应符合设计文件要求及产品规格的规定。

检验数量：全部检查。

检验方法：观察检查，扭力扳手检测。

⑨ 单元轨节锁定前应按设计文件要求设置好钢轨位移观测柱，位移观测桩应设置齐全、牢固、不易损坏并易于观测。

检验数量：全部检查。

检验方法：观察检查。

⑩ 线路锁定轨温应在设计文件锁定轨温范围内。

检验数量：全部检查。

检验方法：用轨温计测定并记录。

⑪ 左右两股钢轨及相邻单元轨节的锁定轨温差均不应大5℃。

检验数量：全部检查。

检验方法：用轨温计测定并记录。

⑫ 线路锁定后，应及时在钢轨上设置纵向位移观测的"零点"标记。定期观测钢轨位移量并做好记录。任何一个位移观测桩处位移量不应超过20mm。

检验数量：全部检查。

检验方法：钢尺量测。

（2）一般项目

① 钢轨及焊接接头编号标记应齐全，字迹应清楚，记录应完整。

检验数量：全部检查。

检验方法：检查记录，观察检查。

② 位移观测桩应编号，每对位移观测桩基准点连线与线路中线应垂直。

检验数量：每单元轨节抽检2对位移观测桩。

检验方法：观察检查。

③ 缓冲区的钢轨接头螺栓扭矩应达到900N·m，接头处钢轨面高低差及轨距线错牙偏差不应超过1mm。接头轨缝应按设计文件要求预留。

检验数量：全部检查。

检验方法：扭力扳手检测，钢尺量测。

④ 有砟轨道整理作业后，轨道静态几何尺寸允许偏差应符合表8-1的规定。无砟轨道整理作业后，除轨距允许偏差应为－2mm～＋4mm，其他检验指标应符合表8-1的规定。

检验数量：每1km抽检一处，每处抽检10个测点，曲线正矢全部检查。

检验方法：钢尺量测。

附录 参考规范标准

1. 工程建设国家标准目录（附表1）

工程建设国家标准目录　　　　　　附表1

序号	标准名称	标准编号	实施日期	代替标准
1	建筑地基基础设计规范	GB 50007—2011	2012/08/01	GB 50007—2002
2	岩土工程勘察规范（2009年局部条文修订）	GB 50021—2001	2002/03/01	GB 50021—1994
3	工程测量规范（2010年局部条文修订）	GB 50026—2007	2008/05/01	GB 50026—1993
4	普通混凝土拌合物性能试验方法标准	GB/T 50080—2016	2017/04/01	GB/T 50080—2002
5	普通混凝土力学性能试验方法标准	GB/T 50081—2002	2003/06/01	GBJ 81—1985
6	普通混凝土长期性能和耐久性能试验方法标准	GB/T 50082—2009	2010/07/01	GBJ 82—1985
7	岩土锚杆与喷射混凝土支护工程技术规范	GB 50086—2015	2016/02/01	GB 50086—2001
8	混凝土强度检验评定标准	GB/T 50107—2010	2010/12/01	GBJ 107—1987
9	地下工程防水技术规范	GB 50108—2008	2009/04/01	GB 50108—2001
10	滑动模板工程技术规范	GB 50113—2005	2005/08/01	GBJ 113—1987
11	混凝土外加剂应用技术规范	GB 50119—2013	2014/03/01	GB 50119—2003
12	粉煤灰混凝土应用技术规范	GB/T 50146—2014	2015/01/01	GBJ 146—1990
13	混凝土结构试验方法标准	GB/T 50152—2012	2012/08/01	GBJ/T 50152—1992
14	地铁设计规范	GB 50157—2013	2014/03/01	GB 50157—2003
15	混凝土质量控制标准	GB 50164—2011	2012/05/01	GB 50164—1992
16	建设工程施工现场供用电安全规范	GB 50194—2014	2015/01/01	GB 50194—1993
17	土方与爆破工程施工及验收规范	GB 50201—2012	2012/08/01	GBJ 201—1983
18	建筑地基工程施工质量验收标准	GB 50202—2018	2018/10/01	GB 50202—2002
19	砌体结构工程施工质量验收规范	GB 50203—2011	2012/05/01	GB 50203—2002
20	混凝土结构工程施工质量验收规范	GB 50204—2015	2015/09/01	GB 50204—2002
21	钢结构工程施工质量验收规范	GB 50205—2001	2002/03/01	GB 50221/205—1995
22	地下防水工程质量验收规范	GB 50208—2011	2012/10/01	GB 50208—2002
23	组合钢模板技术规范	GB/T 50214—2013	2014/03/01	GB 50214—2001
24	工程岩体分级标准	GB/T 50218—2014	2015/05/01	GB/T 50218—1994
25	起重设备安装工程施工及验收规范	GB 50278—2010	2010/12/01	GB 50278—1998
26	地下铁道工程施工质量验收标准	GB 50299—2018	2018/12/01	GB 50299—1999
27	建筑工程施工质量验收统一标准	GB 50300—2013	2014/06/01	GB 50300—2001
28	城市轨道交通工程测量规范	GB/T 50308—2017	2018/01/01	GB 50308—2008
29	砌体工程现场检测技术标准	GB/T 50315—2011	2012/03/01	GB/T 50315—2000
30	安全防范工程技术标准	GB 50348—2018	2018/12/01	GB 50348—2004

续表

序号	标准名称	标准编号	实施日期	代替标准
31	建筑工程施工质量评价标准	GB/T 50375—2016	2017/04/01	GB/T 50375—2006
32	盾构法隧道施工及验收规范	GB 50446—2017	2017/07/01	GB 50446—2008
33	水泥基灌浆材料应用技术规范	GB/T 50448—2015	2015/11/01	GB/T 50448—2008
34	跨座式单轨交通设计规范	GB 50458—2008	2009/02/01	
35	混凝土结构耐久性设计规范	GB/T 50476—2008	2009/05/01	
36	城市轨道交通技术规范	GB 50490—2009	2009/10/01	
37	大体积混凝土施工标准	GB 50496—2018	2018/12/01	GB 50496—2009
38	建筑基坑工程监测技术规范	GB 50497—2009	2009/09/01	
39	建筑结构加固工程施工质量验收规范	GB 50550—2010	2011/02/01	
40	跨座式单轨交通施工及验收规范	GB 50614—2010	2011/06/01	
41	房屋建筑和市政基础设施工程质量检测技术管理规范	GB 50618—2011	2012/10/01	
42	钢结构现场检测技术标准	GB/T 50621—2010	2011/06/01	
43	钢管混凝土工程施工质量验收规范	GB 50628—2010	2011/10/01	
44	城市轨道交通地下工程建设风险管理规范	GB 50652—2011	2012/02/01	
45	钢结构焊接规范	GB 50661—2011	2012/08/01	
46	混凝土结构工程施工规范	GB 50666—2011	2012/08/01	
47	地铁工程施工安全评价标准	GB 50715—2011	2012/06/01	
48	建设工程施工现场消防安全技术规范	GB 50720—2011	2011/08/01	
49	城市轨道交通建设项目管理规范	GB 50722—2011	2012/06/01	
50	预防混凝土碱骨料反应技术规范	GB/T 50733—2011	2012/06/01	
51	复合土钉墙基坑支护技术规范	GB 50739—2011	2012/05/01	
52	钢结构工程施工规范	GB 50755—2012	2012/08/01	
53	复合地基技术规范	GB/T 50783—2012	2012/12/01	
54	混凝土结构现场检测技术标准	GB/T 50784—2013	2013/09/01	
55	城市轨道交通工程基本术语标准	GB/T 50833—2012	2012/12/01	
56	城市轨道交通工程安全控制技术规范	GB/T 50839—2013	2013/05/01	
57	建设工程分类标准	GB/T 50841—2013	2013/05/01	
58	建筑施工安全技术统一规范	GB 50870—2013	2014/03/01	
59	钢—混凝土组合结构施工规范	GB 50901—2013	2014/07/01	
60	市政工程施工组织设计规范	GB/T 50903—2013	2014/02/01	
61	建筑工程绿色施工规范	GB/T 50905—2014	2014/10/01	
62	城市轨道交通工程监测技术规范	GB 50911—2013	2014/05/01	
63	钢管混凝土拱桥技术规范	GB 50923—2013	2014/06/01	
64	砌体结构工程施工规范	GB 50924—2014	2014/10/01	
65	钢管混凝土结构技术规范	GB 50936—2014	2014/12/01	

续表

序号	标准名称	标准编号	实施日期	代替标准
66	建筑地基基础术语标准	GB/T 50941—2014	2014/12/01	
67	建筑与桥梁结构监测技术规范	GB 50982—2014	2015/08/01	
68	矿物掺合料应用技术规范	GB/T 51003—2014	2015/02/01	
69	建筑地基基础工程施工规范	GB 51004—2015	2015/11/01	
70	超大面积混凝土地面无缝施工技术规范	GB/T 51025—2016	2017/02/01	
71	大体积混凝土温度测控技术规范	GB/T 51028—2015	2016/08/01	
72	地下水监测工程技术规范	GB/T 51040—2014	2015/08/01	
73	低温环境混凝土应用技术规范	GB 51081—2015	2015/09/01	
74	沉井与气压沉箱施工规范	GB/T 51130—2016	2016/12/01	
75	沉管法隧道施工与质量验收规范	GB 51201—2016	2017/07/01	
76	建筑施工脚手架安全技术统一标准	GB 51210—2016	2017/07/01	
77	高填方地基技术规范	GB 51254—2017	2018/04/01	
78	矿山斜井冻结法施工及质量验收标准	GB/T 51288—2018	2018/12/01	
79	钢围堰工程技术标准	GB/T 51295—2018	2018/12/01	

2. 铁路工程建设标准目录（附表2）

铁路工程建设标准目录　　　　　　　　　　　　　附表2

序号	标准名称	标准编号	实施日期	代替标准
1	铁路路基设计规范	TB 10001—2016	2017/04/01	TB 10001—2005
2	铁路桥涵设计规范	TB 10002—2017	2017/05/01	TB 10002.1—2005
3	铁路隧道设计规范	TB 10003—2016	2017/01/25	TB 10003—2005
4	铁路混凝土结构耐久性设计规范	TB 10005—2010	2010/12/20	
5	铁路工程地质勘察规范（2010年局部条文修订）	TB 10012—2007	2010/08/16	TB 10012—2001 铁建设〔2003〕13号
6	铁路工程岩土分类标准	TB 10077—2001	2001/12/01	
7	铁路轨道设计规范	TB 10082—2017	2017/12/20	
8	铁路桥梁钢结构设计规范	TB 10091—2017	2017/05/01	
9	铁路桥涵混凝土结构设计规范	TB 10092—2017	2017/05/01	
10	铁路桥涵地基和基础设计规范	TB 10093—2017	2017/05/01	
11	铁路工程测量规范	TB 10101—2009	2009/12/01	TB 10101—1999
12	铁路工程地基处理技术规程	TB 10106—2010	2010/08/03	TB 10113—1996
13	铁路隧道辅助坑道技术规范	TB 10109—1995	1995/04/01	
14	铁路工程岩石试验规程	TB 10115—2014	2015/02/01	TB 10115—1998
15	铁路瓦斯隧道技术规范	TB 10120—2002	2002/07/01	
16	铁路路堑边坡光面（预裂）爆破技术规程	TB 10122—2008	2008/07/09	
17	铁路隧道盾构法技术规程	TB 10181—2017	2017/09/01	

续表

序号	标准名称	标准编号	实施日期	代替标准
18	公路与市政工程下穿高速铁路技术规程	TB 10182—2017	2018/04/01	
19	铁路工程基桩检测技术规程	TB 10218—2008	2008/07/01	TB 10218—1999
20	铁路隧道衬砌质量无损检测规程	TB 10223—2004	2004/04/01	
21	铁路工程基本作业施工安全技术规程	TB 10301—2009	2009/09/24	TB 10401.1—2003 部分
22	铁路路基工程施工安全技术规程	TB 10302—2009	2009/09/24	TB 10401.1—2003 部分
23	铁路桥涵工程施工安全技术规程	TB 10303—2009	2009/09/24	TB 10401.1—2003 部分
24	铁路隧道工程施工安全技术规程	TB 10304—2009	2009/09/24	TB 10401.1—2003 部分
25	铁路轨道工程施工安全技术规程	TB 10305—2009	2009/09/24	TB 10401.1—2003 部分
26	铁路轨道工程施工质量验收标准	TB 10413—2003	2014/01/01	TB 10413—1998
27	铁路路基工程施工质量验收标准	TB 10414—2018	2019/02/01	TB 10414—2003
28	铁路桥涵工程施工质量验收标准	TB 10415—2018	2019/02/01	TB 10415—2003
29	铁路隧道工程施工质量验收标准	TB 10417—2018	2019/02/01	TB 10417—2003
30	铁路站场工程施工质量验收标准	TB 10423—2014	2014/08/01	TB 10423—2003
31	铁路混凝土工程施工质量验收标准	TB 10424—2018	2019/02/01	TB 10424—2010
32	铁路混凝土强度检验评定标准	TB 10425—1994	1994/04/01	TBJ 210—1986
33	铁路工程结构混凝土强度检测规程	TB 10426—2004	2004/04/01	

3. 建筑工程行业标准目录（附表3）

建筑工程行业标准目录　　　　　　　　　　附表3

序号	标准名称	标准编号	实施日期	代替标准
1	装配式混凝土结构技术规程	JGJ 1—2014	2014/10/01	JGJ 1—1991
2	建筑变形测量规范	JGJ 8—2016	2016/12/01	JGJ 8—2007
3	混凝土泵送施工技术规程	JGJ/T 10—2011	2012/03/01	JGJ/T 10—1995
4	轻骨料混凝土结构技术规程	JGJ 12—2006	2006/07/01	JGJ 12—1999
5	早期推定混凝土强度试验方法标准	JGJ/T 15—2008	2008/09/01	JGJ/T 15—1983
6	钢筋焊接及验收规程	JGJ 18—2012	2012/08/01	JGJ 18—2003
7	回弹法检测混凝土抗压强度技术规程	JGJ/T 23—2011	2011/12/01	JGJ/T 23—2001
8	钢筋焊接接头试验方法标准	JGJ/T 27—2014	2014/12/01	JGJ/T 27—2001
9	建筑机械使用安全技术规程	JGJ 33—2012	2012/11/01	JGJ 33—2001
10	施工现场临时用电安全技术规范	JGJ 46—2005	2005/07/01	JGJ 46—1988
11	轻骨料混凝土技术规程	JGJ 51—2002	2003/01/01	JGJ 51—1990
12	普通混凝土用砂、石质量及检验方法标准	JGJ 52—2006	2007/06/01	JGJ 52/53—1992
13	普通混凝土配合比设计规程	JGJ 55—2011	2011/12/01	JGJ 55—2000
14	建筑施工安全检查标准	JGJ 59—2011	2012/07/01	JGJ 59—1999
15	混凝土用水标准	JGJ 63—2006	2006/12/01	JGJ 63—1989
16	液压滑动模板施工安全技术规程	JGJ 65—2013	2014/01/01	JGJ 65—1989

续表

序号	标准名称	标准编号	实施日期	代替标准
17	建筑砂浆基本性能试验方法标准	JGJ/T 70—2009	2009/06/01	JGJ 70—1990
18	建筑工程大模板技术标准	JGJ/T 74—2017	2018/06/01	JGJ 74—2003
19	建筑地基处理技术规范	JGJ 79—2012	2013/06/01	JGJ 79—2002
20	建筑施工高处作业安全技术规范	JGJ 80—2016	2016/12/01	JGJ 80—1991
21	钢结构高强度螺栓连接技术规程	JGJ 82—2011	2011/10/01	JGJ 82—1991
22	软土地区岩土工程勘察规程	JGJ 83—2011	2011/12/01	JGJ 83—1991
23	岩土工程勘察术语标准	JGJ/T 84—2015	2015/09/01	JGJ 84—1992
24	预应力筋用锚具、夹具和连接器应用技术规程	JGJ 85—2010	2010/10/01	JGJ 85—2002
25	建筑工程地质勘探与取样技术规程	JGJ/T 87—2012	2012/05/01	JGJ 87/89—1992
26	龙门架及井架物料提升机安全技术规范	JGJ 88—2010	2011/02/01	JGJ 88—1992
27	无粘结预应力混凝土结构技术规程	JGJ 92—2016	2016/09/01	JGJ 92—2004
28	建筑桩基技术规范	JGJ 94—2008	2008/10/01	JGJ 94—1994
29	冷轧带肋钢筋混凝土结构技术规程	JGJ 95—2011	2012/04/01	JGJ 95—2003
30	钢框胶合板模板技术规程	JGJ 96—2011	2011/10/01	JGJ 96—1995
31	砌筑砂浆配合比设计规程	JGJ/T 98—2010	2011/08/01	JGJ 98—2000
32	建筑工程冬期施工规程	JGJ/T 104—2011	2011/12/01	JGJ 104—1997
33	建筑基桩检测技术规范	JGJ 106—2014	2014/10/01	JGJ 106—2003
34	钢筋机械连接技术规程	JGJ 107—2016	2016/08/01	JGJ 107—2010
35	建筑与市政工程地下水控制技术规范	JGJ 111—2016	2017/03/01	JGJ/T 111—1998
36	建筑基坑支护技术规程	JGJ 120—2012	2012/10/01	JGJ 120—1999
37	建筑施工门式钢管脚手架安全技术规范	JGJ 128—2010	2010/12/01	JGJ 128—2000
38	建筑施工扣件式钢管脚手架安全技术规范	JGJ 130—2011	2011/12/01	JGJ 130—2001
39	贯入法检测砌筑砂浆抗压强度技术规程	JGJ/T 136—2017	2017/09/01	JGJ/T 136—2001
40	混凝土结构后锚固技术规程	JGJ 145—2013	2013/12/01	JGJ 145—2004
41	建设工程施工现场环境与卫生标准	JGJ 146—2013	2014/06/01	JGJ 146—2004
42	建筑拆除工程安全技术规范	JGJ 147—2016	2017/05/01	JGJ 147—2004
43	混凝土中钢筋检测技术规程	JGJ/T 152—2008	2008/10/01	
44	施工现场机械设备检查技术规范	JGJ 160—2016	2017/03/01	JGJ 160—2008
45	建筑施工模板安全技术规范	JGJ 162—2008	2008/12/01	
46	建筑施工木脚手架安全技术规范	JGJ 164—2008	2008/12/01	
47	地下建筑工程逆作法技术规程	JGJ 165—2010	2011/08/01	
48	建筑施工碗扣式钢管脚手架安全技术规范	JGJ 166—2016	2017/05/01	JGJ 166—2008
49	清水混凝土应用技术规程	JGJ 169—2009	2009/06/01	
50	补偿收缩混凝土应用技术规程	JGJ/T 178—2009	2009/12/01	
51	房屋建筑与市政基础设施工程检测分类标准	JGJ/T 181—2009	2010/08/01	
52	锚杆锚固质量无损检测技术规程	JGJ/T 182—2009	2010/07/01	

续表

序号	标准名称	标准编号	实施日期	代替标准
53	液压升降整体脚手架安全技术规程	JGJ 183—2009	2010/03/01	
54	建筑施工作业劳动防护用品配备及使用标准	JGJ 184—2009	2010/06/01	
55	逆作复合桩基技术规程	JGJ/T 186—2009	2010/07/01	
56	塔式起重机混凝土基础工程技术规程	JGJ/T 187—2009	2010/07/01	
57	施工现场临时建筑物技术规范	JGJ/T 188—2009	2010/07/01	
58	建筑起重机械安全评估技术规程	JGJ/T 189—2009	2010/08/01	
59	建筑工程检测试验技术管理规范	JGJ 190—2010	2010/07/01	
60	建筑材料术语标准	JGJ/T 191—2009	2010/07/01	
61	钢筋阻锈剂应用技术规程	JGJ/T 192—2009	2010/07/01	
62	混凝土耐久性检验评定标准	JGJ/T 193—2009	2010/07/01	
63	钢管满堂支架预压技术规程	JGJ/T 194—2009	2010/07/01	
64	液压爬升模板工程技术规程	JGJ 195—2010	2010/10/01	
65	建筑施工塔式起重机安装、使用、拆卸安全技术规程	JGJ 196—2010	2010/07/01	
66	混凝土预制拼装塔机基础技术规程	JGJ/T 197—2010	2011/01/01	
67	型钢水泥土搅拌墙技术规程	JGJ/T 199—2010	2010/10/01	
68	喷涂聚脲防水工程技术规程	JGJ/T 200—2010	2010/10/01	
69	建筑施工工具式脚手架安全技术规范	JGJ 202—2010	2010/09/01	
70	海砂混凝土应用技术规范	JGJ 206—2010	2010/12/01	
71	后锚固法检测混凝土抗压强度技术规程	JGJ/T 208—2010	2010/10/01	
72	刚—柔性桩复合地基技术规程	JGJ/T 210—2010	2010/09/01	
73	建筑工程水泥—水玻璃双液注浆技术规程	JGJ/T 211—2010	2010/09/01	
74	地下工程渗漏治理技术规程	JGJ/T 212—2010	2011/01/01	
75	现浇混凝土大直径管桩复合地基技术规程	JGJ/T 213—2010	2011/03/01	
76	建筑施工升降机安装、使用、拆卸安全技术规程	JGJ 215—2010	2010/12/01	
77	混凝土结构用钢筋间隔件应用技术规程	JGJ/T 219—2010	2011/08/01	
78	抹灰砂浆技术规程	JGJ/T 220—2010	2011/03/01	
79	纤维混凝土应用技术规程	JGJ/T 221—2010	2011/03/01	
80	建筑工程可持续性评价标准	JGJ/T 222—2011	2012/05/01	
81	预拌砂浆应用技术规程	JGJ/T 223—2010	2011/01/01	
82	预制预应力混凝土装配整体式框架结构技术规程	JGJ 224—2010	2011/10/01	
83	大直径扩底灌注桩技术规程	JGJ/T 225—2010	2011/08/01	
84	建筑施工承插型盘扣式钢管支架安全技术规程	JGJ 231—2010	2011/10/01	
85	水泥土配合比设计规程	JGJ/T 233—2011	2011/10/01	

续表

序号	标准名称	标准编号	实施日期	代替标准
86	择压法检测砌筑砂浆抗压强度技术规程	JGJ/T 234—2011	2011/12/01	
87	混凝土基层喷浆处理技术规程	JGJ/T 238—2011	2011/12/01	
88	市政架桥机安全使用技术规程	JGJ 266—2011	2012/05/01	
89	混凝土结构工程无机材料后锚固技术规程	JGJ/T 271—2012	2012/08/01	
90	建筑施工起重吊装工程安全技术规范	JGJ 276—2012	2012/06/01	
91	高强混凝土应用技术规程	JGJ/T 281—2012	2012/11/01	
92	高压喷射扩大头锚杆技术规程	JGJ/T 282—2012	2012/11/01	
93	自密实混凝土应用技术规程	JGJ/T 283—2012	2012/08/01	
94	高强混凝土强度检测技术规程	JGJ/T 294—2013	2013/12/01	
95	高抛免振捣混凝土应用技术规程	JGJ/T 296—2013	2013/12/01	
96	建筑防水工程现场检测技术规范	JGJ/T 299—2013	2013/12/01	
97	建筑施工临时支撑结构技术规范	JGJ 300—2013	2014/01/01	
98	大型塔式起重机混凝土基础工程技术规程	JGJ/T 301—2013	2014/01/01	
99	建筑工程施工过程结构分析与检测技术规范	JGJ/T 302—2013	2014/01/01	
100	渠式切割水泥土连续墙技术规程	JGJ/T 303—2013	2014/02/01	
101	建筑施工升降设备设施检验标准	JGJ 305—2013	2014/01/01	
102	建筑深基坑工程施工安全技术规范	JGJ 311—2013	2014/04/01	
103	混凝土中氯离子含量检测技术规程	JGJ/T 322—2013	2014/06/01	
104	建筑地基检测技术规范	JGJ 340—2015	2015/12/01	
105	泡沫混凝土应用技术规程	JGJ/T 341—2014	2015/08/01	
106	建筑工程施工现场标志设置技术规程	JGJ 348—2014	2015/05/01	
107	建筑塑料复合模板工程技术规程	JGJ/T 352—2014	2015/06/01	
108	钢筋套筒灌浆连接应用技术规程	JGJ 355—2015	2015/09/01	
109	围护结构传热系数现场检测技术规程	JGJ/T 357—2015	2015/10/01	
110	地下工程盖挖法施工规程	JGJ/T 364—2016	2016/12/01	
111	混凝土结构成型钢筋应用技术规程	JGJ 366—2015	2016/06/01	
112	钻芯法检测砌体抗剪强度及砌筑砂浆强度技术规程	JGJ/T 368—2015	2016/05/01	
113	预应力混凝土结构设计规范	JGJ 369—2016	2016/09/01	
114	喷射混凝土应用技术规程	JGJ/T 372—2016	2016/08/01	
115	管幕预筑法施工技术规范	JGJ/T 375—2016	2016/12/01	
116	钻芯法检测混凝土强度技术规程	JGJ/T 384—2016	2016/12/01	
117	高性能混凝土评价标准	JGJ/T 385—2015	2016/04/01	
118	组合铝合金模板工程技术规程	JGJ 386—2016	2016/12/01	
119	静压桩施工技术规程	JGJ/T 394—2017	2017/09/01	
120	咬合式排桩技术标准	JGJ/T 396—2018	2018/11/01	

续表

序号	标准名称	标准编号	实施日期	代替标准
121	锚杆检测与监测技术规程	JGJ/T 401—2017	2017/09/01	
122	建筑基桩自平衡静载试验技术规程	JGJ/T 403—2017	2017/09/01	
123	冲击回波法检测混凝土缺陷技术规程	JGJ/T 411—2017	2017/11/01	
124	建筑施工模板和脚手架试验标准	JGJ/T 414—2018	2018/10/01	

4. 城镇建设行业标准参考目录（附表4）

城镇建设行业标准参考目录　　　　　　附表4

序号	标准名称	标准编号	实施日期	代替标准
1	市政工程勘察规范	CJJ 56—2012	2013/05/01	CJJ 56—1994
2	城市地下管线探测技术规程	CJJ 61—2017	2017/12/01	CJJ 61—2003
3	地铁限界标准	CJJ 96—2003	2003/11/01	
4	盾构隧道管片质量检测技术标准	CJJ/T 164—2011	2012/03/01	
5	气泡混合轻质土填筑工程技术规程	CJJ/T 177—2012	2012/05/01	
6	城市轨道交通工程档案整理标准	CJJ/T 180—2012	2013/01/01	
7	盾构可切削混凝土配筋技术规程	CJJ/T 192—2012	2013/03/01	
8	直线电机轨道交通施工及验收规范	CJJ 201—2013	2014/03/01	
9	城市轨道交通结构安全保护技术规范	CJJ/T 202—2013	2014/03/01	
10	盾构法开仓及气压作业技术规范	CJJ 217—2014	2014/12/01	
11	城市轨道交通梯形轨枕轨道工程施工及质量验收规范	CJJ 266—2017	2017/07/01	